ハロウィーンの文化誌

Lisa Morton
リサ・モートン——著
Yoko Okubo
大久保庸子——訳

TRICK OR TREAT:
A HISTORY OF HALLOWEEN

原書房

Beware of ye wiles of Satan.
HALLOWEEN GREETINGS

P.027

トリック・オア・トリート——［ハロウィーン・プレート・ギャラリー］

TRICK OR TREAT

Halloween plate Gallery

本文ページを参照

P.053

All Hallowe'en Greetings
Our future in the present we still sow;
And over anxious, sometimes seek to know
Events before they happen—and we fall,
And thus provide a hearty laugh to all
On Hallowe'en.

HALLOWEEN

P.069

Hallowe'en Greetings.

P.062

Hallowe'en
Greetings
On
Hallowe'en.
By pumpkin's light, This witch
Will help you choo e aright.

P.057

Hallowe'en
When witches abound
And Ghosts are seen,
Your fate you will learn
On Hallowe'en.

P.091

P.097

P.105

P.113

P.107

P.121

P.136

P.178

P.164

P.189

P.235

P.192

P.239

P.223

P.261

P.253

P.262

ハロウィーンの文化誌

ハロウィーンの文化誌✦目次

第6章　ハロウィーンと大衆文化——バーンズからバートンまで　203

✦ハロウィーンのジャック・オー・ランタン。

はじめに

　ハロウィーンは祝祭日の中でもきわめてユニークだ。クリスマス、復活祭《イースター》などカレンダーに記された祝祭には異教とキリスト教の伝統が混在しているが、ハロウィーンだけは根本的にふたつに割れて──つまり一〇月三一日の夜に「異教徒の」あるいは「世俗的な」祝祭を捧げるか、一一月一日に「厳粛な」宗教的典礼をおこなうかのどちらで──続いてきた。バレンタインデーを祝う人たちも、ハロウィーンを祝う人たちも、多くが祝祭の歴史や意味を知らないのは同じだが、バレンタインデーが少なくともこの一世紀の間、その姿をおおむね維持してきたのに対して、ハロウィーンは何度となくその姿を変容させてきた。異教徒の新年の祝祭として、さらにはキリスト教徒の死者の祝日として始まったものが、時の流れとともに姿を変え──収穫祭として、ヤングアダルトのためのロマンチックでミステリアスな夜として、秋の夜長の大人のための宴として、子供のための仮装おねだり儀式として、節度と規制の中でおこなわれる肝試しシーズンとして、また近年では強力なコマーシャリズムに後押しされて合衆国から全世界に送り出される輸出品として──そのときどきの役割を担ってきた。

　一方でハロウィーンはもっとも悪魔に憑りつかれた日というありがたくないレッテルを貼られ、キリスト教団体からは「悪魔の誕生日」呼ばわりされ、当局からは一般市民への安全に関わるものとして危惧され、世界中の愛国的指導者からは自国固有の伝統に相反するものとしてその伝播を糾弾されている。こうした懸念には的を射たものもあるかもしれないが、すべて偶発的な事実が混同されたり誤認されたりして生じた歴史に根差している。というのもハロウィーンは常に不気味なものを連想させてきたため、これまでハロウィーンについて詳述してきた人々は往々にして正確さよりもドラマチックで猟奇的なよもやま話に関心を寄せてきたからだ。

歴史を一〇〇〇年ほど振り返ってみても、ハロウィーンが歴史家、民俗学者、著述家の本格的な研究対象となりだしたのはここ三〇年ほどのことでしかない。しかも、これほど短い時の流れの中にあっても、時代の独自性が変化し続けているため、最新の事実を包括的に概観することは至難の業だ。昨年一年だけを考えてみても、以前にはまったく認知されていなかった世界各地にまでハロウィーンは広がり、アメリカ国内にあってはハロウィーンによって生み出された産業が一〇月の単発的なお祭り騒ぎを超えて、事業展開の道を歩んでいる。実際、ハロウィーンはカレンダー上の(ほとんどの場合アメリカ人のための)目印以上のものとなりつつあり、世界的サブカルチャーとしてまさに花開こうとしている。

『ハロウィーンの文化誌』は祝祭としての歴史と二一世紀世界での成長の両方を眺望する最初の書だ。そのようなものとして、本書によって、ハロウィーン理解のために欠落しているものが補われ、現時点でハロウィーンがどのような足場に立っているのか、そのイメージを可能な限り詳細に描き出せればと切に願う――それというのも、ハロウィーンが変容、拡大を続けているスピードを思うと、ここに描き出されるイメージも、間違いなく、またじきに変容していくからである。

第I章 ハロウィーン——誤解に満ちた祝祭

一七六二年、英軍測量技師チャールズ・ヴァランシーが調査のためにアイルランドに派遣された。しかしヴァランシーは普通の技師とは異なり——歴史書、言語学書を驚くほど多読し、当時ブームだったオリエンタリズムの主要な擁護者の多くと書簡を交わし——学者兼著述家を自認していた。やがてアイルランドの古代ケルト人の伝承と言語にすっかり夢中となったヴァランシーはアイルランドの初期の住人についての事実、観察したこと、思索したことなどを数百ページにわたって記録した。ただ困ったことに、ヴァランシーによる記録の大部分は正しくなかった。

ヴァランシーが三作目の『謎のアイルランド人についての抜粋集（Collectanea de Rebus Hibernicis）』を発表した一七八六年頃には、「サムハイン」（原語では「サウィン」）が一〇月三一日の日没に始まるケルト人の新年祝典の三日間を示すことは知られていた。すでに別の言語学者が「サムハイン」には「夏の終わり」という訳語を与えていたからだ。それでもヴァランシーはこの訳語を「誤って導き出されたもの」と信じて疑わず、「サムハイン」は実のところケルト人の神のことで、別名「バルサブ（中略）バルとは主を意味し、サブは死を意味する」[1]と、自説を曲げなかった。

「バルサブ」という名がケルトの伝承の他のどこにも現れてこないことも、ヴァランシーの著作がその存命中に忘れ去られたことも大して重要ではないと思われたようだが（東洋学者サー・ウィリアム・ジョーンズによるヴァランシー評は「ざっと目を通すだけで笑える、じっくり読んだら眠ってしまう」[2]だった）、とにかくヴァランシーの著作は英国中の図書館の書架に収められ、「サムハイン」の奇妙な異説史（およびそれを継承するハロウィーン）を編み出すことになった。しかもその異説史はケルトの民間伝承に伝わるテクストとも、「サムハイン祭」と正しく定義づけるアイルランド語辞書とも並走を続け、ヴァランシーが最初にアイ

✦ 空想で描かれたドルイド祭司による生け贄、1880年頃。

ルランドを旅してまわってから二世紀近くの歳月が流れても、たとえば一九五〇年に記された『二〇の世紀を超えたハロウィーン(Halloween Through Twenty Centuries)』などの書物には「サムハイン、死の主」(3)と言及されていた。さらに一九九〇年代初頭には、アメリカ中のキリスト教団体が「捧げものとして人間を焼くことで死の主サムハインを宥《なだ》め、その歓心を買おうとするような」(4)祝祭を子供たちに祝わせないようにしようと父兄に呼びかけたりもした。

一八一八年に「同時代の誰より数多くの戯れ言」を記したと非難を浴びた夢想家の著作を利用し、宗教的指導者および地域社会《コミュニティ》の指導者が一大祝典を非難する(5)などということがいったいどうして起きたのだろう? 少なくともアメリカでは二番目に人気の高い休日となった祝祭の歴史がそれほどまでに知られていないとはいったいどういうことなのだろう?

ハロウィーンがもっとも誤解に満ちた祝祭であることは確かだ。実際、英語圏の人間なら誰しも「クリスマス」という呼び名の由来をすんなり説明できる――聖パトリックや聖パトリックの日《セントパトリック・デー》についても逸話を添えて話せるだろう。もちろん、新年や父の日のようにそのものずばりの名を冠した祝典なら語源説明の必要もない。しかし驚くべきことに、「ハロウィーン」についてはほとんどの人がその名の由来さえ知らない。「ハロウィーン」という単語からして、風変わりで異教由来のように響くが、皮肉にも、これは「万聖節の前夜《オールハロウズ・イヴ》」に由来している。紀元後一五〇〇年以前の時代には「hallow《ハロウ》」という名詞(古期英語のhalgaに発し「聖なる」の意味)は一般に「聖なる名士」、もっと言えば「聖人」を示した。(6) 一一月一日におこなわれるカトリックの祝祭の本来の名前は「万聖節《オールセインツ・デー》」だが、「hallow《ハロウ》」が名詞としての意味を失って久しかったこともあって、その前日はハロウィーンとして知られるようになった。

ハロウィーンの遺産の中に混乱と困惑が存在するのは、ひとつにはケルト人が自分たちのサムハイン祭をこの祝祭の土台に持ち込んだからだ。とはいえ、驚いたことに、このケルト人について――彼らは文書記録を残さなかったために――知られていることはほとんどなく、現在、私たちがアイルランドのケルト人について知っていることのほとんどは主に口頭による伝承（その多くは最初の一〇〇〇年間にキリスト教の僧侶によって記録された）および断片的な考古学的情報に基づいている。なるほど、ヴァランシーのような、つまり歴史に異国情緒的解釈を加えるような著述家が、野蛮な人々が残忍な神々に人身御供を捧げ、激しく燃えさかる焚火のもとで邪悪な霊を撃退して秋を過ごしたと夢想したとしても無理からぬ事情ではある。二〇世紀半ばには、ハロウィーン史の研究家が新たな失敗、さらなる誤解を加えた――ハロウィーンがポーモーナと称されるローマの祭日に（実際にはそのような祝典は存在しなかったにもかかわらず）部分的に根差していると述べたのである。一九六〇年代になると、都市伝説熱としか言いようのないものがハロウィーンをめぐって、とりわけ悪名高き「リンゴにカミソリ」の風説を煽り立てた。それは楽しいトリック・オア・トリートに歩きまわる無邪気な子供たちが一方で危険にさらされていることに気づかせてはくれたものの、そのような都市伝説の陰で事件が実際に発生したという記録は一切なかった。その後の二、三〇年間には、どこかの変質者がキャンディに毒を入れたり、ハロウィーンの夜に仮装した殺人鬼が大学の寄宿舎に忍び込んだり、悪魔を信奉するカルト集団が黒猫を捧げものとしたりといった報告や、一〇月三一日に非行グループが新参者に殺人の手ほどきをするといった通報などが相次いだ。何百年も続いてきたハロウィーンの祝祭の主要要素である悪ふざけといたずらが一線を越え、自らの歴史を嘲っているのではないか、そんな印象さえ拭えない時期もあった。

ハロウィーンに関して揺るがしがたい四つの現実を挙げておく。まずは異教的歴史とキリスト教的歴史の両方を持っていること。第二にカレンダーの中での位置、つまり秋の終わりで冬の始まりという位置にあること——このことはハロウィーンがある面、収穫祭としての役割を担い続けてきたことを物語る。第三にハロウィーンはハロウィーン以外の世界中の死者の祭と関わりがあり、それゆえに陰鬱な、あるいはぞっとさせる要素さえも保ち続けてきたこと。最後は、それでも異教徒の新年祝典と喜びの収穫祭が結びついていることで、騒々しい一面も持ち合わせ、ほとんどいつもパーティやら迷惑行為やらを伴って祝われてきたこと、この四つである。

サムハイン祭とケルト人

ハロウィーン史、さらにはずらり並んだ誤解の数々を検証しようとすれば、そもそも彼ら自身、誤解の対象となりがちな古代ケルト族とは？　という問題から考えなければならない。ケルト人はギリシアやローマの著述家によって（おそらくは彼ら自身にも）「ケルトイ」と称された人々である。その名は「隠された」を意味するインド・ヨーロッパ語の単語kel-に由来すると思われるが、この名のせいか、まさに彼らは「隠された人々」となっている。ある時期、ケルト人はヨーロッパおよびイギリス諸島のほぼ全域に広がり、紀元前四〇〇年頃には数か月ではあるがローマをも占領した。ヴァランシーと同時代に生きた人々の多くがケルト人とドルイド教祭司の実態を表していて、比較してみると、ヴァランシーの見解も穏当なものと思われてくる。以下は生々しく記された一七九三年のある例だ――

この堕落した僧団は人間の血に喜びをおぼえたようで、その犠牲となったのは、獣の場合もあったが、たいていは男たちだった。犯罪人、捕虜ばかりでなく、僧団の弟子までもが非道にも祭壇に捧げられた。弓矢に貫かれる者もいれば、寺院内で磔とされる者もいた。即座に心臓を突き刺される者もいれば、さまざまな死の中で、殺人技法において忌まわしさの頂点を極める方法である串刺しを前もって選んで、神々のために殺されていく者もいた。[7]

しかしながらジュリアス・シーザーも含めた古代の歴史家、さらにはその後の著述家の空想的な見解とは裏腹に、ケルト人は血に飢えた殺戮者たるドルイド教祭司に従う好戦的原始人などではなく、現代の考古学的資料や残された歴史的文書によれば、鉱業、金属加工業、農耕、道路建設に長け、法制度や医薬品の面にも優れていたと考えられる。その宗教には何百もの神々が存在し、そこでは儀式や陳述を記録することは禁じられていた。とはいえ、ギリシア語、ラテン語、のちにはアイルランド語で記された一部の歴史や碑文などは残されていて、そのようなものから、私たちは現在、ケルト人の祝典、祝祭についての知識を得ている。実際、ケルト人は人身御供をおこなった。しかし生け贄として選ばれたのは同じ種族の人間であり、お菓子を細かく切り分けたような形状の籤《くじ》を用いて、底面が黒くなった籤を引き当てた者が神々に捧げられ、家畜の豊産、作物の豊穣、戦争の勝利などが祈願された。ケルト人の信仰に関して際立っているのが「3」という数だ。その神々の多くは、男神にして

✦「ドルイド祭司の狂信的オルギア」。

も女神にしても、三つの頭部あるいは三つの顔の表情を備えている――ちなみに後世のハロウィーンでおこなわれた占いの数多くでタスクは三度繰り返されたが、その理由はここにあるのかもしれない。ケルト人は死後の世界を信じ、霊は旅をしてあの世にいくと考え、その世界を「ティル・ナ・サウラ」（「サウィン」との類似に注目）あるいは「夏の国」と呼んだりした。彼らはまた、この世とあの世の境の扉は年に一度――言うまでもなくサムハイン祭に――開かれると信じていた。その夜であれば、死者が生ある者のもとに戻ることも、「妖精《シー》」と呼ばれる生き物が悪魔に魅入られた人間に乗りうつることも可能だった。

「サムハイン」は――有り体に言えば「夏の終わりで、冬の始まり」だが――ケルト人の伝承の中心となることが多い。サムハイン祭には収穫物が集められ、家畜が野原から囲い込まれた。豚や牛が屠殺され、飼育され続けるのは種付けのためのほんの数頭だけとなった。ケルト人の一日は日没に始まるから、サムハイン祭は一〇月三一日、宵闇が忍び寄る頃に、終えたばかりの収穫を祝し、この夜限りとはいえ、ふんだんに用意された食べ物を並べて始められた。ある考古学的資料から、ケルト人がアルコールを存分に味わえたのはサムハイン祭のときだけだった可能性があるとされているが——サムハイン祭に酒盛りは付き物だったようだから——この祝祭が長く受け継がれたこともその可能性を裏付けるかもしれない。

サムハイン祭はまた、現代の合衆国における所得税申告納税期限日《タックスデー》にも似て、行政的に重要な日でもあった。古代の王権所在地タラでは年次の集会が開かれ——三日間のごちそうやら娯楽やらの間を縫うようにして——借金の返済と裁判が執り行われ、重罪と見なされた者はその三日間のうちに処刑された。サムハイン祭前夜には、すべての家の炉辺の火が消され、ドルイド祭司は「清めの火」、つまり木を摩擦して起こした火を使って、トラクトガの丘近くで焚火をおこなった——その燃えさしは（税金のかかった事業として）各戸に配られた。

それでもサムハイン祭は単に税を負わされ、家畜を屠殺し、ごちそうにありつくだけの三日間ではなかった。それはベルテーン祝祭、つまり五月一日と並んで、ケルト人の英雄物語（ほぼ一様にぎょっとさせる要素を含む）の中でもっとも重要な二日のひとつと見なされた。初期のある物語によれば、大激戦の末、アイルランドは凶暴な巨人の一族フォモーレ族に征服され、生き残った人々は、毎年サムハイン祭にトウモロコシ、ミルク、子供の三分の二を税金として差し出すことを求められた。トゥハ・デ・ダナンは半神の一族で、ケルト神話に記録されている慈悲深い祖先でもあり、何年もの間フォモーレ族と戦ったが、最終的には母神モリアンと英雄オェングス・オグによってこの巨人一族はアイルランドから放逐された。言うまでもなく、それはサムハイン祭の日のことだった。

サムハイン祭には、オェングスにまつわるのちのある物語に示されるように、ロマンチックな側面もあった。『オェングスの夢』では、オェングスは一年の間、毎晩夢の中で若く美しい少女の訪問を受け、恋に落ちる。彼女が現れなくなると、オェングスは衰弱し始め、父であるケルト族の王ダグダは少女探しに力を借りようと妖精《シー》の棲む丘を訪ねる。二年後、銀の鎖をつけられた一五〇人の乙女の中に少女がいることが突き止められる。少女はカエル王女で、エタル王の娘だったが、王は娘をオェングスのもとに嫁がせることを拒む。そこでダグダとその同盟軍はエタル王の宮殿を破壊する。そのとき初めて娘についての不思議な事実がエタル王によって明かされる。王女は魔法にかけられていて、一年を人間の姿で過ごすと、次の年は白鳥の姿で過ごし、サムハイン祭が来るたびに化身するという。オェングスは白鳥の姿の王女を訪ね、自らも白鳥となって、ふたり一緒に飛び去っていく。

ハロウィーンの不気味な側面を予感させるのは、ケルト人に伝わるもうひとつの話、フィン・マックールという英雄的少年の話だ。少年はサムハイン祭の日にタラの町で覇王が議長となって開かれる年次の集会に出向く。ほどなく屈強そうな会衆に王が難題を持ちかける。曰く――サムハイン祭には毎年、妖精族の人間アイレンがタラの町にやって来てハープを演奏し、その音色を耳にした人々を魔法にかけて眠らせてしまう。さらにアイレンは口から火の柱を吹き出し、王宮を焼き払い、タラの町はすでに九度も破壊された。今年、アイレンを打ち負かした者には褒美をとらせる――フィンは請け負い、味方のひとりから魔法の槍を与えられる。その槍の先を使って魔法の音色を断ち切り、外套を使って炎を撃退する。アイレンは異界への入り口を通り抜けて逃れようとするが、フィンが槍を投げつけ、この妖精族の戦士を絶命させる。フィンはアイレンの首を切り落とし、翌朝、王に献上して褒美を授けられる。

サムハイン祭にまつわるもっとも有名で不気味な話と言えば、『ネラの異界行』だろう。タイトルに名前が冠されたヒーロー、ネラは国王エリルから、吊るされている死体の足首に輪をかけて来るという難題を突きつけられる。首尾よく任務を果たすと、ネラは、吊るされたときから喉が渇いていたから一杯水を飲ませてくれと、死体にせがまれる。ネラは絞首台から死体を降ろし、水を飲ませるための家を探し求める。水を飲むと、死体は居合わせた人間に向かって水を吐き、吐きかけられた人々はたちまち息絶える。ネラは死体を絞首台に戻し、国王エリルの要塞へと引き返す。しかし要塞は妖精軍の放った火に包まれている。ネラは、丘を抜けて戻っていく妖精軍を尾行し、やがて自身が異界にいることに気づく。ネラはその地で妖精の妻を娶る。その妻によれば、ネラが目にしたのは幻影だが、国王エリルに警告をしなければ、幻影が現実となってしまうという。ネラがこの世つまり人間界に戻ってみると、時はまったく流れていなかった（異界つまり妖精の世界では時がまったく異なった流れかたをするというのは、のちのハロウィーン物語によく見られるテーマだ）。国王エリルに警告し、邪悪な妖精《シー》をどうにか打ち負かし、その攻撃を阻止するが、ネラはこののちの人生を異界で過ごす。

サムハイン祭が実際にはどの程度ハロウィーンという現代の祝典に寄与しているか、歴史家の議論は続いている。しかしどうやらハロウィーンはその特徴の多くを、収穫と騒々しい祝典と超自然的で恐ろし気なものへの信仰とが奇妙に混じり合ったケルト人独自の祝祭から受け継いできたようだ。のちにキリスト教徒となったアイルランド人筆記者がケルト人の文化を記録したように、同じアイルランド人が――当初から諸聖人の祝日《オール・セインツ・デー》を普及させようとした教会にとっては不愉快な融合だっただろうが――自らの祖先のサムハイン祭の諸相を独自の諸聖人の祝日《オールセインツ・デー》に組み入れたのである。

万聖節《オールセインツ・デー》と万霊節《オールソウルズ・デー》

七世紀となる頃にはヨーロッパのほぼ全域にカトリック教会が広まっていた。（のちアイルランドの守護聖人となる聖パトリックも含め）宣教師たちは首尾よく異教徒のケルト人を改宗させていた。改宗は大成功を収めたと考えていたカトリック教会は、すでに暦にある祝祭日を抹消してしまうのではなく、簡明な祝祭で置き換えることを目論んだ。よく知られているように、六〇一年、ローマ教皇グレゴリウス一世（のち聖人に認められることになる）は英国に向かう途中、ある修道院長に書簡を送り、現存する寺院も犠牲を伴う儀式も排除するには及ばず、キリスト教の目的のために利用するべきとする意向を伝えた。文化的混合主義《シンクレティズム》として知られるこの方針のもと、あまり上位にはない異教の神々がカトリックの諸聖人にすり替えられるといった事態も生じた。

六〇九年、カトリック教会は文化的混合主義《シンクレティズム》を実践し、ローマの万神殿《パンテオン》を聖母マリアおよび殉教者のための聖堂とした。同年五月一三日、名高い異教の神殿はサンタ・マリア・ロトンダと新たに名づけられ、万聖節《オールセインツ・デー》の端緒というべきものが生まれた。五月一三日が選ばれたことも偶然ではなく、五月一三日はかつてローマ帝国で祝われた死霊祭《レムリア》最終日だった。サムハイン祭同様、レムリアも三晩にわたって祝われ、死者が生ある者の世界に戻るとされたが、レムリアに訪れる霊はぞっとするような生き物（レムル）で、しきたりに則り、五月一三日の真夜中には家庭を追われた。古代ローマでは、さらに祖先の霊を祝う祖先祭《パレンタリア》、それを締め括る死者の祭《フェラリア》(二月二二日)も執り行われた(後者はのち聖ペテロを称えるカトリックの祝日となっている)。

古代ローマの人々が祝わなかった休日に、果実と果樹の女神ポーモーナ(それほど上位の女神ではない)の日がある――この情報が正しく捉えられずに、誤った歴史が語られた。最初に誤ったのはヴァランシーと同時代に生きたウィリアム・ハッチンソンという人物だと思われるが、一七七六年、彼は以下のように述べている――「一一月一日にはポーモーナに捧げる祝祭が維持されていて、このとき、冬が忍び寄る気配に夏の蓄えが利用され始めたらしい[8]」。おそらくハッチンソンは詩に感化されていたのだろう。神話に残るばかりか、オウィディウスの『転身譜』にも収められたポーモーナとウェルトゥムヌスの物語は、アレグザンダー・ポープによる翻訳のおかげで、一八世紀に大いに流行した。それによれば、美しいポーモーナにふられたウェルトゥムヌスは、自らの愛が彼女を圧倒するまで、さまざまに姿を変えたとされる。ヴァランシー同様、ハッチンソンも続く二世紀の間たびたび引用され、歴史家も、ハロウィーンは実のところポーモーナの日の焼き直しに過ぎないのではないかと考え始めた。しかしポーモーナの日が祝われた事実はなく、一一月はローマの暦の中でもっとも陰鬱な月で、これといって重要な休日はなかった。それでもハロウィーンがどこかで古代ローマとつながっているという発想は魅惑的で、多くの歴史家には捨てがたいものだったようだ。たとえばハロウィーンに関する書物で、一九三五年に遡る一冊には以下のような引用がある。引用の直前で「サムハイン前宵祭」(偶然ながら「死の主サムハイン」に言及している)について議論したのち、著者は続ける――「私たちが祝うハロウィーンは、ほぼ同程度、古代ローマの祝祭つまり果実と果樹の女神ポーモーナを称えて一一月一日頃に祝われた祝祭にも由来している」[9]。面白いのは続く一節で、そこでは、ハロウィーンは融合されて「ひとつの魔力の祝典となり（中略）サムハインとポーモーナに捧げられたものである」[10]と、誤りに次ぐ誤りが唱えられている。

一方でサムハイン祭が存在していたことに疑いの余地はなく、八世紀半ばのあるとき、教皇グレゴリウス三世が殉教者の祝祭を一一月一日つまりサムハイン祭の日に移動させ、以後、この日を「すべての聖人」の祝典とすると指示した。その一〇〇年後には、教皇グレゴリウス四世が、その日は万人から祝賀されなければならないとした。殉教者の祝祭が一一月一日に移動されたのは、一部の歴史家が唱えているように、収穫物を活用し、聖人の祝典のためにローマに集まる巡礼者たちに食料が行き渡るようにとの配慮があったためだろうか？　それともキリスト教化されたとはいえ、ケルト人が断ち切りがたく感じていたサムハイン祭を、暦を変えることで、吸収してしまおうという意図が働いたためだろうか？　九世紀の有名なアイルランドの宗教暦『修道会士オインガスの殉教史』には興味深い手がかりが残されている――のちの英語版には一一月一日は「嵐の万聖節」と記されているが、アイルランド語版の原典のほうにはあっさり「サムハイン祭[11]（サウィン）」とされているのである。

サムハイン祭の移し替えには慎重を期して一一月一日が選ばれたとする議論はカトリック教会の動向からも支持される。紀元後一〇〇〇年頃、カトリック教会は万霊節《オールソウルズ・デー》を追加し、その日を一一月二日とした。伝説によれば、万霊節《オールソウルズ・デー》は九九八年にフランス中東部の町クリュニーの司教オディロンが、責め苦に苦悶する霊のうめきが聞こえてくる洞穴のある島のことを耳にして始めたとされる。新たな祝祭については、死者の霊、とりわけ煉獄にいる霊のために祈りを捧げる機会を生ある人々に与えるためのものであると、公式に説明されたが、霊のために祈るという薄気味悪さを湛えた新たな祝祭は、サムハイン祭を異教の祝祭からキリスト教の休日へと移し替えるためのものだったようにも思われる。一四世紀になる頃には、西方教会の至るところで万霊節《オールソウルズ・デー》が執り行われるようになり、公式書籍にも暦にも加えられていた。

　そのように考えると、ハロウィーンについての最初の記録がこの時期に現れていることも偶然ではなくなる。『一五一一年版フェスティヴァール（Festyvall of 1511）』には「昔はオール・ハロウィン・デーに良き人々が集まり、パンを焼き、キリスト教徒の霊にそれを分けたとされる」[12]と記され、ハロウィーンには特別の食べ物を作る習慣がすでに確立されていたことがうかがえる。また『一四九三年版フェスティヴァール（Festyvall of 1493）』には「良き友人たちよ、このような日、汝らにはオール・ハロウィン・デーが与えられよう」[13]と記されている。一六世紀になると、教区記録には「オールハロウ・ナイトに鐘を打ち鳴らす人々の言い分の一部始終」[14]についての報告が数多く残され、ハロウィーンには騒々しく鐘が打ち鳴らされたことを物語っている。ヘンリー八世はオールハロウ・デーの夜一晩中、鐘を鳴らす風習を廃止しようとした。ヘンリー八世の娘エリザベスは実際に廃止したが、多くの教区はこの風習を失うことに乗り気ではなく、鐘を鳴らす人々に繰り返し罰金を課すにとどめた。

　地域によっては、ハロウィーンがクリスマス・シーズンの到来を告げるものとなっていて、「祝宴の主」（クリスマスの宴会などの司会者）を選ぶ時節を知らせた。一五九八年のある説明によれば――

　このような「祝宴の主」は、オールハロンド・イヴから、一般には聖燭節と言われている聖マリアお潔《きよ》めの祝日の翌日まで、その役を務め続けなければならない。この日には、手の込んだ巧みな仮装をした人たち、仮面をつけた人たちが見られたり、無言劇がおこなわれたりした。[16]

「祝宴の主」(の習慣)は一五五五年にスコットランドで(そこでは「祝宴の主」のことを「無秩序の大修道院長」と呼んでいた)公式に禁止され、一六〇〇年代には英国のほぼ全土ですたれた。その理由のひとつとして挙げられるのが、この習慣は農神サトゥルヌスを祭る古代ローマのサトゥルナリア祭(別名、冬至祭)に起源を持つものであると、宗教改革者たちから見なされたことである。

一五五〇年頃には、サムハイン祭は万聖節《オールセインツ・デー》、万霊節《オールソウルズ・デー》といったふたつの祝祭からなる祝典の中に完全に取り込まれていたが――どちらの祝祭にも異教的特徴が多分に維持されていたから――依然として、陽気な祭りであり、死を見つめる陰鬱な祈りであることに変わりはなかった。一方、ヨーロッパでは、ハロウィーンの進化とその行く末においてまさに核をなしたできごとがいくつか生じていた。

一三四六年、黒死病《ペスト》が西半球全体で猛威をふるい始めた。四〇〇年のち、この疫病は再び蔓延することになるが、ピークは一三五〇年頃で、ヨーロッパの人口の六〇パーセントにあたる人々が命を落とした。人命の喪失にヨーロッパ中がうろたえたことは言うまでもなく、そのことで大衆文化に変化が生じた――死のイメージを、憑りつかれたかのように、芸術に取り込み始めたのである。疫病も広まったが、印刷物も流布した。薄気味悪い骸骨を描いた「死の舞踏」の絵を生き残った人々がここかしこで目にするようになるのに時間はかからなかった。骸骨として描かれた死神《グリム・リーパー》の絵に人々がいだいた妄想にも似た思いは、死者が生ある者の世界に訪れくる夜と考えられた祝祭の中に当然のように新

✦ハンス・ホルバイン(子)、「死の舞踏――公爵夫人」、1523-5年、木版。

✦エアハルト・シェーン、「魔女を焼く」、1533年、木版。

たな拠りどころを見い出した。

黒死病《ペスト》に続いて登場したのが別の意味での流行病、魔女狩りだった。一四八〇年頃に始まり、何万人もの人々（主に女性）が魔女であるとして、投獄されたり、斬首されたり、絞首刑にされたり、火刑柱に打ち付けられ生きたまま火あぶりにされたりした。彼女たちは疫病を作り出したり広めたりして殺人を犯したと告発されたばかりか、魔女狩りの手引書ともいうべき『魔女に与える鉄槌』といった論文のせいで、悪魔と関係づけられ、悪魔と性的に交わったとして告発されることさえあった（『魔女に与える鉄槌』では一章全体を費やして「悪魔と交わる魔女について」記されている）[17]。魔女裁判は告発された人々の財産を差し押さえることで、封建領主とキリスト教会を潤わせ、女性による家事の三つのシンボル——箒、大釜、猫——とともに描かれる意地悪そうな老女としての魔女のイメージを定着させることになった。一部の裁判では、オールハロウズの日に集会および「魔女の宴会《サバト》」に参加したことが告発の理由となった。そのような被告から、オールハロウズを魔女と悪魔の一大祝祭とする選択の機会が、ある行政的議題を念頭に、引き出されたことは明らかで、一五〇九年に王位を継承すると、ヘンリー八世は英国教会をローマ教皇庁から分離しようとし、その争いは娘のエリザベス一世に継承された。ヘンリー八世もエリザベス一世も万聖節《オールセインツ・デー》を教皇側の祝祭であると見なし、ともに、その祝賀の抑制を目的とした宣言を発布した。ヘンリー八世は鐘の打ち鳴らしを禁じたが、のちのエリザベス一世はその禁令を拡大し「オールハロウの季節および万霊節《オールソウルズ・デー》、そしてその前後二晩に鐘を打ち鳴らす迷信」[18]を禁じた。見世物的魔女裁判はプロテスタント国王であるジェームズ一世の治世にもおこなわれ、一五九〇年、数十人のスコットランド人が告発された。告発の理由は、国王が許嫁であるデンマーク王室のアンのもとに行くのを——ハロウィーンの夜に参集し、老朽船で海に乗り出し、生きた猫を人間の手や足に縛りつけて海に投げ込み、嵐を巻き起こして——妨害しようとしたというものだった。ハロウィーンが魔女、猫、箒そして悪魔と半永久的に結びつけられることになったのは、この一連の悪名高きノース・バーウィックの魔女裁判(と呼ばれた)以降のことである。

この悪魔というのが、ハロウィーンにあっては議論の的となりがちな偶像であることは確かで、悪魔

✦1909年のポストカード(「サタンの策略に用心あれ」と記されている)。

は――キリスト教の敵とも言える堕天使だが――ハロウィーンについて言及されるとき、サタン、ルシファー、ベルゼブブ、(『ファウスト』によれば)メフィストフェレス、オールドスクラッチなどさまざまな名で頻繁に登場し、一部の歴史家からは、そもそも悪魔とは古代ギリシア人の牧神パン、ケルト人のケルヌンノスをはじめとする異教の有角神を悪のシンボルに転身させる方法として誕生したものではなかったのかとも言われている。最初にハロウィーンに関連して登場したとき、悪魔は魔女の神、協力者、そしてリーダーだった。たとえば一五九七年、トマス・リーイズというスコットランド人が魔女であるとして告発され、最終的には火刑に処された――

ハロウィーンの真夜中の頃、母親(その後火刑に処された)、魔術師、魔女とともにアバディーンの食料市場および魚市場にやって来て、一団に紛れた悪魔の指揮と指導のもと、一同のまえでその楽器らしきをかき鳴らし、前述のふたつの市場で長時間にわたって踊った(後略)。[19]

ハロウィーンの晩に魔女が悪魔と踊ったという話は枚挙にいとまがなく、スコットランドの少年たちは、ハロウィーンの翌日に猫がぐったりしているのは悪魔との宴へと魔女たちを運んだからだと思い込まされていた。多くの占いで、その呪文は悪魔の名において唱えられ、アバディーンの少年たちは消えゆくハロウィーンの焚火を離れるとき、「一番後ろになると、悪魔に連れていかれるぞ」と大声を上げたという。二〇世紀の到来とともに、悪魔はユーモラスな小鬼同然に格下げされ、たいていの場合、角と尾のついた赤いコスチュームで描かれていたり、紙製の風変わりなデコレーションとなって登場したり、カラフルなポストカードにあっては魔女の引き立て役を担っていたりした。ハロウィーン・パーティが開かれると、食べ物に登場する悪魔が呼び物になることさえあって、悪魔のケーキ、悪魔の卵と呼ばれるものが一〇月のメニューにしばしば現れた。また、コスチュームが大量生産されるようになった二〇世紀後半には、悪魔は永遠のベストセラー商品ともなった。

それでも、ありきたりの商業化地獄に追いやられてしまうかのように思われた矢先、悪魔は蘇った。二〇世紀後半の原理主義者《ファンダメンタリスト》的キリスト教集団がハロウィーンに「悪魔の誕生日」と新たな名をつけた。キリスト教関係の書物、ウェブサイトではハロウィーンは「この世の敵サタンと密接に結びついている」という主張がなされ、トリック・オア・トリートをはじめとするハロウィーンのあらゆる活動に子供たちを参加させないよう、父兄への呼びかけがなされた。[20] こうした人々が、ハロウィーンの邪悪な起源を証拠づけるものとして、しばしば引用するのがヴァランシーで、なかには教会主催の「収穫祭」さえ、一〇月三一日のハロウィーン活動のすり替えだとして非難する人もいる。

焚火の夜《ボンファイアー・ナイト》

一六〇五年、人間の皮をかぶったある悪魔がハロウィーンの心臓部を杭で突き刺しそうになった。一一月五日の早朝、ガイ・フォークス（スペインから英国カトリック教徒のための支援を引き出す使命を果たし損ねてからはグイードと名乗るようになっていた）というカトリック教徒の男性が三六樽の火薬とともに英国上院議場の地下にいるところを発見された。この陰謀は主としてロバート・ケイツビーおよび十数名の陰謀家によって企てられたもので、カトリック教徒である彼らはジェームズ一世による弾圧を快く思っていなかった。とはいえ「火薬陰謀事件」にもっとも深く関与していたのはフォークスであり、彼はさんざん拷問にかけられた末、一六〇六年一月三一日、まさに捻じ曲げられたかのように、処刑台にも登れないような状態で絞首刑となり、引き下ろされ、八つ裂きにされた。それでも、未遂に終わったとはいえ、フォークスによるジェームズ一世暗殺の試みは忘れられることがなく、一月初旬には、議会が一一月五日を英国の「救済と教皇制礼賛者への憎悪」[21]を永遠に神に感謝する休日とすると宣していた。ほどなくガイ・フォークスの日(あるいは夜)は英国の暦の中でもっとも愛される祝祭のひとつとなった。

ほぼ四〇年の間、ガイ・フォークスとハロウィーンは問題もなく共存した。『一六七七年版プア・ロビン歳時記(Poor Robin's Almanack of 1677)』には一一月五日のことが以下のように記されている――

男の子たちが
爆竹とクラッカーで遊ぶ、
焚火が炎を上げ
夜を昼に変えてしまう。[22]

当時ロンドンの若き著名弁護士だったバルストロード・ホワイトロックの一六二九年の日誌には、

美しく着飾った人々が夜更けまで酒場で踊っていると、ハロウィーンの賑やかな夜のようすが記されている。[23]

事情が一変したのは一六四七年、議会がガイ・フォークスの日だけを残し、すべての祝祭を禁じたときだった。一一月一日の万聖節《オールセインツ・デー》も一一月二日の万霊節《オールソウルズ・デー》もガイ・フォークスの日の祝祭にきわめて近く、かつて万聖節《オールセインツ・デー》や万霊祭《オールソウルズ・デー》に関連していた伝統の多くがガイ・フォークスの日にすでに含められているというのがその理由だった。一方、一六〇五年一一月五日に国王の救済を祝して焚かれた焚火の伝統(その前夜は焚火の夜《ボンファイアー・ナイト》として今も知られている)のほうは――多少、形を変えつつも――現代にまで生き続けることになった。大きな焚火を組み上げようと、若者たちが何週間もまえから燃やすものを集め、燃料の提供を乞うために家々を訪ねたりすることもあれば、炭で顔を汚し、ぼろを着た子供たちが集め回ることもあった――二〇世紀のアメリカで家々を

✦クリスパン・ド・パッス(父)、「火薬陰謀事件」、1606年頃、銅版画。

回っておこなわれたトリック・オア・トリートの風習の祖先のようだ。アイルランドのハロウィーンや(のちの)合衆国のハロウィーンで生じたように、破壊行為《バンダリズム》と化す悪ふざけも生じたかもしれない。イングランドの町ルイス(今なおガイ・フォークスの日が毎年盛大に祝われることで有名)では、一七七九年に焚火を禁じてその騒ぎを抑えようとする動きがあったが、代わりに家々が焼かれかねないという恐れが生じた。結果として、焚火の習慣が続行されたのは言うまでもない。

ガイ・フォークスの日(あるいは夜)はほどなく英国中で秋一番の祝祭となった。祝典は教区によって異なっていたが――なかでもユニークだったのはイングランド中西部イーストヨークシャーのホルダネスでの祝典で、そこでは少年たちが教会の会衆を皮ひもで打ってまわった――よくおこなわれたのは若者たちによる焚火のための資金乞い、燃料の調達、さらには炎の中に投げ込むためのガイ・フォークスの人形作りといった作業で、その典型的ねだり文句が「やつ《ガイ》の人形のた

✦教皇の夜(ポープ・ナイト)にロンドンのテンプルバーで焼かれる教皇の人形。

めに一ペニーを」だった。とはいえ、子供たちは長い押韻詩を唱えることも多く、いくつものバリエーションが記録されている。その中のひとつ、一八九二年のウースターシャーの記録には、以下のような押韻詩が残されている――

忘れていないか？
一一月五日に火薬陰謀事件が起きたことを
あの事件を忘れていい理由なんか
どこにもない。
棒切れと杭を、ヴィクトリア女王のために、
ご主人さまが薪束をくれますように。
一束くれなきゃ、自分で二束取るまでだ
こっちの得は、そっちの損。[24]

このように唱えながら、子供たちは「陰謀《プロット》」、「忘れ《フォゴット》」、「薪束《ファゴット》」のところで、太い杭で地面を打ち付けた。

大人のための祝典は夜に催され、焚火に火をつけ、それを見守るというものだった。それでも町によっては、火のついたタールの樽を最寄りの川まで転がしていってそのまま水の中に入れてしまうといった手荒い祝賀もおこなわれた。ルイスでは今も「焚火協会」なるものが仮装し、大規模なパレード

をおこない、数千人の見物人が集まる。ガイ・フォークスの日ならではの食べ物もある――ずっしりとした菓子パン「ボンファイヤー・パーキン」と、主にバターと黒蜜で作られる「ボンファイヤー・タッフィ」である。

ガイ・フォークスの焚火は、実務的配慮というものが関わるようになる一九世紀まで、広くおこなわれていた。しかし一九世紀になると、多くの地域で丘陵地から草木が完璧なまでに姿を消し、もはや薪木など見当たらなくなった。今日の英国では、パレードくらいはあるかもしれないが、市民花火大会で祝賀する都市がほとんどだ。

ガイ・フォークスの祝典はやがて英国人植民者とともに「教皇の夜《ポープ・ナイト》」という名で西に、つまりアメリカに渡った。しかしジョージ・ワシントンはじめ、独立戦争時代のアメリカの指導者たちは、フランス系支援者たちの宗教観を害することを恐れ、この祝祭に反対した。一九世紀が終わる頃までは、アメリカでもさまざまな祝祭がさまざまに存在していたようだが、ガイ・フォークスの日もすでに本来の意味の多くを失い、その名も「豚肉の夜《ポーク・ナイト》」にまで格下げされていた。

旧サムハイン祭とマルティヌス祭

一五八二年、一部の地域で第二のハロウィーン・ナイトを誕生させるできごとが生じた――グレゴリウス一三世がグレゴリオ暦への切替えに署名したのである。紀元前四五年からヨーロッパ中で採用されていたユリウス暦(暦年を三六五・二五日と定めた)に従うと、四世紀ごとに三日ほどの誤差が生じることになり、春分点の発生日時が暦の上で変動を続けた。そのため復活祭《イースター》の日を計算することが困難となり、カトリック教会は暦の改革を断行した。教皇が暦の切替えを命じても、プロテスタント改革がその六五年もまえにマルティン・ルターによって始められていたから（ちなみにマルティン・ルターが『九五箇条提題』を発表したのは一七一五年一〇月三一日である）、ほぼプロテスタント化した国々では、この新暦はなかなか受け入れられなかった。英国にあっては、一七五二年になって初めて新暦が採用されたが、この時点で新暦はすでに誤差の一一日を加算していた。

英国、アイルランドの住民は新暦に――とりわけ大好きな祝祭に関するかぎり――従いたくはなかった。アイルランドでは、ハロウィーンのどんちゃん騒ぎを一〇月三一日におこないだした人もいれば、旧暦のまま、一一月一一日にハロウズ・イヴを祝う人もいたが、一方で、ふたつの祝祭――一一月一一日に祝われる「旧サムハイン前夜祭」と一一月一二日の「旧サムハイン祭」を作り出した人たちもいた。実際、現在の北アイルランドにあっては、二〇世紀初期まで一一月一二日が「オールド・ハレーヴ」として知られていて、人々は踊りや占い（なかでもヘーゼルナッツを燃した灰でカップルの行く末を占う占い）をしてその日を祝った。

幸運にも、一一月一一日はすでに祭日だったから、マルティヌス祭がハロウィーンの代役を果たし始めた。聖マルティヌス（紀元後三一七――三九七年）は収穫の守護聖人であり、その祭日は――万聖節がサムハイン祭に代わるものとされたように――ユピテル主神の大祭に代わるものとして選ばれたのかもしれない。マルティヌス祭はヨーロッパ地域およびイギリス諸島で祝賀され、そこでも借金を清算する、その日の天気で来たるべき冬の天候を占う、ごちそうを味わう、どんちゃん騒ぎをする、占いをするなど、ハロウィーンに似た風習が多く残されていた。なかでも飲酒はマルティヌス祭(地域によっては「マルティナリア」の名で知られた)の最重要部分だった。さらに、マルティヌス祭では農業労働者を雇う人手市《ハイヤリング・フェア》が大いに盛り上がったり、家畜を屠殺し、近づく冬に食料を備えるといった伝統が蘇ったりもした。

英国では、焚火の夜《ボンファイヤー・ナイト》が秋の中心的祝祭として残されたが、スコットランド、アイルランド、ウェールズおよびマン島ではハロウィーンが依然として祝われていた。それもただ祝賀されたのではなく、宗教的対立も政治的対立もその気迫を削ぐことができないほどの謎と大騒ぎで祝賀されていた。

第2章　イギリス諸島のハロウィーン

——スナップアップル・ナイトと十一月前夜祭

一六世紀になる頃にはハロウィーンつまり一〇月三一日の夜は、万聖節《オールセインツ・デー》、万霊祭《オールソウルズ・デー》、ガイ・フォークスの日（焚火の夜）、マルティヌス祭などとは別個に祝われ、イギリス諸島全域の民間伝承の中にも祝祭暦の中にも浸透し始めていた。とくにケルトの影響が根強い地域（主にアイルランドとスコットランド）では、その人気は高まり続けていた。スコットランドのハロウィーンには、ロマンスと霊的なものの出没という、その夜ならではの趣が染みついて、もっとも初期にハロウィーンが詩に登場するのはスコットランドで詠まれたものの中にある。一五四八年に最初に記録されたスコットランドの伝統的民謡《バラッド》「タムリン」では、ロマンチックでもあり不気味でもある物語（タムリンの子供を身ごもるものの、そのタムリンを妖精にさらわれてしまう若き女性ジャネットの話）が語られている――そのジャネットがタムリンを取り戻すことができるのはハロウィーンの夜だけであり、しかも妖精の女王によって彼がどれほど奇妙で怖しい姿かたちに変えられていようと、タムリンに抱きしめられなければならない。一五八四年、アレグザンダー・モンゴメリーは風変わりな「ポラートへのモンゴメリーの返事」を書いているが、その中の以下の数行は有名だ――

収穫の最後に、オールハロウの夜に、
良き隣人たちは馬で出かけ、私の予測が正しければ、
何人かが魔法の杖に留められ、何人かが骨の杖に留められて

黄昏の中から一団となって速足で[1](後略)。

スコットランド人の陰鬱な想像力については、ちょうど二世紀のち、サー・ウォルター・スコットがその著書の中で多くを明かすことになった。『スコットランド国境地方の民謡(Minstrelsy of the Scottish Border)』(一八〇二―三)には「タムリン」はじめ、さまざまな民謡《バラッド》が収められていて、その長い前書きの中で著者は、スコットランド高地人《ハイランダーズ》とその周囲に住む人々は迷信に従い、妖精、魔女の存在を信じ、まじないの本を持ち歩き、呪文で病気が治ると信じていると記した[2]。また、ハロウィーンについても言及し、小説『修道院(Monastery)』ではハロウィーンの占いや生き霊(まだ死んではいない人の亡霊)との遭遇、「予知能力」について触れ、「ハロウィーンの日に生まれた人たちは他の人間より多くを見る[3]」と記した。同じく小説『ウェイヴァリー——あるいは六〇年前の物語』(一八一四)では「聖スウィジンの椅子」の奇妙な伝説について語り、そこでは、登場人物のひとりが「ハローマス・イヴ」にある岩の露出部に座って占いをおこなう風習を描いた歌を歌う——

「聖スウィジンの椅子」に座る勇気ある者は、
夜空を飛ぶ魔女が乱れた大気を放つとき、
三つの質問をおこなう。呪文を唱えれば、
質問を許され、魔女が答えなければならない[4]。

「アリソン・グロス」も「タムリン」とほぼ同じ頃に生まれていると思われる民謡《バラッド》だ。ここでも若い男性と妖精の女王が登場するが、状況はまったく異なる。ある若い男性が、冒頭部分で、詩のタイトルともなっている「この北国でもっとも醜い魔女」にとらえられて捕虜となる。魔女は魔法のかかった贈り物をあれこれ贈って、若者の愛情を買おうとするが果たせず、「木の幹をのたくっているがいい」と、若者を蛇に変えてしまう。しかしハロウィーンの夜、馬で通りがかった「(良き)妖精」の一団の女王が若者に気づく。女王が三度、彼を打つと、若者は元の姿に戻る。(5)「アリソン・グロス」は魔女による魔術が妖精によって解かれる唯一の伝統的ハロウィーン物語であるという点で異彩を放っている。

トマス・ハーディは『帰郷』(一八七八)で、焚火の魅力を雄弁に「ドルイド祭司には祭式、サクソン人には厳粛な儀式」であるとし、「火を点けることは、冬の到来の時期に、晩鐘が自然界に鳴り響くときの、人間の本能的な抵抗行為である」と記した。(6)実際のところ、ハーディはガイ・フォークスの日のことを書いているのだが、焚火がハロウィーンの歴史にとって重要であることは確かだ。人々の想像力の中では、焚火はまっすぐにケルト人に遡っていく。一八八一年のある雑誌記事からの以下の引用には、ケルト人がどのように空想されていたかが如実に示されている――

フランス、英国、アイルランドにおいて、ドルイド祭司は丘の頂上で焚火を焚いて太陽を祝した。この究極の祝祭には、その地域中のドルイド祭司が白装束で丘の上のケルン(石の祭壇)に集結した。そこには太陽のエンブレムが立てられ、ケルンの上には一年中燃え続けた聖なる火があった。ドルイド祭司はその火のまわりで輪になり、合図とともに火を消した。この間、あた

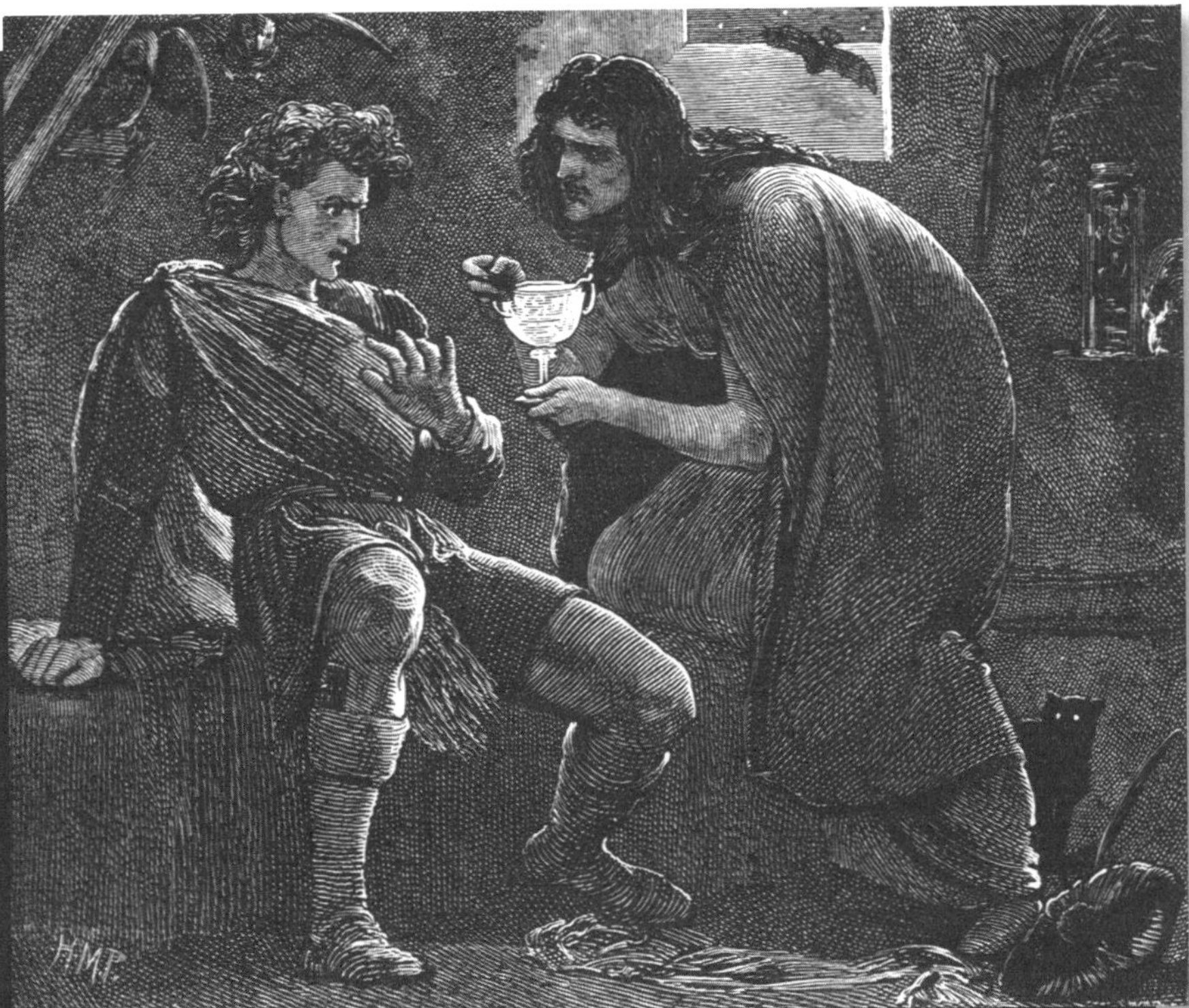

✦「アリソン・グロス」、『イングランドおよびスコットランドの大衆民謡』(ロンドン、1886年)より。

りの山々も谷間も深い沈黙に包まれていたが、ケルンに新たな火が輝くと、谷間の人々から歓喜の声が上がった。新たな火に呼応するかのように、あたりの丘の頂上にも次々と火が点った。[7]

もちろんこれは空想で描かれた光景だが、ハロウィーンの焚火の伝統は少なくともケルト人の大晦日あるいは新年の儀式に（そこでは、一旦すべての火が消され、ドルイド祭司によって起こされた特別の火の燃えさしで再び聖なる火が点けられた）遡ることはできるようだ。

一般的に、焚火には興味深い歴史がある——その単語からして興味深く、語源的には骨《ボーン》を集めて野外で火を焚く《ファイヤー》宗教的行事に由来し、時代的には紀元後四世紀にローマ皇帝ユリアヌスが洗礼者ヨハネの遺骨を焼いたことにまで遡ると思われる。紀元後六八〇年、カトリック教会は焚火の習慣を禁じようと試み、七四二年には、木を摩擦して起こした「清めの火」を使って点火する習慣に有罪判決を下した。この試みが失敗したことは明らかで、焚火は何世紀にもわたって、さまざまな祝祭日に——とりわけ五月祭前夜、洗礼者ヨハネの祝日前夜、そしてハロウィーンに——焚かれ続けた。

ハロウィーンに焚火を焚く習慣が、収穫作業で生じた不要物を焼却するという実用的目的を果たした時代もあったが、前述したように、やがてそこに子供たちが薪を乞い集めるという風習が入り込んできた。スコットランドでは、焚火は「サムハナグ」と呼ばれ、ハロウィーンの夜にはあらゆる丘の頂上で見られた。スコットランドのハロウィーンの焚火の記述としてよく知られているものに、英国人トマス・ペナントが克明に綴った旅日誌があるが、以下はペナントによる一七七二年の光景だ——

ハロウ・イヴも神聖なものとされている。暗くなるとすぐ、誰かがポールに結わえた箒の先に火を点け、人々を引き連れ、村を駆け回る。やがて箒を振り落とすと、そこに可燃性のあれこれをどんどんくべて大きな焚火を作っていく。こうして地域全体が一斉に照らし出され、見事な光景が現れる。[8]

時として、ハロウィーンの焚火は特別の目的を果たすものと見なされた。北イングランドでは、焚火は（ハロウィーンにではなく）万霊節前夜《オールソウルズ・イヴ》に焚かれ、煉獄を後にするすべての霊のための道を照らした。こうした焚火は「ティンドル」あるいは「ティンロウ」と呼ばれ、この地域ではハロウィーンが「ティンレイ」（焚火を尊重する呼び名）と称されることもあった。天国と地獄の間の世界を意識させる焚火の慣習はこの地域だけにとどまらなかった。ランカシャーではハロウィーンの深夜、実際に「煉獄ケ原」と名づけられた野原に人々が参集し、股鍬にのるだけの燃えている麦わらを宙に投げ、煉獄の霊のために祈ったとされる。あるアイルランド人ネイティブは一九四四年におこなわれたインタビューで、煉獄との関わりから見た万霊節前夜《オールソウルズ・イヴ》を以下のように語っている――

一一月一日から二日にかけての夜は「万霊節前夜《オールソウルズ・イヴ》」として知られ、その夜には、煉獄に霊のある死者たちが先祖の家に戻ることを許される。ほとんどの家が鍵はかけずに掛け金だけかけて、一晩中煌々と火を焚き続ける（中略）家族はロザリオの祈りを唱え、早めにベッドに入る（中略）戻ってきた霊が誰にも邪魔されずに暖炉のそばにいられるようにするためだ。[9]

地域によっては、焚火は魔女や邪悪な妖精から身を守るために焚かれた。スコットランドでは、少年たちが薪を乞い集めたのは「魔女を焼く（焼かれるのはやはり魔女に似せた人形）」ためだった可能性があり、一八六九年、バルモラル城を訪れたヴィクトリア女王がこの習慣を目の当たりにしている。ランカシャーではハロウィーンの夜、ペンドルの森にある農場内の崩れかけた屋敷、マルキンタワーに魔女たちが集まるとされた。臆病な住民たちには、焚火を焚かずに魔女に「火をかざす」習慣があった――

夜一一時から一二時の間に丘陵地のまわりを、終始しっかりと火が点いたまま、蠟燭が運ばれたら、その蠟燭は魔女の力をねじ伏せて勝利したことになる。というのもマルキンタワーに向かう途中、魔女たちはあらん限りの力で蠟燭の火を消そうとするからだが、蠟燭が消えなければ、蠟燭が象徴する人物はその冬の間、魔女の敵意を無事遠ざけられる。しかし何らかの拍子に消えたりしたら、その不運な生き物（蠟燭が象徴する人物）にとって凶兆である。[10]

スコットランド北東部のマリシャーでは、焚火を焚くことで、「畑の作物が無事に収穫されるための厳粛さ」が保たれると言われた。[11] 以下はスコットランド中部のパースで目撃された壮大で伝統的な焚火の様子だ――

一〇月三一日の夜（中略）ある注目すべき儀式が執り行われる。ヒースの小枝、箒、亜麻でできた衣類がポールに結わえられ、この束に火が点けられる。その束を担ぐようにして、ひとりが村中を駆けめぐる。群衆も集まる。最初の束の火が消えると、ふたつ目の束がポールに結わえられ、同じようにまた点火される。いくつものポールが同時に運ばれることも多く、夜闇が迫ると、それらが素晴らしいイルミネーションとなる。これぞハロウィーン、一大祝祭の夜である。(12)

英国では一九世紀末になると、焚火の習慣はなくなっていた。ひとつには前述したように、燃やすものがなくなったからであり、ひとつには焚火によって見物人が危険な目に遭ったり、見物人によって他の見物人が危険にさらされたりしたからだ。一八七九年、スコットランドのテイ湖周辺で、少年たちが焚火を作り上げるところを見ていたジェームズ・ネーピアは以下のように記した——

年配者から教えられたところによれば、今世紀の初めには、少年ばかりでなく村人も参加して焚火が組み上げられ、火が燃え盛る頃には、全員が手をつないで火のまわりで踊り、大騒ぎをしたという。しかしこうした集まりは決まって酒盛りやどんちゃん騒ぎに発展したために、聖職者はこの風習に強硬に反対し、その努力はコミュニティにあって知的で節度ある人々の支持を集めたようだ。結果として、大人の参加はなくなり、この風習は学童のものへと払い下げされたという。(13)

ハロウィーンの焚火が流行っていたと思われる頃、人気の点で、焚火に追いつき、やがて追い越し

✦ロバート・バーンズ。

たのが占いの習わしだった。「スコットランド最愛の息子」と称されることもある詩人ロバート・バーンズ（別の休日である大晦日あるいは新年の祝祭「ホグマネイ」に国歌さながらに歌われる「蛍の光」の詩作者として有名である一方で）スコットランドでのハロウィーンの占いの習わしの神髄を捉えた人物として真っ先に挙げられ、一七八五年には伝統的祝祭の様子をはるかに啓示的に描いた「ハロウィーン」の詩を詠み、二五二行の中に伝説的背景（「ある夜、妖精が踊るとき」）、好まれる食べ物（「バター入りオートミールのおかゆ」など）、とりわけゲームや占いの習わしのあれこれを明かしている。[14]

私の結婚相手は？――ハロウィーンの占い

占いがハロウィーンの祝祭の重要な一部となったのがいつのことなのか、ピンポイントで示すことは不可能であり、のちの説明のほとんどもバーンズの詩に遡って言及するばかりである。バーンズの詩によれば、占いの習わしは当時すでに確立され、ハロウィーンに欠かせないものとなっていたようだ。ジョン・ゲイによる牧歌《パストラル》を嘲笑する連作詩「羊飼いの一週間」（一七一四）にも同じ方法の占い（バーニング・ナッツなど）がいくつか記されている。[15]とはいえ、この連作詩では、五月祭といったようなハロウィーン以外の祝典については述べられているが、ハロウィーンについては触れられていない。実際、のちにハロウィーンに結びつく占い方法の多くは洗礼者ヨハネの祝日前夜、聖アグネス前夜祭、クリスマスや新年の祝祭といった祝典に早くから結びついていたから、このような占いの習わしも――歴史的に見れば、ハロウィーンは多少異教的な慣習にも十分開かれていたために――一八世紀のある時期に数多くスコットランドのハロウィーンに渡ったのではないかと思われる。

占いゲームは大部分が将来の伴侶がどんな人か、その名前や性格、職業を知るためにおこなわれた。産業化以前の田舎に暮らす若い人たちにとって、結婚はおそらく人生で最大のイベントであると見なされていたのだろう。占いの習わしはバーンズによってあまりに克明に詠われ、二〇世紀初頭までずっと伝えられてきた結果、まちがいなく、ハロウィーンにロマンチックな痕跡を半永久的に残した。

バーンズの詩の中では「親しい田舎者連中」がケール畑に入っていって茎を引き抜くことでその夜が始まる。これがおそらく一八、一九世紀にもっとも人気を集めた占いだったと考えられ、アイルランドではキャベツで占われた。この習わしにはバリエーションがいろいろあって、運勢を知りたい人は後ろ向きに畑に入らなければならないとするものもあれば、目隠しをして入らなければならないとするものもあるが、いずれにしても、茎を調べて将来の伴侶がどんな人であるかを占う点は共通している。バーンズの詩では、茎の形（大きくてまっすぐかどうか）と、茎の味（甘いか酸っぱいか）が将来の伴侶の性格を予言するとされているが、一方で、ケールの茎を打ち付けた玄関ドアを通って最初に現れた若い人が将来の伴侶となる（あるいは、少なくとも将来の伴侶のイニシャルを示している）とする俗信もあったようだ。こうした占いは大いに広まり、単に「ケーリング」と称されることも多かった。

バーンズの詩の中で、次に現れるのは少々きわどい風習だ。「コーン」（実際のところは押麦《オーツ》）の穂が三本引き抜かれ、その三本目の穂先に穀粒がなければ、その女性が処女のまま結婚生活に入ることはないとするものだった。その詩節にはことのほか面白さがあって、この占いをしているときに、ネリー（バーンズの恋人だった若い娘）がロブ（バーンズ自身のこと）に「穂先の一粒」を捧げたことがほのめかされている。

以下は「羊飼いの一週間」の木曜日の箇所に見られるゲイによる描写で、この四詩節にはバーニング・ナッツのことが詠われている――

ヘーゼルナッツの実をふたつ、炎の中に投げ込んだ
ひとつひとつに愛しい人の名をつけて。[16]

明るく、長く炎を上げたほうの実が真実の最愛の人を指した。しかし「ハロウィーン」の詩では、ふたつの実には愛し合う者同士の名がつけられ、燃えたあとの灰がひとつになるか、実がはぜてしまうかで、ふたりの関係の行く末が暗示されることになる。

バーンズの詩の中で、次に登場するのはメランだ。この女性は石灰を作るための窯場（一八世紀の農場に設けられることの多かったレンガ造りの大きな施設）にこもって、青い糸の風習に従う。古典的アクション占いとも言うべきこの占いでは、若い女性が糸玉を窯に投げ込み、糸を引きまくる。やがて何かが引っかかったような手応えが感じられ、「誰？」と、声を張り上げる。そして聞こえてくるのが将来の伴侶の名前、と言った次第で、言うまでもないことだが、声の主は身を潜めていた少年である。この占いは、ジョン・グレゴルソン・キャンベルが『スコットランドのハイランド地方および島々における魔術と予知能力（Witchcraft and Second Sight in the Highlands and Islands of Scotland）』の中で引用しているように、とりわけ悪ふざけに使われた。

この占い方法が採用されることを察したある仕立て屋の話がある。仕立て屋は身を潜め、投げ込まれた糸玉を摑み取った。糸が引かれるのに任せていたが、やがて聞こえた「糸の先にいるの

は誰？」という問いに「悪魔だ」と答えた（中略）この返答に恐れおののいた女性は二度とこの占いを試みなかった。[17]

二〇世紀に入っても人気のあった占い方法についても、バーンズは触れている。それは、占いたいことのある若い女性がハロウィーンの夜、リンゴを持って鏡の前に立ち、リンゴを食べるか切り分けるかすると、最愛の人の顔が鏡に現れるというものだ。ハロウィーンの夜、この儀式をおこなった人物のある恐ろしい最期をレディ・ジェーン・ワイルドが詳述し、その編著書アイルランドの伝説集に以下のように記している――

ある女性が語るには、一一月一日の夜、彼女の使用人が部屋に飛び込んできて、気を失って倒れた。意識が戻ると、使用人はその晩、悪魔の名のもと、鏡の前でふざけていたと言った。鏡の中に現れたものは、彼女の脳裏を片時も離れなかったが、使用人にはそれについて口にする勇気などなく、ショックで死んでしまいそうな気分でいた。周囲の人たちは彼女を笑わせて恐怖を取り除こうと努めたが、次の夜、使用人は鏡の前で死体となって発見された。その顔は身の毛もよだつほど歪み、鏡はばらばらと割れ落ちていた。[18]

「ハロウィーン」の中では、祖母が孫娘ジェニーに「確かにおまえには予知能力があるかもしれない」と言い、自身の若い頃の、亜麻《ヘンプ》の種蒔きにまつわる怖しい話を聞かせる。この占いでは、占いたい人

✦ ハロウィーンの鏡の背後で悪魔が待ち構える――「マダム・ブーランジェのオールハロウズ・イブ」、A・H・プッチーによる銅版画。

は亜麻の畑に行って（男性であれ、女性であれ）自分の後方に種を蒔いて短い歌を歌った。バーンズによれば、このような歌だ――

亜麻の種よ、おまえを蒔くよ、
亜麻の種よ、おまえを蒔くよ。
私の最愛の人となる人が、
私の後からやってきておまえを拾う。[19]

バーンズはこの風習に面白おかしくひねり、（後から来たのは）なんと牝豚だったとして、最愛の人となる人は誰なのか知りたかったジャミー・フレックという元気な若者を驚かせている。

このようにハロウィーンの典型的な占いは、生き霊（まだ死んではいない人の亡霊）の存在が信じられていたことと関係がある。すべての人に付いている目に見えない霊である生き霊はときに人から離れて存在し、人の目に見えることもあるらしく、スコットランド民間伝承の専門家ジェームズ・ネーピアは、生き霊についての議論の中で、獄中の聖ペテロがある家の戸口を叩いたという聖書の話を引き合いにしている。またスコットランドのバラッドの名作「オールド・ロビン・グレイ」では、かつての恋人に出会った女性が「あれは彼の生き霊だと思った」と言っている。[20] アイルランドでは、こうした超自然界の分身は亡霊《フェッチ》と呼ばれ、朝に見かけられたら吉兆だが、午後や夜に見かけられたら死を予言すると信じられ、多くの場合、長く病に苦しむ人の分身であると考えられていた。しかしハロウィーンに現れる亡霊は結婚を予言するとされた。ウィリアム・シャープによる一八八六年の記事「ハロウィーン――三とおりの年代史（Halloween: A Three-fold Chronicle）」には、スコットランド中部のパースに住むある人物から聞いた不思議な力との出会いについて記されている。うら若い女性マッジ・ファルコナーは一四歳のとき一七歳の隣人ラルフ・モーガンと恋に落ちた。ふたりが結婚できる年齢に達さないうちに、ラルフはインドに引っ越し、マッジはほぼ七年間、彼に会えなかった。二一歳となる誕生日を前にしたハロウィーンの日、彼女は鏡を覗いて占ってみた。そこに見えたのはラルフではなく、独特の傷跡のある年配の男性だった。その後ほどなく、彼女もインドに移り住み、ラルフと再会を果たしたが、もはやラルフを愛していない自分に気づいた。やがて彼女はコルビル大佐に出会った。彼の顔はハロウィーンの日に鏡に見た顔そのもので、シーク教徒との戦いで負った傷の跡があった。マッジとコルビル大佐は

All Hallowe'en Greetings
Our future in the present we still sow;
And over anxious, sometimes seek to know
Events before they happen—and we fall,
And thus provide a hearty laugh to all
On Hallowe'en.

✦ポストカード（バーンズの詩に登場するジャミー・フレックが雌豚に遭遇するところが描かれている）。

ほどなく結婚した。[21]

生き霊にまつわる恐ろしい風習の最たるものがバーンズの詩の中（メグが納屋に行って「虚しく箕《みの》を三度あおる」ときの一節）に示されている。この占いの習わしでは、占いを望む者は納屋に行って、扉を（できれば蝶番ごと外して、勝手に閉まって恐ろしい霊とともに被験者が閉じ込められないようにするのが望ましいとされた）開け放ち、（あおってもみ殻や塵を分け除く）箕《みの》を降ろしてトウモロコシの実と殻を分別するしぐさを三度おこなう。すると、最後に生き霊が未来の伴侶の姿となって納屋を通り抜けていく。これらすべては、まず悪魔を呼び出してからおこなわれなければ、予言は得られないことになっていたから、このような風習がある種独特の不気味さをハロウィーンに添えたことはまずまちがいない。

大麦の干し草を利用して占う方法は「ファドミン・ダ・スクロー」と称され、占いを求める者は目隠しをして大麦の干し草のまわりを三度回り（いくつかのバリエーションがあって、太陽の運行と逆方向（反時計回り）になされなければならない場合もある）、三周目の終わりに抱擁する人物が未来の伴侶であるとされた。バーンズの詩の中では、ウィルがこれを試みるが、彼は実際にはまちがって薪の山のまわりを三周回ったことに気づいていず、朽ちかけた樫の棒切れを思い切り抱きしめ、老女を抱擁したと大いに慌てる。

今では古めかしいが、水にまつわる占いの習わしもあった。なかでも「袖浸し」占いがもっとも人気を集めたと思われ、バーンズの詩によれば、それは三人の大地主の所有地が交わる納屋でおこなわれなければならないとされている。その占いでは、若い女性はシャツの袖を水に浸し、家に帰ってシャツを炉辺に干す。やがて彼女はベッドに入るが、夜中に、運命の人がシャツの干された部屋に入ってきて、しっかり乾くよう、シャツを裏返すとされた。もちろん、ここでもバーンズは、それが悪魔の気配であれ小鳥の気配であれ、何かしらの物音にすっかり怯えきって（占いを試みた）ご婦人が水の流れにはまってしまうところを詠い、またしてもハロウィーンを面白おかしい恐怖の夜として描いている。

一方で、一八世紀後半の「袖浸し」占いの実録を見ると、ハロウィーンの占いが必ずしも無邪気なゲームと見なされていたわけではないことがわかる。イーストウッドの記録にはハロウィーンに呪いをかけたある女性の告白について記されている――

アイルランド出身のある老婆にそそのかされ、女性は一パイント（約五〇〇ミリリットル）の水を花嫁と埋葬式が通りかかる井戸から汲んできて、自分のシャツを浸し、火の前に吊るした。すると、夢でも見たのか、現実のことだったのか、何かが現れ――その何かが何だったかははっきりとは見えなかったが――シャツを干した椅子のまわりを回った。女性は罰として信徒会の叱責を受けた。[22]

水にまつわるもうひとつの風習に「ラギボウル」というのがある。ラギとは木製で柄《ラグ》付きの茶碗あるいは皿のことで、この習わしによれば、占いを望む者は目隠しされ、その前には中身の異なるラギが三つ並べられる。そしてきれいな水の入った皿に触れれば処女と結婚し、汚れた水の入った皿に触れれば、寡婦と結婚、皿がからっぽであれば、結婚はないと予言される。ラギボウルはもっともよく知られたハロウィーンのゲームのひとつで、バリエーションも多く、ボウルの中身が水ではなく、たとえば適齢期を過ぎた未婚女性を象徴する指ぬきだったりすることもある。ボウルの数は多くて六個といったところで、ボウルが使われない場合もあった。一九世紀におこなわれていたラギボウルでは、水の量もさまざまなブリキのカップが三つの漏斗の先の部分に据えられ、床に一列に並べられた。その上を若い女性たちが順に飛び超え、その際に倒してしまったカップの数が結婚までの時間を予言しているとされた(運悪く、三つのカップすべてをスカートで引っ掛けた場合、その女性は生涯独身のままと予言された)。

このラギボウルはジェームズ・ジョイスの感動的なハロウィーン物語『土くれ』の中で異彩を放つ。一九一四年に出版された『土くれ』には、アイルランドの都会でのハロウィーン・パーティが描かれ、未婚女性マリアの悲劇を軸に展開する。マリアが最初に触れたのは土の入った皿(若死にを予言する)であり、次には祈禱書(夫ではなく、神に捧げられた人生を予言する)だった。似たようなこじつけをバーンズはユーモラスに描き出し、彼の詩では、三度連続でからっぽの皿に触れ、独身のまま一生を過ごすと予言されたジョンおじさんは怒って三つの皿を火に投げ込んでしまう。

一八世紀、一九世紀のアイルランドにあっては、こうした占いゲームがおこなわれる一方で、家々をまわり歩いて物乞いをする行為がそれ以上に目立った。キャベツの茎を引き抜いたり、ナッツをくべたり、亜麻の種を蒔いたり、窯に糸玉を投げ込んだり、袖を水に浸したりしておこなわれる占いがいずれも記録に残されている一方で、聖コルンバ(六世紀の宣教師で、異教徒のアイルランド人、スコットランド人を改宗させた)を祝福しておこなわれた物乞いの風習も同様に記録されている。祝祭のために、アイルランドの農民が「丸々とした子牛、黒羊を飼うための」金を乞いながら家々をまわる際、引き合いに出したのが「コルンバ」あるいは(一七〇〇年代に知られるようになった名)「コラムキル」だった。

他にも、アイルランドにはハロウィーンに仮装する風習もあり、それは「ストローボーイズ」によってこなわれた。少年の一団ストローボーイズは白い麦わらで作られたスーツにとんがり帽子という独特のコスチュームで、荒っぽい悪ふざけをしたり、ちょっとした蛮行（はっきり言えば、食料の盗み出し）に及んだりしたが、その標的とされたのは主に箱入り娘のいる家庭だった。ストローボーイズは結婚式にも現れ、花嫁に一緒に踊ることを強要したりもした。この風習は現代にも残っていて、実のところ（オプションとして費用はかかるが）、ストローボーイズを結婚式に登場させることを提案するウエディングプランナーもいる。

北アイルランドでは、ハロウィーンの数週間まえから家々をまわって歩く歌声が聞かれる。若者た

✦三つのラギボウルで運勢を占う。

ちが同じ家を何度も訪れてお金をもらい、花火を買うこともあるようだ。花火もやはり数週間前から打ち上げられ、一〇月三一日は焚火と家族とのディナーの日に充てられる。

奇妙さは増すが、似たような風習はスコットランド沖に位置するシェトランド諸島でも記録されている。そこではグルラックスと呼ばれる少年の一団が、色とりどりのリボンをあしらったエキゾチックな衣装をつけ、シルクハットやベールで顔を隠して、ハロウィーンの夜に家々を急襲し、食料と酒を求めた。一団の訪れは家の上空に放たれる一発の銃声で告げられ、一団が入ってくるまえに、一家の主は歓迎の一発を放たなければならなかった。一団は「スクドラー」と呼ばれる人物に先導され、列をなしてキッチンに進み、食べ物が出されるまで、長い杖で床を打ち鳴らした。たいていの場合、一団にはバイオリン弾きが同行していて、去っていくときには演奏を披露した。グルラックスもまた、ストローボーイズ同様、結婚式に欠かせない存在であり、二〇世紀となる頃には、もっぱら結婚式およびクリスマスに結びつくものとなった。

妖精、プーカ、そして魔女

スコットランド人もアイルランド人も妖精《シー》を中心とした民間伝承をかなり多く受け継いでいたせいで、そうした伝承の中にハロウィーンが頻繁に現れる。妖精の存在はもともとケルト人子孫の間で信じられていたという事実を考えると、妖精はキリスト教思想によって、超自然的存在としての小魔《インプ》に格下げされたとする説の信憑性は高くなる。しかし妖精物語の中には、死者の霊と結びついていると思われるものもあり、たとえばレディ・ジェーン・ワイルドによって記録されたアイルランドの伝統的物語『一一月前夜(November Eve)』には以下のようにある——ハロウィーンの夜ふけまで出歩いていたヒュー・キングという漁夫が、市《フェア》に繰り出すところだという賑やかな一団に出くわし、彼らに同行する。そこで妖精の王フィンヴァラに出会い、死者の女性の霊によって踊りの輪に引き込まれる。その恐ろしい夜はなんとか生き延びられたが、翌朝になってヒューは思い知る、注意されていたにもかかわらず、ハロウィーンの夜ふけまで出歩いていたために、妖精に愚弄されたのだと。

　妖精はアイルランド、スコットランドに点在する草地の丘に棲み、その棲みかはハロウィーンのときにだけ人間に開放されると考えられていた。スコットランドのある言い伝えによれば、ハロウィーンの夜、人間が妖精の塚を反時計回りに九度回れば、妖精界に入ることが許され、妖精界の楽しみを味わうことができるが、代わりに、人間界には戻れなくなり、永遠に平和の人《シー・ィク》となってしまうとされた。逆に、妖精のほうも棲みかを離れ、人間界を訪れることができたらしく、一五世紀の歴史文書『ザ・ブック・オブ・ファーモイ(The Book of Fermoy)』の一節には、三世紀のアイルランド南西部地方マンスターの王フィンゲン・マック・ルフタがサムハイン祭の夜、女性の妖精バハトの訪問を受け、五〇の驚異について聞かされたと記されている。

　たいていの場合、妖精は人間に対して、あまり親切ではなく、『金枝篇』(一九二二)の中で、サー・ジェームズ・G・フレーザーは以下のようなスコットランドの冒険話を伝えている——ハロウィーンの夜、ふたりの若者が煌々と灯りのともった家に行き着いた。そこは浮かれ騒ぎをする人でいっぱいで、すぐさま一人が中に入って騒ぎ加わった。しかしもう一人はこの「家」は実際には妖精の棲みかかもしれないと、用心のために、戸口に針を刺してから中に入った。こうすることで、あとから入った若者は妖精の力を萎えさせ、無事に逃げることができたが、最初に入った若者は一年間、妖精の棲みかに捕らわれたままとなった。次のハロウィーンが巡ってきたとき、依然として浮かれ踊っている若者の姿が目撃されたが、やがてその姿は骨となってばらばらに砕け散った。

北アイルランドでは、二〇世紀初頭まで、ハロウィーンの夜、子供たちを外に出さないよう注意を払った。妖精が悪さをするといけないからだ。ハロウィーンの夜、子供がひとりでサワギクの草原に足を踏み入れると、決まって「小さき人々《リトル・ピープル》」にさらわれた。ハロウィーンの夜、どうしても出かけると言う子供には、親は乾燥させた押麦と塩を混ぜ合わせ、その子の髪にすり込むことで、妖精から子供を守った。赤ん坊も同じように危険にさらされた。妖精の子供《ストック》と取り換えられ、妖精に盗み出されてしまう恐れがあった。取り換えられた妖精の子供《ストック》は髭をたくわえた貧相な老人の姿をしていることもあった。また、妖精の赤ん坊は姿こそ普通の赤ん坊と変わらなかったが、やがて病気にかかって死んでいった。ハロウィーンの夜、赤ん坊は鉄製の箱のようなものに入れられたり、専用のベッドに寝かされたりして守られた。妖精の赤ん坊か人間の赤ん坊かはその目の前で卵の殻をボイルすることで看破できた。妖精の赤ん坊であれば、大人の叫び声を上げて本当の姿を現すのだった。

いたずら好きの「良き人々《グッド・ピープル》」（この言い回しは妖精を怒らせないために用いられた）は、魅力的な大人も好んで連れ去っていったが、そのような大人が救い出されるのはたいていハロウィーンだった。その典型例がバラッド「タムリン」だが、サー・ウォルター・スコットは「タムリン」を紹介しつつ、妖精に妻をさらわれたスコットランド東部のロジアンの農夫の話を伝えている。それによれば、さらわれたあと一年にわたって繰り返し現れる妻（の幻）から、農夫は来たるべきハロウィーンの日に妻を救い出す方法を教えられた。しかし運命の夜がやって来ると、農夫は、妖精の一団が発する凄まじく「この世のものとも思われない物音」に恐れおののき、体が痺れ、身動きがとれなかった。ただ茫然と立ち尽くし、永遠に姿を消す最後の瞬間に彼のわきをすり抜けていく妻の悲痛な叫びを聞いているだけだった。

勇敢な人間にはハロウィーンの日の妖精の力を自身の目的のために利用することもできる。「グリーシ・ナ・グス・ドゥ（Guleesh Na Guss Dhu）」の伝説に登場するグリーシはそのような力を逆手にとった若者だ。彼はハロウィーンの夜、妖精の仲間となって馬でフランスへと魔法の旅に出て、その地で、結婚式を迎える美しい王女をさらうよう、妖精たちに頼まれる。グリーシは同意するが、まずはローマに連れていってくれるよう求め、そこで妖精たちの助けを借りて教皇に迫り、グリーシの教区の僧侶を復職させる。フランスでは首尾よく王女をさらい、グリーシと妖精はアイルランドに戻るが、グリーシは王女を妖精に渡したくなくなる。妖精は王女に呪いをかけ、口を利けなくしてしまう。しかし次のハロウィーンの日、グリーシは王女が元どおりになる方法を妖精たちが話しているのを盗み聞きし、呪いを解くことに成功する。グリーシと王女はやがて結ばれる。

スコットランドのハロウィーンが生み出したもので、もっとも奇妙なものがスコットランド北西方に位置するアウター・ヘブリディーズ群島のひとつ、ルイス島に存在する。ハロウィーンの夜、聖マルウェイ教会で家族の集いがあり、それぞれの家族は麦芽醸造酒《モルト》の袋を持参した。ひとりの男が選ばれ、持参した醸造酒の入ったカップを持って海に入り、海の中でこのように唱えた――「ショニー、あなたにこの醸造酒を捧げて祈ります、たくさんの海藻を我らのもとにお届ください、そしてこの一年、

✦1912年のポストカード（ハロウィーンの夜に巣穴から現れる妖精たちが描かれている）。

この地が豊穣でありますように」。[23] カップを海に投げ入れ、男が岸に戻ると、会衆も教会に引き返し、蠟燭を見つめながら厳かな時を過ごした。やがて蠟燭の火が消えると、あとは畑で、持参した醸造酒を飲んだり、踊ったりして夜を過ごした。「ショニー」という名の起源は歴史の中にすでに失われてしまっているが、スコットランド・ゲール語の「ジョニー（Seonaidh）」に由来し、実のところ、この風習はジョンの名で呼ばれたキリスト教聖人の誰かを讃えるものではないのかと思われる。

ハロウィーンをめぐってこの上なくぞっとさせるような話のいくつかを信じていたのはウェールズ

の人々で、彼らは隣接するイングランドの人々よりも長くこの祝祭を祝ってきていた。一八四九年刊行のある書物には、ウェールズの人たちの祝祭好きが記されていて、それを読むと、ハロウィーンがなぜ労働者階級に愛されたのか、その理由が示唆される――

さまざまなゲームやら余興やらがおこなわれる古い祝祭は、イングランドにあってはすでに失われ、どんどん記憶の彼方へと追いやられている。しかしウェールズではそうした古い祝祭が依然として重大であり、今なお祝われている。スコットランド、アイルランドの民間伝承でも万聖節前夜《オールハロウズ・イヴ》は実によく知られていて、やはり今なお祝われ、その風習も保たれている。こうした祝典を維持しているのは地元の人たち、農村に住む人たちであり、彼らは、大きな町と交流することで誕生した一般社会の均質性になじめていない。これが理由で、労働者や村に住む老女たちは万聖節《ハロンタイド》を待ち望み、祝う。[24]

ウェールズでは、ハロウィーンは「冬の月の第一日目の晩」と名づけられていたが、ウェールズの人々はハロウィーンを「三つの霊の夜」（残るふたつは、五月祭前夜と聖ヨハネの祝日前夜）のうちもっとも不気味なものだと見なしていた。そのような三つの霊の夜には、海で溺れた霊が再び浮かび上がり、白馬に乗って波の上を進むこともできた。一九世紀のウェールズの典型的ハロウィーン・パーティではアップル・ボビング、スナップアップルといったリンゴ喰い摑み競争、暖炉に木の実をくべて占う占い《バーニング・ナッツ》がおこなわれたが、バーニング・ナッツでは、結婚相手ではなく、投げ込んだ本人が次のハロウィーンにも生きているかどうかが占われた。ウェールズの人々には教会の袖廊《チャーチポーチ》の習わしもあった。それは、ハロウィーンの真夜中、勇気ある人が教会の窓辺に立って悪魔の説法を聞くというもので、説法の中では、その教区内で次のハロウィーンまでに死ぬことになる人々の名が告げられた。言うまでもなく、説法を聞く勇気ある人は、自分の名が告げられるかもしれないというリスクを冒して、この習わしに従った。この習わしのバリエーションのひとつに、ハロウィーンの夜、好奇心旺盛な人たちが指示どおり教会の庭に隠れていると、次のハロウィーンまでに死ぬ人々の行列（行列の中の人でも不意に引き返した人は重病にかかっても回復されるとされた）が目撃されるというものもあった。また、ウェールズ人女性はハロウィーンに教会に集まったりもした――揺らめく蠟燭の炎で運勢を見ることができると信じられていたからだ。

ウェールズの人たちは妖精のことを「タルイステーグ」と呼び、ハロウィーンの日に生じる超自然的なできごとについての物語を数多く伝えていた。ある物語では、情け深い老夫妻がハロウィーンの日の人手市《ハイヤリング・フェア》で、美しい若い娘を使用人に雇う。しばらくすると、娘は姿を消すが、一年後のある晩、老妻が助産婦として呼び出される。連れて行かれた先は妖精の塚で、そこは老妻がそれまで訪れたどこより美しい部屋だった。しかし偶然、魔法の薬が一滴片方の目に入ると、出産したばかりの娘はかつての使用人であり、美しい部屋は洞穴でしかないことが老妻の目にはっきり映った。妖精である娘の夫は薬が入ったほうの老妻の目を棒切れでえぐり出した。

ウェールズでは魔女の存在も迷信も根強く信じられていて、ハロウィーンに聖なる鐘が鳴っている間は魔女から守られること、「ブイド・ケナド・ア・メイルウ」はハロウィーンの日の死者のための食べ物であること、ハロウィーンに死体の足元を超えて吹いてきた風はため息のような音をたて、それを耳にした人に死をもたらすこと、さらには、ハロウィーンの夜、十字路で風の音に耳を澄ませると、次の一年の予言がもたらされること、ハロウィーンに家のまわりでカラスの鳴き声を耳にすると、その家の誰かの死が近いこと、マエス・ア・フェリン・フィールドで「ドルイドの石群」として知られている廃墟に行って願いごとをすると、次の一年のうちにそれが叶うことなどが信じられていた。

ウェールズ語の「プーカ(pwca)」は、イギリス諸島中の民間伝承に登場する悪さをする妖精、魔物的生き物を意味する英語の「プーカ(pookaあるいはpuca)」に通じる。プーカは姿かたちを変えることができ、ハロウィーンの夜には馬の姿で目撃された。それが湖や水に関わる場所から現れた「水馬」であれば、捕まえて素晴らしい軍馬とすることができるが、下手に近づけば、八つ裂きにされるとされた。スコットランドで伝承されていたのはドーホ湖に棲む「水馬」の話だった——あるハロウィーンの夜、愚かしくも若い女性が「袖浸し」の占いを試みようとして、永久にその姿を消した。あとに残ったのは、夜闇を引き裂くような叫び声と、翌朝になって蹄の跡のそばで発見された衣服の切れ端だけだった。「プーカ」はまた「パック」となり、いたずら好きの小妖精としてシェークスピアの『真夏の夜の夢』の中に登場していることは言うまでもない。

ウェールズの人たちには、ハロウィーンに独自の焚火を焚く習慣もあった。「コエル・コイス」と呼ばれ、文字どおり訳せば「危機の予兆」という意味になるが、その習慣に従って、家族は家の近くの目立つ場所にハロウィーンの焚火を組み上げ、ひとりひとりが白い石に目印をつけて火の中に放り込んだ。翌朝、石が見つからなければ、目印をつけた本人に一年以内に死が訪れると予言された。若い人たちはナッツを使うこともあったが、殻が弾け飛んだりすると、「黒いしっぽの牝豚ゴブリン」を恐れ、一斉に逃げ出した——ハロウィーンにはゴブリンがあちこちにいると信じられていたのだった。

ウェールズの人々にとって、死と妖精がすべてだったわけではない。将来の伴侶がどのような人物であるかを明かすハロウィーンの霊の存在も信じていた——ある風習によると、若い女性たちが深夜にダイニングテーブルを囲んで、銀食器をすべて逆さまに置いておくと、運命の人が真夜中に入ってきて、すべてを元どおりにする姿が目撃できるとされた。この風習について語ったあるウェールズの女性は——一緒にいた他の三人の女性は何ひとつ見ることがなかったが、彼女自身は確かに、夜中にすべてを元どおりにする霊を目撃したと言い張って——そのような霊の伝承に興味深い一話を加えた。ほどなく、女性は霊として目撃した人物その人に出会い、ふたりは結婚した。

食べ物、市《フェア》、そして英国の伝統

ハロウィーンにはハロウィーン独特の食べ物がいろいろあり、多くは今なお受け継がれている。それでもリンゴほど時代と場所を超えてハロウィーンと結びついているものはないと思われる。リンゴとハロウィーンの結びつきはケルト人の時代にまで遡る。とはいえ、サムハイン祭とリンゴにこれといった結びつきは見られず、ケルト神話の中でリンゴが登場するのはサムハイン祭以外の部分のあちらこちらだ。至福の地エリュシオンの神話で木々が三つの実を結ぶが、そのひとつがリンゴで、あとはどんぐりとナッツであり、薄幸の恋人たちアイリーンとバーリャの物語では、アイリーンの墓から育つのがリンゴの木で、その実は愛するバーリャの顔をしていたとされている。主神であり、愛と美の神オェングスの父でもあるダグダが住んでいたのはリンゴの木が常に実を結ぶ（故にもちろんエールは尽きることなく供給される）王国であり、叙事詩「マールドゥーンの航海」では、タイトルに記された英雄が不思議なリンゴの木が一本生えた島に行き着き、飢えた乗組員たちに四〇の昼夜分の食料として与えるのがその実である。一説によれば、ケルト人が最初にイギリス諸島にやって来たとき、リンゴ栽培が持ち込まれたとさえ言われている。

リンゴは一〇月に熟し、サムハイン祭が同じ月の最後の日に祝われたとすれば、ケルト人のサムハイン祭のご馳走にはリンゴがふんだんに使われたと思われる。のちのハロウィーンの祝祭では、リンゴを食材として使うだけでは飽き足らず、ゲーム、占い、デコレーションにまで使うようになった。アイルランドの一部地域では、かつて一一月一日は「リンゴの日」とも呼ばれ、イギリス諸島の一部地方では、現在でもリンゴとエールで作られる飲み物「ラムズウール」（「リンゴの日（La Mas Ubhal）」が転訛した名）で祝われる。以下はその作り方をとりわけピリリと伝えている——リンゴは紐に吊るして宙ぶらりん状態で熱すること、そうすれば、その下に用意したスパイシーなエールの入ったボウルに勝手に落ちる。

一八四四年に書かれたハロウィーンについての日刊新聞の記事は「万霊節《オールハロウ・イーン》、万聖節《オールセインツ・デー》のアップル・ボビングの風習は以前にはイングランド全域に広まっていた（中略）アイルランドの一部では今なお祝われている（後略）」[25]。このことから、アップル・ボビングは当時までにすでにイングランドのほとんどの地域で廃れていたことがうかがわれる。ロバート・バーンズの「ハロウィーン」の中では一切言及されていないが、同時代に生きたジャネット・リトルによる一七九二年の詩の中にはスナップアップルが登場している。それは危険を伴うゲームで、吊り下げられた棒の一端にはリンゴが、一端には火のついた蠟燭が付けられ、棒が回される。ゲーム参加者は熱い蠟ではなく、リンゴをぱくりと摑み取らなければならない。このゲームがもてはやされたせいで、一部地域では、ハロウィーンは「スナップアップル・ナイト」の名で、ウェールズでは、かっさらうかのような動作から「スノッチング・ナイト」の名で知られた。同様に、北イングランドでは、バーニング・ナッツの占いから、「ナットクラック・ナイト」と呼ばれたりもした。

アップル・ボビングは少なくとも四〇〇年は娯楽として英国で人気を集めていた。一四世紀の彩色写本『ラトレル詩篇』には、領主の使用人がこのゲームに興じていたことが記されているものの、一九世紀になると、アイルランドとイングランドのごく一部でしかおこなわれなくなっていたようだ。ジョン・ブランドは、アップル・ボビングはイングランド北部のみでおこなわれていると述べながらも、一八一〇年の著書『昔の風習(Antiquities)』のハロウィーンの項はリンゴで始めている——

この夜、北の地方の若い人々がおこなうのは、吊り下げられた角材の一方に付けられたリンゴに——逆の一方の先には火のついた蠟燭が付けられているため——嚙みつくように喰いついて奪い取るという風習だが、その際、手は後ろで縛られていていて口しか使えない。他にも愚かしいゲームがいくつもおこなわれる。(26)

✦ボビング・フォー・アップルズ。

一八三三年、ロンドンの画家ダニエル・マクリースは「スナップアップル・ナイト」と題された作品で、ちょっとした評判を呼んだ。それは一八三二年のアイルランド旅行の際に、地元で敬愛されている神父マシュー・ホーガンによって催されたハロウィーン・パーティに触発されて描かれたものだった。そこにはスナップアップル、アップル・ボビング両方に興じるパーティ客の姿が描かれていた。

アップル・ボビングはゲームでもあり、占いでもあったかもしれない。ゲームとしては、上方からフォークを落としてリンゴを突き刺したり、コインのような小さな賞品が押し込まれたリンゴを集めたりもした。占いとしては、単純にリンゴにイニシャルを彫って、誰のリンゴを誰が首尾よく手に入れるかを診たり、獲得したリンゴの欠片をその晩枕の下に入れることで、運勢を告げる夢が見られるようにしたりもした。

アップル・ボビングのことは詠わなかったとしても、バーンズも、ハロウィーンの真夜中に鏡の前でリンゴを食べて運勢を占う風習（ハロウィーンの占いの中ではもっとも頻繁に報告され、人気も高かった占いのひとつであり続けた）については述べている。この習わしにもバリエーションがいくつもあり、女性は髪をブラッシングしながら、リンゴを食べなければならないとするものもあれば、九つに切り分けられたリンゴの最後の一切れは運命の人が現れて受け取るはずとするものもあった。

占いの風習にはリンゴの果肉だけでなく、その他の部分も使われた――皮は剝かれ、左肩越しに投げられた。その際には、以下のような歌（ゲイの「羊飼いの一週間」から翻案）が歌われた。

このリンゴをくるくるくるくる剝いていく、
恋人の名前で野原をいっぱいにするために。
リボンのように剝いた皮を頭越しに投げる、

恋人のイニシャルが地面に読めるはず。[27]

こうして、将来の伴侶のイニシャルが記されていないか、リンゴの皮がじっくり調べられたのだった。

種もまた利用された――半分に割ったリンゴに種がいくつ見られるかで運勢を占った。ふたつ見えたら、早婚、三つ見えたら、金運に恵まれる、といった具合だ。また、ナッツの代わりに火に投げ入れられたり、名前を付けられて、顔や手の皮膚にくっつけられたりすることもあった。最初に落ちた種（の名）は実らない求婚をする人であり、手を叩いてもくっついたまま残った種の数は結婚の年までの年数を表しているとされた。

ある英国人がアイルランドのハロウィーン・パーティを訪れたときのことを詳述した一八二二年の記事には、ふたりの若い女性が楽しそうにリンゴ二個に領主夫妻の名をつけて火の上で炙り、リンゴが怒っているかのようにぶつぶつ音をたて始めたり、ぶくぶく泡を噴き始めたりするさまを見て大笑いしたなどと記されている。

ナッツもケルト人に大切にされ、遅い収穫を祝うハロウィーンのもうひとつの主役を長く務めてきた。将来の伴侶や二人の親密さの度合いを知ろうと、ハロウィーンにナッツを燃やす風習は、少なくともオーブンが暖炉にとって代わって定着するまでは、アイルランド、スコットランド、イングランド北部、さらにはアメリカにおいても生き続けた。占いに使われることが多かったのは栗、クルミ、ハシバミの実などで、クルミ、ハシバミの実、ナツメグを合わせ、さらにバターと砂糖を加えて丸薬のように小さく丸め、ハロウィーンの夜、寝る直前に食べると運勢を告げる夢が見られるとする風習もあった。クルミの殻も様々な占いに用いられた。たとえば、殻の中に何か小さなものを入れてまた閉じ、同じものの入った殻を引き当てた二人は結婚するとされたり、クルミの殻で小舟を作り、そこに蠟燭を立て、火を点けて桶に浮かべ、あの船からこの船へと往きつ戻りつする小舟に将来の愛情関係が読み取れるとされたりした。

ナッツはゲームにも使われた。部屋のあちらこちらに隠し置かれ、宝探しがおこなわれた。隠された殻に小さな賞品が入っていることもあった。

キャベツ、ケール（あるいはウェールズではリーク）もハロウィーンの人気野菜で、占いやいたずらに使われたり、ハロウィーン料理に利用されたりした。もっとも広くおこなわれていた占いの習わしはバーンズによって描かれていて、それによれば、ハロウィーンに若者たちはキャベツを引き抜いて茎の形を調べ、さらには茎をかじって将来の伴侶がどのような人かを占ったとされている。

キャベツは、いたずら好きの少年たちによって、数限りない使われかたで、悪ふざけに利用され、格好の飛び道具となって、引き抜かれては標的の家々に投げ込まれたりもした。スコットランドでおこなわれていたいたずらで、「バーニング・ザ・リーキー・メヘル」と呼ばれるものでは、少年たちは、キャベツの茎に穴をあけてそこにくず糸を詰め込んで点火し、（理想的には）鍵穴越しに息を吹き込んで、長い炎を生じさせたりした。さらには、畑のキャベツを紐で繋ぎ合わせ、通りがかりの人たちに、キャベツが動いているかのように見せかけたりもした。

キャベツはアイルランド、スコットランドのハロウィーンの人気料理コルカノンの三つの主要食材のひとつでもあり、そうした地域の一部では一〇月三一日は「コルカノン・ナイト」とも呼ばれた。キャベツ、オニオン、ジャガイモを煮込んだこの料理は指輪など何かを予言するものを中に隠し入れて供された。

穀類もハロウィーンの頃に収穫されたから、バーンズも注目したように、ハロウィーンの占いにはオート麦、大麦がよく利用された。穀類の収穫はトウモロコシの束で小さな「トウモロコシ人形」を作って祝われた。この人形はキッチンにそのままクリスマスまで吊るされたが――ハロウィーンの前に切られてしまうか後に切られてしまうかで――若い女性に見立てられたり老女に見立てられたりして、さまざまに名づけられることもあった。

ハロウィーンには、さまざまなケーキ、焼き菓子が付きもので、ほとんどはやはり占いの風習の中で供された。将来の努力を象徴するような何か小さなものが焼き込まれていれば、どのようなケーキも「フォーチュンケーキ」と呼ばれた。たとえば、受け取った一切れのケーキにコインが入っていれば富が予見され、指輪が入っていれば結婚が、指ぬきが入っていれば独身女性としての暮らしが予見された。「ダムケーキ」は女の子たちが集まって黙々と準備した素朴な生地で作られるもので、彼女たちは、焼き上がる頃には将来の伴侶が現れて一切れ受け取ると信じていた。アイルランドにはバームブラックの名で知られている特製のパンを焼く伝統が今も残っている。濃い紅茶、ドライフルーツで作られるこのパンにはたいてい、何か運勢を告げるものが焼き込まれている。

ハロウィーンに欠かせないとして、アイルランドでおなじみの食べ物と言えば、ジャガイモ、小麦粉で作られたパンケーキ、ボクスティ（アイルランド語起源の言葉で、「貧しい家のパン」の意味）で、ハロウィーンにもボクシング・デー（一二月二六日）にも人気があった。他にも、アイルランドではジャガイモをベースにした料理、たとえばすり潰したジャガイモ、ミルク、バター、春タマネギ、さらには運勢を告げるものを混ぜ入れて作られるチャンプや、ジャガイモ、砂糖、クリーム、サンザシの実《キャラウェーシード》で作られるケーキ、スタンピーがハロウィーンの食べ物とされた。

それでも、もっとも重要な食べ物はおそらくソウルケーキだったと思われる。かつてイギリス諸島の全域でおこなわれていた「ソウリング」あるいは「ソウルケーキング」の行事は『一五一一年版フェスティヴァール（Festyvall of 1511）』に報告されて以来、ハロウィーン行事としてもっとも初期のもののひとつとされている。一部地域（とくに言えば、ダービーシャー、ランカシャー、シュロップシャー、チェシャー）でソウルケーキが配られたと報告されている最後は二〇世紀初頭のことで、一一月一日万霊節前夜《オールソウルズ・イヴ》の夜ふけにおこなわれている。ソウリングは、大人も参加しないわけではなかったが、主として子供たちの行事だった。一八八〇年にはソウリングの伝統的な歌を改案したものが記されている――

万霊節《オールソウルズ・デー》ではなく、万霊節《オールソウルズ・デー》の宵と夜ふけに、子供たちは家々をまわりながら、出来の悪い詩を一本調子で詠っていく。子供たちは三人から六人ほどのグループとなっていて、グループごとに詩句は少しずつ異なるが、一番まともなものをここに掲載しておこう。

ソウル、ソウル、ソウルケーキ。

良きご婦人がソウルケーキをくださる、

ピーターに一切れ、ポールに一切れ
ひとりひとりにくださり、みんなにくださる。
リンゴかチェリーか
みんなが楽しくなれるものならなんだって。
ああ、良きご婦人よ、食糧室へ
バケツ一杯の水をお願いします。
名誉ですよ
評判が上がると。(28)

地域によって、朝には子供たちが、夜には使用人や農夫がソウリングをおこなって、食料や飲料を求めた。大人たちはコンサーティーナ［手風琴の一種］といったような小さな楽器を持参している場合もあったが、どちらの集団も顔を黒く塗ったり、馬（「ホビーホース」）を携えたりしていた。「ドビーホース」、「オールドホブ」と呼ばれることもあった「ホビーホース」とは、実際の馬の頭骨を乗せてつくった薄気味悪い棒馬のようなもので、シーツや動物の皮をかぶった人物が携えていた。このような馬は、クリスマスイヴやクリスマスの当日、大人の演技者の一団が家々をまわり歩いて、「聖ジョージとトルコ人騎士」といった古い劇の異版を演じるクリスマス無言劇に登場するのが普通だったが、ハロウィーンにも現れた。

ソウリングの儀式には、乞いまわる人たちと、食料や飲料、コインなどを与える家の主たちが関わるが、なくてはならなかったものは「ソウルケーキ」(一部地域では「ソウマケーキ」あるいは「ソウマスローフ」の名で呼ばれた)だった。これは香辛料を効かせ、干しぶどうをトッピングした丸いシードケーキで、幸運をもたらすものとされ、食べずにしまっておかれることも多く、一部にはソウルケーキを数年間しまったままという家もあった。ホイットビーに住むある女性が一八一七年に語ったところによれば、彼女は一〇〇年まえのソウルケーキを持っているとのことだった。

マン島には独自の風変わりな習慣があった。マン島の人たちはハロウィーンを「ハロンタイド」あるいは「ホプチューネイ」と名づけていたが、おそらくこれはスコットランドの大晦日あるいは新年の祝祭「ホグマネイ」から派生していたと思われる。マン島では一〇月三一日、カブをくり抜いて火を点したランタン(ムートの名で知られた)を若者たちが携え、以下のような詩歌を詠いながら(一九世紀以降は歌いながら)、家々をまわり歩くのが習わしとなっていた――

ホプチューネイ、今宵はハロンタイドの夜、
トゥロラル、月は白く、煌々と輝く。
ホプチューネイ、私は井戸に行った、
トゥロラル、一杯飲んだ。
ホプチューネイ、帰り道、
トゥロラル、私はケナガイタチに遭った。
ホプチューネイ、やつはニタリと笑った、

トゥロララ、だから私は逃げ出した。

ホプチューネイ、どこまで逃げたの？

トゥロララ、スコットランドまで走っていった。

ホプチューネイ、そこで何をしていたの？

トゥロララ、パンを作って、肉を焼いた。

ホプチューネイ、何かをくれる気があるのなら、
今すぐおくれ、
ホプチューネイ、さもなきゃ、月明かりに誘われ、行ってしまうぞ——ホプチューネイ！[29]

こうしてまわり歩くことで、お金が得られ、そのお金はガイ・フォークスの日の前夜に打ち上げられる花火の費用に充てられた。今では、マン島では——カボチャがカブに負けないほど使われているが——ホプチューネイの人気は今も高い（とはいえ、ハロウィーン用のアイテムが販売されるようになったのはこの一〇年ほどのことだ）。最近の調査によれば、マン島の住民の五七パーセントがホプチューネイという呼び名は「地域によっては今なおかなり使用されている」と報告しているものの、若い回答者の間では「ハロウィーン」という言葉のほうがよく使われているようだ。[30]

ハロウィーンがいくらか実用的に扱われることもあった。民間伝承には、万聖節《オールセインツ・デー》に言及して、気象について語られることが多い。ひとつには万聖節《オールセインツ・デー》が収穫の祝祭として重要だったからであり、ひとつにはそれが暦の上で秋から冬への移行期にあったからだ。それでも、ハロウィーンの風の向きが

その冬の間の風向きと見なされていたふしもあり、以下のように奇抜な歌も詠われた――

　ハロンタイドにアヒルが滑走すれば、クリスマスにアヒルは泳ぎ、
　ハロンタイドにアヒルが泳げば、クリスマスにアヒルは滑走する。[31]

ハロウィーンからマルティヌス祭（一一月一一日）までの間は（短い期間ながら）暖かく、シェークスピア（『ヘンリー四世』第一部）から引用すれば、「晩夏／オールハロウン・サマー」の好天気が続いた。農夫は聖ミカエル祭（九月二九日）からハロンタイドまでの間に小麦の種を蒔くよう命じられ、ある記録には「オールハロンタイドに木を植えたら、よく育つよう命令しなさい。聖燭節（二月二日）を過ぎて木を植えたら、育つよう、懇願しなさい」[32]と残されている。

ケルト人がサムハイン祭に借金を清算したように、ハロウィーンにも経済に関わる一面があった。それはハロウィーンが人手市《ハイヤリング・フェア》の盛んな時節にあったからで、使用人たちは領主のもとで一年働き、その収穫作業も終え、次の季節のための仕事を求めて市《フェア》に集まった。一一月二日（万霊節《オールソウルズ・デー》）に開かれる市《フェア》は「万霊節の市《ソウルマス・ハイヤリング》」と称された。人手市《ハイヤリング・フェア》では――次の一年の使用人に決まった人々に、多少なりとも前金を支払うのが通例であり――市《フェア》の一部として祝典も催された。人手市《ハイヤリング・フェア》はまた、ガイ・フォークスの日（一一月五日）、マルティヌス祭（一一月一一日）に開かれることもあった。

スコットランド南東部のエディンバラは年に一度ハロウフェアが開かれることで有名だった。この市《フェア》は一週間以上続くこともあり、一五〇七年のエディンバラ憲章にも記録されている。ハロウフェア

は二一世紀にも継続され、商業主義的な場合も少なくなかったが、どちらかといえば、スコットランドの厳しい冬の始まりを控えて娯楽を楽しむ最後の機会を提供していた。バーンズの先導役を果たしたかのように見える詩人ロバート・ファーガソンは一七七二年の「ハロウフェア」の中で、その雰囲気を以下のように詠っている——

ハロウィンマスには夜が長くなり、
見事なまでに星が輝く、
身を切るような寒さが扉を叩くとき、
人々は掛け毛布をまとう、
エディンバラの近くではフェアが開かれ、
名前のある人は一人もいない、
あばずれ女と屈強そうな男たち、
帽子と手桶、フェアは昔以上に
有名になった。[33]

ファーガソンによって描かれたハロウフェアでは、若者たちは飲んで騒いで、権威に逆らい、遠い道のりを旅してきた行商人から何やら買っている。

ハロンタイドのフェアはウェールズでも開かれた。喧騒の中、そこでは露店が立ち並び、人が通りを埋め尽くし、スリが横行した。そこは買い物の場であり——スコットランドの場合同様、人気商品はジンジャーブレッドであり——次の一年のための仕事探しの場でもあった。

ハロウィーンの季節には各地でチャリティもおこなわれた。シュロップシャーでは「ピアースのチャリティ」とも「白パン分け」とも称される伝統に則って万聖節《オールセインツ・デー》が祝われた。この伝統は、ピアースという名のある紳士がその遺言状に「毎年幾ばくかのお金が取り置かれ、伴侶のいない地元の男女のためにパンが用意されなければならない」と明記したことに始まり、一九世紀のほぼ終焉まで続けられた。

ハロウィーンの儀式の中で、ビジネスの色合いがもっとも濃かったのは蹄鉄《ホースシュー》と鋲釘《ホブネイル》の業務と呼ばれた風習で、毎年一〇月三一日にロンドンの裁判所でおこなわれ、二〇世紀に移行する頃まで続けられた。この風習には、七〇〇年ほどまえに王室債権徴収官がシュロップシャーに保有されていた土地二区画の借用人ふたりのためにロンドン組合に対しておこなった賃貸料の支払いが関わっていた。そこでは、ふたつの行為がおこなわれ、まずはロンドンの法務官によって組合のために、ふたつの薪束を——一方は手斧で、一方は鎌で——切り開く行為が、ふたつ目は六つの蹄鉄と六一個の釘（もともとの土地の借料）を数え上げる行為がおこなわれた。なんとも奇妙な風習だが、おそらくテンプル騎士団による土地借用に遡ることができると思われる。

一九世紀終わり頃にはまた、カトリック教会が——ハロウィーン人気の高まりを考慮して——教会に「オールハロウズ」の名を付けることを止めた。以下はオールハロウズ・ステイニングと名づけられたロンドンのある教区について、一八九四年に記された説明だ——

オールハロウズは奉献祭として、宗教改革以前の時代にあっては、教会にとって好ましい儀式であった。その後、同様の意味合いを持った万聖節《オールセインツ》などの奉献祭がより好まれるようになり、オールハロウズという言葉は今では万聖節前夜《オールハロウズ・イヴ》、すなわち一〇月三一日を示す場合に限られるのが普通である。[34]

一九世紀が終わる頃には、大英帝国におけるハロウィーンの祝祭は子供あるいは貧しい大人たちのものとされ、実際、この時期に記された大人のための祝祭についての記述のどれを見ても、この祝祭への参加者は「使用人」か「農夫」か「物乞い」だったとされている。

二〇世紀の大部分を通して、英国の大部分でハロウィーンは好奇の目を向けられるものでしかなかったが、この二〇年ほどの間にアメリカ風ハロウィーンが英国中で爆発的人気を得るようになった。英国の小売り業者が報じるところによれば、二〇〇一年、英国ではハロウィーンのために一二〇〇万ポンド（二〇億円ほど）が費やされたが、カボチャ、デコレーション、コスチュームなどが買い求められるようになり、二〇一〇年には二億八〇〇〇万ポンド（およそ四四〇億円ほど）が費やされるようになったという。[35] 販売実績のこの驚異的な伸びの背景として、『トゥルーブラッド』、『トワイライト』といったテレビドラマやハリウッド映画が好評だったこと、重苦しい経済状況から空想の世界への逃避願望が高まったことなども挙げられるが、[36] 現代英国人（とくにイングランド人）の多くが今も花火を打ち上げたり、パーティを開いたりしてハロウィーンを祝うだけである一方で、コスチュームがこれまでない人気を集めている。大手スーパーマーケットチェーン、テスコは二〇〇九年（この年はハロウィーンが土曜日にあたっていて、小売り業者にとっては例年にない売上げが見込まれた）まで、大人用のハロウィーン・コスチュームを置いてさえいなかった。それでもベーカリーチェーンのグレッグズは二〇〇八年から二〇〇九年にかけてコウモリビスケットや気味の悪いカップケーキを売り出して二倍の売上げを見せ、もうひとつのスーパーチェーン、ウェートローズは二〇〇九年から二〇一〇年にかけて、大カボチャの売上げが六七六パーセント伸びたと報告した。二〇〇九年には、英国内でのハロウィーン期の販売実績がついにバレンタインデー期の売上げを凌ぎ、さらに上位にランクされている祝祭は復活祭《イースター》とクリスマスのふたつだけとなった。[37]

もともとイギリス諸島で誕生しながら、一世紀以上もの間、風変わりな記憶でしかないと見なされ、廃れつつあったハロウィーンが、いったいどのようにして、新たな生命を得たのだろう？　この答を探すには大西洋を渡らなければならない。そして一九世紀の一〇〇年の間に、ハロウィーンはいったいどのようにしてアメリカの地に根づき、どのような理由から盛んになっていったのか、それを検証しなければならない。

第3章 新大陸のトリック・オア・トリート

一八四五年、胴枯れ病として知られている植物の疫病がアイルランドで広まり、主要作物のジャガイモの収穫が壊滅的な被害を受けた。続く七年の間におよそ一〇〇万人のアイルランド人が死亡し、同じ数のアイルランド人が国を離れ、その多くがアメリカに渡った。スコットランドからの移住者も多く、一九世紀の後半にはほぼ五〇万人のスコットランド人が新大陸に移り住んだ。

貧しい人々が大西洋を越え、次々に新大陸に入ったこの時期、大西洋の両側の中・上流階層に変化が生じた。一八三七年に王位を継承したヴィクトリアが国を治めた六五年の間に、大英帝国は繁栄と平和を（ほぼ）享受し、科学技術と医学の分野で大きな発展を遂げた。アメリカではスコットランド系、アイルランド系の移民が流入したことで、中流階層が誕生し、その中流階層が母国の親類縁者を真似し始め、一八六九年、ヴィクトリア女王がスコットランドのバルモラル城でハロウィーンを過ごすと、そのときの様子が大々的に報じられた――

宵闇迫る頃（中略）多くのたいまつの火が城に近づいてくるのが見られた（中略）たいまつを手に人々がダンスを始め、女王のおかかえ楽師ミスター・ロスの軽快な調べに合わせて「ファッカン」が見事に披露された。ひとしきり踊ると、人々はたいまつを手に、城のまわりを階級の順に行進した。行進しつつ、城の北西の一角にある御影石の階段を降りるさまは際立って美しくロマンチックだった。城のまわりを一周すると、たいまつの残り火が南西の一角に向けて投げられた。たいまつはどんどん積まれて大きな焚火となった。すぐさま薪などが追加され、さらに巨大な火の塊となった。そのまわりでは、いよいよ溌剌とダンスが続けられ、女王陛下はこの一部始終を興味深げにご覧になり[1]（後略）。

この報道の直後に、アメリカ風ハロウィーンについての最初の記述が登場し始めたこと、そして――たとえハロウィーンが子供たちの娯楽としてであったとしても――この報道が成長を続ける中産階層にそのまま結びついていったことは偶然の一致ではないと思われる。一八七〇年に出版された人気女性雑誌に掲載された短編物語で、ハロウィーンは子供たちによって祝われる「英国の」休日として大々的に取り上げられ、物語の中では、その休日に開かれるとされるファミリー・パーティのことが徹底的に解説されていた――家（パーティ会場）に着いたら、子供たちは魔女を追い払うために置かれた箒を跨いで入らなければならないこと。占いゲームとしてバーニング・ナッツやトランプ占い、ラギボウル（当時には様変わりしていて、水の入った洗面器、灰の入った鍋、そして雁の羽が使われるようになっていた。ちなみに雁の羽は老人との結婚を予見するものだった）をしたり、水の中に熱い鉛を流し入れてそこにできる形を読んだりすること。浮かれ騒ぎの好きな若者たちはスナップドラゴン（アルコールが炎を上げている深皿からドライフルーの欠片や包装されたフォーチュンクッキーを摑み取るゲーム）に興じたり、タッフィを変形させて「運命ケーキ」（沈黙の中で作られる小さなケーキで、運勢を告げる夢を見るために枕の下に入れる）を作ったりすること。そして最後には、物語のヒロイン、恋する娘ネルが階段を後ろ向きに降りてきて、恋人にキスされて驚いたこと等々。ハロウィーンを魅力的でどこかエキゾチックなものとして捉えたこの物語が人気のゴーディーズ・レディーズ・ブック・アンド・マガジン（Godey's Lady's Book and Magazine）誌に取り上げられるや、読者の間で模倣パーティが大いに開かれるようになったと見て間違いなさそうだ。

大西洋を渡った占いの習わしの中には、新大陸で長く人気を保つあまり、アメリカ的色合いが顕著となったものもある。ラギボウルはその例で、現在にもっとも近いところでは、第二次世界大戦後のアメリカのパーティでおこなわれているが、もはやきれいな水、汚れた水ではなく、赤、白、青に着色された水が使われ、そこには軍隊の名前がつけられていて、(若い女性によって)将来の伴侶がどの軍隊に所属しているかが占われた。「ケーリング」、ナット・バーニング、アップル・ペアリング［剝いたリンゴの皮を使っておこなう占い］のいずれもアメリカに新しい居場所を見つけたが、たいてい、いくらか変容していた。

占い以外の風習も移民によってもたらされたが、なかには旧大陸では廃れつつあった風習もあった。たとえば焚火はアメリカでも、小規模にはなったが、おこなわれた。一九〇八年のグッド・ハウスキーピング(Good Housekeeping)誌の記事が伝えたあるハロウィーン・パーティでは、幽霊の衣装を着せられ、火のまわりに整列させられた少年たちを、悪魔の衣装を着たひとりの少年が摑んでは炎の中に投げ込むふりをしたという。[2] これがハロウィーンの風習として定着しなかった理由は明明白白だ。

風習によっては大西洋を渡るや、まさに一変した。アメリカのハロウィーンのキャベツ抜きでは、占いを望む人は後ろ向きに畑に入っていかなければならなかったようだ。さらに奇怪なことに、アメリカではキャベツ畑に行く途中、墓場を抜けなければならなかった。また、キャベツはいたずらの小道具としても人気が高く、カナダ、アメリカの一部地域ではハロウィーン前夜(最高のいたずら日となった)は「キャベツの夜」あるいは「キャベツの茎の夜」(この呼び名はキャベツの茎を投げる風習に由来する)とも呼ばれた。リンゴもやはり人気を集め、リンゴジュースはハロウィーンの祝祭の標準的飲料となり、ドーナツ、ポップコーン、パンプキンパイなどと供されることが多かった。

アメリカでは「コーン」と言えば、晩秋に収穫される「トウモロコシ」を指すようになった。トウモロコシの皮の早むき競争はアメリカの初期のハロウィーン・パーティの呼び物ともなった。今日でも、アメリカのハロウィーンのデコレーションとして、装飾用のトウモロコシ(「インディアンコーン」の名で知られる)の穂や穂軸が用いられる。

収穫と関わりがあり、アメリカのハロウィーンを象徴するイコンなら他にもある——案山子だ。伝統的には、藁で作られた胴体部に古着をまとい、収穫までの一年を通して鳥害から作物の生育を守るという重要な役割を担い、一〇月下旬収穫が終ると、お役御免となるものだ。ナサニエル・ホーソンによる一八五二年の作品『フェザートップ——訓話になった伝承』では、魔女が案山子に生命を吹き込むが、一九〇〇年以前にハロウィーンの祝祭で案山子が大々的に扱われた証拠はほとんどない。案山子がハロウィーンのイコンとなったのは二〇世紀初頭の腕白少年たちのおかげだろう。少年たちは案山子を——その頭部を赤く輝くジャック・オー・ランタンに付け替えて——宵闇の中、見る者の恐怖心を煽った。実際、初期のポストカードの多くに案山子が登場する。よくあるのは、腕白少年が案山子にいたずらの片棒を担がせ、掲げた案山子を窓の外から覗かせて女の子をぎょっとさせている図柄、あるいは腕白少年が、誰かを怖がらせるつもりで作った案山子に、うかつにも自分自身が怯えてしまっている図柄だ。ハロウィーンのデコレーションとしての案山子の人気は高まり続けた。民俗学者ジャック・サンティーノは、案山子が収穫のための見張り番と見なされながら、ほとんどいつも魔女、幽霊、骸骨、ジャック・オー・ランタンといったハロウィーンのための想像上のあれこれと同類に扱われ、

✦ 現代ハロウィーンの案山子。

庭のデコレーションでは（サンティーノの言葉を借りれば）「仲間の集会」に駆り出されているところに注目している。案山子はまた、ハロウィーンの基本コスチュームともなっていて、現代のホーンテッドハウスなどのアトラクションにあっても人気者となっている。

アメリカのハロウィーンにあってもっともよく知られたイコンとなっていくもの、すなわちカボチャをくり抜いて作られるジャック・オー・ランタンは一九世紀末にかけて普及した。悪魔の裏をかいた鍛冶屋ジャックの伝説はヨーロッパ中、アメリカ中に散らばるバリエーションのすべてで生きているが、典型的には、ジャックはその所業のせいで、寿命が尽きても天国にも地獄にも入れず、カブをくり抜いて作ったランタンの中の一本の燃えさしの灯りだけを頼りに、この世界をさまよっているところで終わる。英国ではハロウィーンのランタンは（子供たちによって）カブあるいはカブカンランで作られ、スコットランドでは——最近の報告によれば——仮面をつけた若者たちが、灯りを点したカブ（「ニープ・ランタン」と呼ばれる）を手に「この仮面の者たちを助けてください」と言いながら、一軒一軒まわって歩くとされている。サマセットシャーのヒントン・セント・ジョージ村では、パンキーナイトと呼ばれるハロウィーンに似た奇妙な祝典が一〇月の四回目の木曜日に催される。この祝典では、子供たちがビートの根に似たトウチシャ（飼料として栽培される）の皮に凝った模様を彫り付け、以下のような歌を歌いながら、村の道をパレードする。

今夜はパンキーナイト、
今夜はパンキーナイト、
蠟燭ちょうだい、
火をちょうだい、
くれなきゃ、驚かせてやるんだから。

今夜はパンキーナイト、
今夜はパンキーナイト、
アダムとイブなら信じない、
今夜はパンキーナイト。[3]

アメリカでは、カボチャ（新大陸原産種の鮮やかなオレンジ色の大カボチャで、晩秋に収穫される）には——ハロウィーンが持ち込まれる以前から何十年もの間——薄気味悪い笑い顔が彫られていた。一八二〇年、ワシントン・アーヴィングは小説『スリーピー・ホローの伝説』で、このくり抜かれたカボチャに永遠不滅の生命を与えた。滑稽さと怖さの両方を備えたこの作品はやがてハロウィーンの名作となっていくが、ハロウィーンについての直接的な言及はない。一八五〇年のジョン・グリーンリーフ・ホイッティアの詩「ザ・パンプキン」では、カボチャがハロウィーンではない祝祭、つまり感謝祭《サンクスギビング》に結びつけられているが、やがてカボチャに「薄気味悪い笑い顔」を彫ること、そして内部に蠟燭を点し、その灯りで童話を読むことが思い出されていく。一八六〇年代から七〇年代にかけてのハロウィーン・パーティの記録の大部分にジャック・オー・ランタンについてのくだりはなく、一八八〇年のある記録からも、カボチャがキャベツのようにあれやこれやとハロウィーンのために使われることはなかったことがうかがえる。それでも数年のうちに鍛冶屋のジャックの伝説、ワシントン・アーヴィングのイカボド・クレーン、旧大陸のカブのランタン、巨大カボチャに不気味な笑い顔を彫るというアメリカの

Hallowe'en
When witches abound
And Ghosts are seen,
Your fate you will learn
On Hallowe'en.

✦ジャック・オー・ランタン作り、ポストカード、1910年頃。

伝統、これらが混ざり合ってジャック・オー・ランタンが誕生した。一八九八年になると、マーサ・ラッセル・オルヌがその独創的小冊子『ハロウィーン——その祝いかた(Hallowe'en: How to Celebrate it)』

の中で、ハロウィーン・パーティは「リンゴ、キュウリ、スクワッシュ、カボチャなどで作られたジャック・オー・ランタンで気味悪く飾りつけられなければならない」と力説し、カボチャで「お化け」を作ることも提案した。

カボチャは注意してくり抜き、皮だけにしなければならない。片側に口、目、鼻となる穴を作り、できるかぎり人の顔に似せる。そのあと、火のついた蠟燭を中に固定し、石炭の燃えカスで眉を描いて悪魔のような表情を出す（中略）このお化けは暗い部屋に、若い人がふらりと迷い込んでくるような部屋に置かれる[4]（後略）。

冗談とも本気ともつかないオルヌのガイダンスは一般には受けたようだが、教師たちにも気に入られたとは言えず、一九〇六年には「カボチャの顔はどうしてあのように不気味に彫らなければならないのでしょう?」[5]と、不満の声が上がっている。『ハロウィーンのゲーム（Games for Hallowe'en）』（一九一二）が出版される頃には、ジャック・オー・ランタン（とりわけカボチャをくり抜いて作ったもの）はパーティのためのデコレーション、卓上デコレーション、灯り、ゲームとして奨められ、厚紙製のジャック・オー・ランタンの場合には「ガスバーナーの火口に被せることができるだけの大きさが必要」であるとされた（電気がまだ広く普及していなかった時代の話である[6]）。

象徴的動物の大部分が加わったのも、ハロウィーンがアメリカに定着してからだ。猫だけは以前からハロウィーンの民間伝承に登場し、たいていの場合、魔女と結びついていた。たとえばスコットランド人は、ハロウィーンの夜、魔女は猫を馬に変えて乗ると考えていたし、アメリカでもある俗説など、ハロウィーンの夜、魔女は生きた黒猫を茹で、その骨を泉で洗いながら悪魔の訪問を待ち、骨が以後彼女のお守り「ラッキーボーン」となることを現れた悪魔に告げてもらうとしていた。エドガー・アラン・ポーの有名な短編『黒猫』は――ハロウィーンについては何も語っていないが――今もハロウィーンの定番作品であり、二〇世紀のハロウィーンのフォークアートにおいても、猫は堂々の主役を張っている。最近ではまた、ハロウィーンの時節となると、猫が関心の的となる。というのも合衆国では、黒猫は盗まれてカルトの儀式に使われると考えられているからで、この時節には（飼い猫の）黒猫から目を離さないよう、飼い主たちはさまざまな動物保護団体から注意を促される。

コウモリおよびフクロウとハロウィーンの結びつきは猫の場合ほどはっきりしていない。コウモリもフクロウも二〇世紀ハロウィーンのイメージの中では際立っているが、二〇世紀以前においては、どちらもハロウィーンと何の結びつきもなければ、ケルト人の民間伝承の中でも触れられていない。両方とも夜行性で肉食動物、それだけのことかもしれない（とすれば、クモがハロウィーンの図柄にあまり使われないことの説明もつく）。コウモリに関しては、ブラム・ストーカーの『ドラキュラ』（一八九七）の根強い人気に負うところもあるようだ（何といっても、コウモリに変身できるヴァンパイア伝説はストーカーによって作られたのだから）。他に考えられるとすれば、ポストカード、デコレーション製品のメーカーが――ハロウィーンのイコンにコウモリとフクロウを加えたまではよかったが――クモ、ヘビは気持ち悪さが先立ちすぎて、どのように使ったとしても、多くの購買者は見込めないと考えたのではないかということくらいだ。

一九世紀および初期のハロウィーンの民間伝承の中では大いにスポットライトを浴びたものの、一九〇〇年以降、まったく見向きもされなくなった動物もいる——馬だ。自動車の時代以前には主要移動手段だった馬だから、ハロウィーンの夜、魔女、妖精、小鬼を乗せることもできた。ケルト人の記録によれば、サムハイン祭の一部として競馬がおこなわれたこともあったとされているし、万聖節《オールセインツ・デー》を祝う方法として騎馬行進が流行った時代もある。『マクナミコムハイル（Mac-na-Michomhairle）』のような物語（ハロウィーンになると、馬の姿のプーカが丘の斜面から現れ、次のハロウィーンまでに起きるできごとを、出会う人たちに知らせるといった物語）に示されるとおり、プーカは馬に変身できたようだ。魔女はハロウィーンになると、魔法をかけた馬勒を使って若い男たちを駿馬に変えて「ハロウマス騎馬旅行」をおこなった。英国では、「幽霊猟師」によって指揮される「幽霊狩猟」がハロウィーンの夜にはとりわけ盛大におこなわれ、このとき二〇頭の黒い馬と二〇頭の黒い猟犬が参加すると考えられていた。

今ではハロウィーン・カラーと見なされている黒とオレンジ色が定着したのもこの頃だ。ハロウィーンのデコレーションに関する二〇世紀初頭の記事や手引きの中には、少しだが、他の配色を奨めているものもある。たとえば、ハロウィーンのための窓辺のデコレーションに関する一九一二年の記事によれば、「茶色、黄色、白」がハロウィーン・カラーとされている。[7] しかしわずか六年後には、ある記事の中で「ハロウィーン・カラーは黒とオレンジ色」ときっぱり断言されている。[8] ハロウィーン初期の時代には収穫の色が強く意識されたが、この頃になると、ジャック・オー・ランタンの色つまり夜と死の色がハロウィーン・カラーとして優勢となっていた。

あれやこれやのイコンとふざけたイメージがハロウィーンについてまわるようになった頃、合衆国には、依然としてハロウィーンを万聖節《オールセインツ・デー》として厳粛に祝う地域があった。ニューオーリンズをはじめとするルイジアナ州の一部地域に移り住んだフランス人が「死者の日《トゥーサン》」の習慣を持ち込み、万聖節《オールセインツ・デー》を一九世紀の暦の上でももっとも重要な一日としたのである。当時の観光ガイドを見ると、この町のユニークな地上埋葬の墓場（湿り気の多い土壌のせいで地下に埋葬できず、棺が地上の埋葬室に置かれている）と、二大祝祭の一方であるとされた一一月一日の祝祭（もう一方は告解火曜日《マルディグラ》）のことがきまって掲載されている。その地の人たちは万聖節《オールセインツ・デー》に、死別した家族の墓を一家で訪れ、掃除をして墓碑を飾った。墓地の外には、花売りや食べ物を売る人たちの列ができた。二〇世紀が終わる頃には、この習慣もかなり風化したが、ラフィットやラコムのような町に近いコミュニティの人たち――とりわけクレオールの子孫は――は依然として寝ずの番をしたりして積極的に祝祭に参加していた。ルイジアナ州は万聖節《オールセインツ・デー》を法定休日とする法律を今も維持する唯一の州である。

一九〇〇年代が始まる頃には、合衆国のハロウィーンの祝祭はさらに変容しつつあった。今回は、アイルランドの祝典の悪ふざけ部分がまたしても甦った。とりわけ地方では一〇月三一日はふざけることが好きな若者たちだけが祝う夜となった。若者たちの悪さに関して、世紀末のあるガイドブックは以下のように記している――

この夜は、若者が思う存分、戸外で悪さをしても「パクられる」ことのない唯一の夜で、通行人を怯えさせたり、（用もなく）玄関の呼び鈴を鳴らしたり、（自分の家の門扉は蝶番ごと外されて被害に遭わないよう納屋に収められているのを確認してから）近隣の家の門扉を持ち去ったりした。たとえ犯人として特定され、翌日に、近所の玄関先に積み上げたガラクタの山を撤去するよう命じられても、(馬車のための)昇降石を引きずって戻すよう命じられても、(木立ちに隠した)門扉を取りに木に登るよう命じられても、悪さから彼が得たせいせいとした気分に比べれば、罰など取るに足りないものだった。(9)

同じガイドブックはさらに豆吹き《ビーンズブロワー》(別名豆鉄砲《ピーシューター》)、ゴブリンのフィギュア、悪名高き「ティックタック」(大いに流行った鳴り子《ノイズメーカー》)もどきの作りかたまで指南している。ティックタックは棒切れにぎざぎざの切欠きのある糸巻きをつけて作られ、窓ガラスの上を滑らせると、びっくりするような騒音をまき散らすもので、ほぼ半世紀にわたってハロウィーンの代名詞とも言えるほど人気を博していた。ハロウィーンの悪ふざけを、すべての人がいたずらはいたずらでも害のない若者の気晴らしと見したわけではなかった。悪ふざけが広まるにつれ、問題が生じた。実際のところ「門扉の夜」がハロウィーンの同義語となっていた地域も多くあったくらいで、門扉を取り外す行為も問題のひとつだった。取り外すだけならまだしも、取り外した門扉を町の中心地に運び、大通りの真ん中にどんどん積み上げた。こうなると、もはやいたずらの域を超えていた。一九二〇年代、急速に主要都市部にまで広まっていったハロウィーンの悪ふざけは紛れもなく破壊行為と化した。店舗の看板の電源を切ったり、男性の黒いコートに小麦粉を詰めたソックスを投げ付けたりといったかつての素朴ないたずらもないではなかったが、一方で窓ガラスを割ったり、歩行者の足をすくったり、火を放ったりといった悪意ある行為も散見された。アメリカ大恐慌の最悪の年一九三三年には、こうしたハロウィーンの破

✦ハロウィーンの黒猫、ポストカード、1910年頃。

壊行為も最悪期を迎え、多くの大都市でこの年のハロウィーンは「ブラック・ハロウィーン」と呼ばれた。いたずら好きの若者の仕業というよりはもはや「ごろつき」の仕業であるとして、当時の記述の中

✦エミール・フリアン、「万聖節《オールセインツ・デー》」、1888年、カンバスに油彩。

に見い出せるのが、電柱を切り倒したり、自動車をひっくり返したり、消火栓を開けて町中を水浸しにしたり、公然と警察を挑発したりといった行為の数々だ。しかも、すでに経済的苦境下にあった地元行政府にはなすすべもなく、ハロウィーンは全面的に禁止されるべきと考える人も多くいた。

　幸運なことに、禁じるより実施し易く、効果的に機能する代案の存在がわかってきた。町やキリスト教青年会《YMCA》、ボーイスカウトといった市民団体がハロウィーンを祝う別の方法——パーティやパレード、仮装、巡回見世物《カーニバル》やコンテスト——を若者たちに提供するようになった。学校も積極的にハロウィーンに関わって子供たちを楽しませた。やがて、この祝祭の過ごしかたを（学童と教師を対象に）記したパンフレットを参考に、すべて家庭内でおこなうハロウィーンが誕生した。このようなパンフレットは一九一五年から一九五〇年まで、つまりトリック・オア・トリートに引き継がれる頃まで、大いに普及し、そこには詩の朗唱、一幕劇、無言劇など芝居がかった出し物など、ハロウィーンに続く一週間の間、少年たちの心を捉え、いたずら心を封じ込めることが期待できる活動が紹介されていた。実際、そのような出し物の中には悪ふざけ問題に――理屈として子供たちにも理解できるよう微笑ましい工夫を凝らして――言及する劇もあった。たとえば『ザ・ベスト・ハロウィーン・ブック（The Best Halloween Book）』（一九三一）に収められた「ジャック・オー・ランタンづくり」では、少年ふたりがカボチャをくり抜きながら、以下のような会話をする――

ハロルド――この道の先のミッチェルおばさんをちょっと驚かせてやろうと思うんだ。去年もやったけど、すごく面白かったから。

ビル――そんなに面白くはなかったよ。おばさんたら校長先生に告げ口するんだもの。休憩時間、取り上げられたじゃないか。もっと違うことをしようよ、今年は。

ハロルド――じゃ、このカボチャでなんかしようか。驚かせたりするんじゃなくて、誰かが喜ぶことを、さ。このジャック・オー・ランタンを使えばなんかできるはずさ。[10]

ハロルドが急に気を変えると、少年ふたりは作り上げたジャック・オー・ランタンを貧しくてジャック・オー・ランタンを準備できない家庭に届けることに決める。

商工会議所はじめ商業連合会も積極的に参加し、少年たちをいたずらから遠ざける努力をした。ロータリークラブの公式刊行物の中に掲載された一九三九年の記事には――合衆国中のロータリークラブがスポンサーを務めた活動だったことも手伝っているだろうが――悪ふざけの減少が絶賛され、ハロウィーンの夜のパーティ代金を負担したことから、喧嘩好きの少年をボクシングのリングに上げたことまで、成功裏に終わったあらゆる活動に取り組んだ商店主たちの頑張りが記されていた。カリフォルニア州カレキシコのあるロータリークラブ会員はそのようなハロウィーンの地震《アースクエイク》ならぬ騒震《マースクエイク》を以下のように記している――

まず、先生の先導による仮装した学童の騒々しいパレード。次に綱引き、五年生のフットボール伝統試合《クラシック》、油まみれの豚の捕獲競争など、幕間のフィールドコンテスト。そのあとは映画館の無料券。[11]

窓辺デコレーションのコンテスト、仮装コンテストを主催したとしても、田舎に住む若者を都会に運ぶ列車を借り切ったとしても、破壊行為の後始末にかかる費用に比べれば、まだ安上がりであり、若者のほうでもこうしたイベントへの参加を切望したようだ。

悪ふざけ問題を深刻に受けて止め、その姿勢を自らの個性とした町もある――ミネソタ州東部の町アノーカは「若者を悪ふざけから遠ざけるためのハロウィーンの祝典を合衆国で最初に催した町」だったと主張している。一一月一日の朝が来ると、自分たちが飼っている牛や豚が大通りをうろうろしていることを知ってうんざりさせられてきたアノーカの町の市民リーダーたちが一九二〇年にパレードあり、景品あり、焚火ありのハロウィーン・プログラムを作った。一九三七年には、一二歳のハロル

✦2007年のアノーカのハロウィーンバッジ。

ド・ブレア少年が、アノーカを「世界のハロウィーン・キャピタル」と名づけるという宣言書を持って首都ワシントンに現れ、アメリカ議会にその宣言を認めさせた。このとき少年のセーターについていたワッペンは現在、アノーカのダウンタウンの歩道に埋め込まれ、町は今もその名称と伝統的祝典を維持している。パレードやコンテストを含めたプログラムはハロウィーンに続く一週間にわたって催され、四万人の人々を集める。

悪ふざけをする腕白少年たちは先生によって学校に封じ込められ、商店主たちは町の治安を取り戻す一方で、父兄は悪ふざけの伝統に代わる気晴らしを家庭に作り出した。とはいえ、大恐慌のせいで一九二〇年代後半から三〇年代初期にかけては十分な金もなく、パーティを開けば大きな出費となった。そこで考えだされたのが、近所の住人の間で資金をプールしておき、「家から家への」パーティを開くというものだった。このパーティでは子供たちの一団が一軒一軒家々を訪れては、それぞれの家庭で異なった趣向の活動をおこなった。これが進化して、アメリカのハロウィーンでもっとも大切にされているあの伝統へと続いていったのではないかと考えられる。

トリック・オア・トリート

新世界で習慣化されたこの物乞いの儀式、トリック・オア・トリートは旧世界の伝統、ベールで顔を隠して家々を訪れたグルラックスやストローボーイズのパフォーマンスや、ガイ・フォークスのための物乞い、あるいはソウリングなどと結びつけたくなるが、この起源はおそらくもっと新しいところにあると思われる。ニューヨーク市にあっては、感謝祭《サンクスギビング》(合衆国では一一月の第四木曜日に伝統的ターキー・ディナーで祝われる)が、一八七〇年代にはガイ・フォークスの日になぞらえられ、一味《クルー》(イーストサセックスのルイスに毎年、今なお現れるガイ・フォークス一味《クルー》に類似)として組織された数千名の若者による騒々しい祝祭となっていた。この祝祭では、若者たちは褒美としてお金を与えられ、記録によれば、子供たちも仮装して家々をまわって食べ物をねだったとされている。

トリック・オア・トリートに類似しているのは「ベルスニクリング」(「ペルツニケル」として知られるドイツの無言劇の伝統に由来する)と呼ばれたクリスマスの風習だ。「ベルスニクリング」は合衆国東部地域およびカナダでおこなわれた風習で、そこでは、仮装した参加者の一団が家々をまわり、小間物類を差し出して食べ物や飲み物と交換した。(カナダ南東部の)ノバスコシア州では、ベルスニクリングの参加者はわざと幼い子供たちを怖がらせ、いい子にしていたかどうかを尋ね、そのあとで何かしらの食べ物をふるまわれた。ベルスニクリングの中には、仮装した訪問者を受け入れる側はその仮装者が誰であるかを当てなければならず、当てられない場合、訪問者に何かをふるまう必要があるとするものもあった。似たような慣習が初期のトリック・オア・トリートについての記述の中にも見い出せることを考え合わせると、トリック・オア・トリートの風習がクリスマスにおこなわれた類似の風習に由来しているかもしれないとする見方に信憑性が生まれる。事実、ハロウィーンに関連して「トリック・オア・トリート」のフレーズが現在の形で使われたもっとも初期の記録はカナダ中西部のアルバータ州にあり、一九二七年の新聞記事（仮装についての言及はない）に、いたずら者どもが家々で「トリック・オア・トリート」と迫ったと記されている。一九三〇年代になる頃には、このフレーズはハロウィーンならびに仮装した子供たちに結びつき、合衆国北部を通って南下していったようだ。たとえばオレゴン州では「ゆすりたかりの現代的方法を覚えた子供小魔と子供幽霊が『トリック・オア・トリート』システムを見事に作動させた」と報じられた。[12] トリック・オア・トリートが初めて全国的に取り上げられたのは「ウインドーソーピング部隊の犠牲者か？」という見出しで書かれた一九三九年のある記事の中でのことで、そこでは「トリック・オア・トリート」はハロウィーンの古めかしい挨拶のようなものであるとされると同時に、荒っぽい悪ふざけを封じるひとつの方法であるともすっぱ抜かれた。[13] とはいえトリック・オア・トリートが全国的に広まっていったのは、配給制度も終わり、キャンディなどの嗜好品が再度、いつでも手に入るようになった第二次世界大戦後のことである。

トリック・オア・トリートが悪ふざけに取って代わった頃、ハロウィーンは思春期まえの子供たちのものだったと思われる。仮装してパーティに出かける大人もいたかもしれないが、ほとんどの場合、大人は仮面をつけた子供たちにキャンディを配ってハロウィーンを過ごすものと見なされていた。ロバート・バーンズの詩に登場するようなヤングアダルトさえ、積極的にこの日を祝うことはなかったとはいったいどういうことなのだろう？

答えは思いも寄らないふたつの場所に見い出されるようだ——小売り業界と禁酒法である。

エドワード七世の時代は繁栄の時代だったから、余暇の楽しみに事欠かなかった。ヴィクトリア女王の時代には、少年たちのハロウィーン・パーティに大人が大いに首を突っ込み、数日まえから、招待状を書いたり、コスチュームをつくったり、デコレーションのためのあれこれを作ったりした。父兄にはノウハウが求められたが、二〇世紀の訪れとともに、紙製品を扱う複数の会社がパーティのための請け負いホステスの派遣を始め、一九一〇年代に入ると、ベイストル社、B・シャックマン社といった企業がデコレーショングッズを製造したり、既製品を海外から輸入し始めたりして父兄の負担を幾分軽減させた。ハロウィーン・パーティのためのゲームや余興を解説した小冊子も何種類か発行され、デニスン社は年に一度の行事のためのデコレーションガイド・シリーズ『ボギー・ブックス（Bogie Books）』を出版し、同社の製品を利用して素早く、魅力的にハロウィーン・パーティのデコレーションをおこなう方法を詳説した。一〇年ほどは、子供のためのハロウィーン・パーティと平行して、大人のためのハロウィーン・パーティも人気を集めた。おそらく——子供たちのパーティを午後あるいは夕刻の早い時間帯に開いておいて——大人たちは夜ゆっくり集っていたのだろう。

一九一九年、合衆国連邦議会において憲法修正第一八条が可決され、飲料用アルコールの製造販売が禁止された——というか、飲料用アルコールが少なくとも人目につくことない酒場に追いやられた。デニスン社の『ボギー・ブックス（Bogie Books）』の出版は続いたが、アルコールが表舞台を追いやられたことは、大人が参加するハロウィーン・パーティに深刻な打撃を与えた。

それでも、ハロウィーンそのものはすでに広まっていたから、あっさり衰退してしまうことはなかった。ガスから電気への移行期にあって、手紙でのコミュニケーションから急速に使われだした電話によるコミュニケーションへの移行期にあって、いくらか芸術性のある交流手段が盛んとなった――ポストカードだ。ポストカードは名所、著名人、イベントを祝って作られるものだが、祝祭日もそこに含まれた。絶頂期には三〇〇〇枚以上のポストカードが生産され、その空想的でカラフルな図柄のおかげで、ハロウィーンのイコンがまとめ上げられ、揺るぎないものとなった。際立って描かれたのがジャック・オー・ランタンで、頭部はカボチャでも、おちゃめな人間であるかのように描かれること

✦ヴィンテージもののポストカード（人気キャラクター「バスターブラウン」少年をもじっていると思われる）、1910年頃。

も多く――色鮮やかで季節を代表するこの野菜が国王の衣装をまとって描かれているポストカードさえ登場していて――カボチャがハロウィーンの主役的イコンとしてすでに群を抜いていたことがうかがえる。魔女も多く描かれたが、二タイプの魔女がいた。一方は忠実な黒猫を従えて（こびへつらうような小鬼が控えていることもある）ぐつぐつと煮立つ大釜をのぞき込んでいる昔ながらの醜い老婆タイプ、一方は――ほとんどの場合、深紅のドレスに身を包み、箒にまたがっていたが――若くて実に女性っぽい美女タイプだ。魔女、黒猫、ジャック・オー・ランタンと言えば、確かに現代ハロウィーンのイメージを彷彿とさせるが、パーティでは依然として占いがおこなわれているところが、多くのポストカードに描かれている点に着目すれば、ひとつの祝祭が姿を変えつつあったことがうかがえる。

一九三〇年代には、大人を対象としたもうひとつの図像アートとも言うべきピンナップ写真も作られた。多くの場合、ハリウッドの撮影所が、刺激的なドレス姿の魅力的な若手女優に有名写真家のまえでポーズをとらせ、たとえば一〇月のピンナップ写真のためには、清純派女優に魔女の衣装をつけさせたり、カボチャと並んでポーズをとらせたりした。第二次世界大戦中にはこうしたピンナップ写真の人気が高まった。これは、海外派兵の兵士たちが女性っぽさをほんの少しでも感じることのできるものを切望してやまなかったためで、ハロウィーン用ピンナップ写真には軍隊のイメージが取り込まれたものも見られた。

大きく見れば、ふたつの世界大戦に挟まれた時期に、ハロウィーンは大人と子供両方のパーティから悪ふざけへ、そしてどこか儀式めいたトリック・オア・トリートへと移行した。第二次世界大戦中には配給制度の影響から、家庭で祝われる祝典に多少の翳りが見られたが、戦争の終結とともにトリック・オア・トリートはアメリカ各地に浸透し、新興の郊外地域で一大ブームとなってその勢いに火がついた。トリック・オア・トリートはすでにハロウィーンの定番行為だった。初期の頃に見られた占いの風習は廃れ、かつて占いを楽しんだ若者世代は仮装パーティに出かけるか、年長の家族と一緒に子供たちにお菓子を手渡す側にまわるかするしかなかった。

✦ハロウィーンの日の若い魔女、ポストカード、（1910年頃）。

一九四〇年代、五〇年代にはハロウィーンのイメージもハロウィーン向けの小売り業界もトリック・オア・トリートという新たなしきたりを反映するようになった。一九三四年には『ボギー・ブックス(Bogie Books)』が廃刊となり、ポストカード人気も、電話があたりまえのものとなると、あっさり下火となった(同様にピンナップ写真の全盛期も第二次世界大戦の終結とともに過ぎ去った)。小売り業界はトリック・オア・トリートに付け入ってキャンディとコスチュームを前面に押し出す方向に動いた。かつてコスチュームと言えば、手作りで、凝っているとは言えない代物だった。アウトサイダーをイメージした仮装が多く——古着と少しばかりのアクセサリーがあれば十分だったから——ジプシーや浮浪者、盗賊、海賊のコスチュームがよく作られた。しかし一九五〇年代に、製造技術が変化し、安価なレーヨン、ビニールにも容易にシルクスクリーン印刷ができるようになり、さらにはプラスチックを利用することでマスクも安価にカラフルに製造できるようになると、市販コスチュームがどんどん出回り、かつての手作りコスチュームは姿を消した。また、新たなメディアであるテレビの人気は凄まじく、コスチューム製造業者がテレビに進出して人形劇番組の主人公であるハウディ・ドゥーディ、カクラとオーリー、さらにはコメディアンヌのルーシー・ボールなどの人気者をライセンス化した。以前から仮装されていた魔女や幽霊の人気は相変わらず高かったが、カラフルで見た目もいい悪霊マスク付き幽霊コスチュームまでもが量産されるようになると、白いシーツ一枚でできる幽霊の仮装は時代遅れとなった。さらに言えば、こうした新しいコスチュームのほうが——遅燃性素材が使われていたため——安全でもあった。過去においては、多くの子供が、風に舞うような衣装でパレードに参加していて、ランタンの火が衣装に燃え移り、火傷を負うといった事故が多発した。一九三九年には、当時四歳だった子役俳優のキャリル・アン・エケルンド（シャーリー・テンプル主演の「青い鳥」にも出演している）が、コスチュームにジャック・オー・ランタンの火が燃え移って命を落とした。残念なことだが、手作りコスチュームに火が燃え移って火傷を負ったという報告は今も後を絶たない。

キャンディ会社が本格的にハロウィーンに的を絞り始めたのはトリック・オア・トリート以降のことであり、キャンディがアメリカのハロウィーン・パーティに最初に登場したときには（厳密には）タッフィだった（それだから、子供たちは引っ張って遊ぶこともできた）。ハロウィーンで人気の高い大量生産のキャンディの最初のものは、砂糖を小さく粒状に固めたもので、カラフルでお祭り向きの容器いっぱいに供された。一方、一八八〇年代に最初に生産され、一九二〇年代には大量生産されるようになり、やがてハロウィーンの御用達商品となったスイーツもある――キャンディコーンだ。もともと、穂についたコーンの粒に似せたものだったが、お祭り向きの色合い（オレンジ色、黄色、白色）と円錐形の形が消費者を引き付けた。色と形が秋と収穫を連想させ、この連想がキャンディ消費の秋の一大イベント、ハロウィーンに結びついた。キャンディコーンは今でもアメリカのハロウィーンの人気アイテムであり、大部分がブラックス（同社によれば、キャンディコーンの年間売上げの四分の三をハロウィーンに売り上げるという）によって製造されている。キャンディコーンは、そのデザインがコスチューム、蠟燭などに用いられたり、色合いの異なるキャンディコーン――たとえば赤、白、緑に着色されてクリスマス用の「レインディアコーン」となったりして――スピンオフ商品も生み出している。さらに、キャンディコーンは独自の記念日であるナショナル・キャンディコーン・デー（少なくとも合衆国では一〇月三〇日）を仕掛けたりもしている。

第二次世界大戦後、トリック・オア・トリートが爆発的人気を集めると、大人たちは、初期にはよく渡されたリンゴ、ナッツ、ポップコーンボールや手づくりキャンディより、個包装のスイーツを渡すほうが面倒がなくていいと考え始めた。長らく培われてきたキャンディコーン人気に陰りはなかったが、チョコレートが人気のスイーツとなり、二〇〇〇年代後半になると、何十年もの間バレンタインデー、復活祭《イースター》に後れをとっていたハロウィーンがついに、チョコレート売上げで、合衆国一番の祝祭日となった。二〇〇九年のレポートによれば、その年、五億九八〇〇万ポンド（約二七万トン）のスイーツが一九億ドル（約一九〇〇億円）を稼ぎ出したという。[14] 大手メーカーであるハーシー、マーズ、エム・アンド・エムはハロウィーンのための新製品を製造し始めると同時に、ハロウィーンをテーマにした販売キャンペーンを期間限定でおこない続けた。ハーシーのスポークスマン、ジョディ・クックのメモには以下のように記されている——

> どの祝祭日も重要だが、消費者がハロウィーンのことを思うときには、ハーシーのことを思い浮かべてもらえるよう努力する。われわれは、ハーシーが提供するもののまわりには常に興奮があるよう願って、毎年、パッケージ、デザイン、あるいは商品そのものを新たにして世に送り出す。[15]

一九五〇年になる頃には、製菓会社ばかりでなく、他の業種の事業者もトリック・オア・トリートに資本を注ぎ込んでいた。食料雑貨販売業者は商標入りのトリック・オア・トリート用バッグを作り、精肉業者は、切り抜けばマスクとして使えるキット付き小冊子を配布した。映画会社、テレビ局もハロウィーンにちなんだ漫画やレギュラー番組のハロウィーン編を制作し、煙草のような大人のための

✦ハロウィーン・キャンディのディスプレイ（2011年、スーパーマーケットにて撮影）。

商品でさえ、雑誌広告、新聞広告にトリック・オア・トリート、ハロウィーンのイコンを採用した。

トリック・オア・トリートで家々をまわる子供たちにもっとも人気があった小道具はジャック・オー・ランタンをかたどったトリート用バッグとノイズメーカーだった。過去においては、一〇月の暗い夜にはちょっとした冒険と感じられたトリート集めには、紙張子の小さなジャック・オー・ランタンが（内部に蠟燭を灯して）携帯されたと思われるが、一九五〇年代となる頃には、灯りとトリート用バッグの両方の役割を担う乾電池タイプのプラスチック製ジャック・オー・ランタンが持ち歩かれたようだ。それがいつしか——大きくて軽いトリート用容器が求められるあまり——灯りとしての役割のほうをすっかり失ってしまった。

ノイズメーカーはティックタックの名残りだ。初期の頃には、音を放つ玩具はほとんどが木を使って手作りされていたが（回転軸のまわりを四、五枚の羽板が回って音をたてる「ホースフィドル」もそのひとつで、ティックタック同様、人気があった）、新たに登場したノイズメーカーは量産された金属製のもので、鮮やかに彩色された絵図が人目を引いた。トリック・オア・トリートがおこなわれる際、子供たちはラトルを振る、クリッカーを力一杯押す、ラチェットを回転させる［ラトル、クリッカー、ラチェエトはいずれもノイズメーカーの類い］、タンバリンを叩く、ラッパを吹くなどして、大いにうるさく、その訪問を住人に知らせることがあった。ボーリンググリーン州立大学（ケンタッキー州）で大衆文化を研究するカール・B・ホルムバーグ准教授によれば、ノイズメーカーは、普段子供たちが禁じられている騒音という迷惑のタネを播くことを許可することで、子供たちに「儀式的な脱日常感」を与えるものだったとされる。さらに同教授は、ハロウィーンのノイズメーカーは、「雰囲気たっぷりの」音の出現によって、つまり録音された効果音や不気味な音楽がハロウィーンのための庭のディスプレイに取り入れられるようになると廃れていったとも指摘する。[16] それでも近年、ノイズメーカーはハリウッドのホーンテッドアトラクション業界で復活していて、ハロウィーン・メイズでは、演技スタッフがさまざまなノイズメーカーを（ブリキ缶にコインを入れただけという素朴なものから、スチールプレート付きの特製手袋といったハイテク版まで）手にして登場することも多い。

トリック・オア・トリートが必ずしもいたずら好きの若者のふざけ心を抑え込むことに成功しなかったことを物語るのはノイズメーカーだけではない。二〇世紀半ばになると、新たな現象として、ハロウィーンの前日、一〇月三〇日の夜の悪ふざけが生じた。この現象がいつどこで始まったのかピンポイントで指摘するのはむずかしい。しかし一九四〇年代以前、つまりトリック・オア・トリート

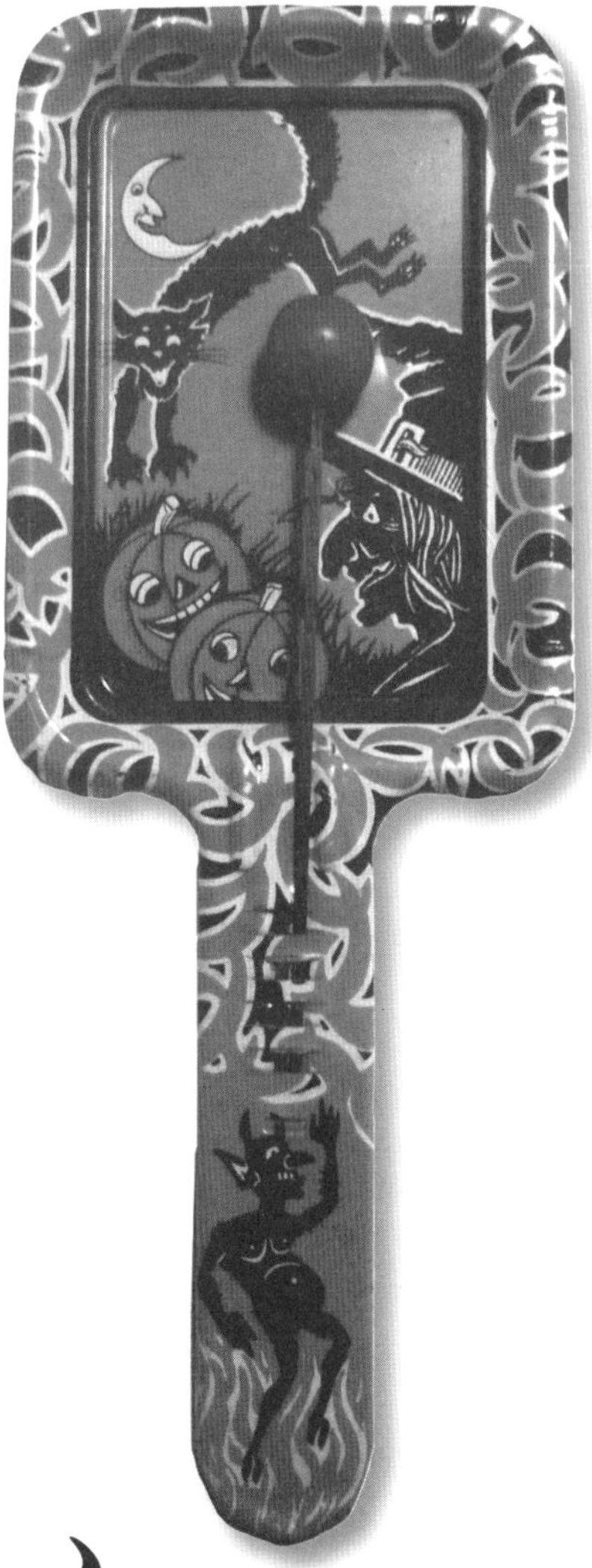

✦ハロウィーンのヴィンテージもの——「打ち鳴らし」タイプのノイズメーカー。

がおこなわれ始めた頃には、この現象についての言及が一切ないことと無縁ではないと思われる。つまり追放されたかのような悪ふざけが「デビルズナイト」、「グーシーナイト」、「ミスチーフナイト」、「キャベツの夜」、「ダメージナイト」など、さまざまな名のもとで一〇月三〇日という新たな居場所を見つけたのである。一九世紀の英国に「ミスチーフナイト」についての言及がいくつかあるが、それは一〇月三〇日ではなく、四月三〇日におこなわれている。それでも、そこに記されていることには驚くほどの類似性がある――

そこでは、あらゆるいたずらが生き延びていた。水の入った桶はひっくり返され、ドアの取っ手は動かないよう固定され、店舗の看板は入れ替えられ、言葉にするのも憚られるような蛮行が繰り広げられ、ついには、警察が乗り出して騒ぎの収拾にあたることになった。[17]

さらに最近の英国では「ミスチーフナイト」はガイ・フォークス・デー前夜、一一月四日を指している。「デビルズナイト」の名は今ではミシガン州デトロイトに結びつき、そこでは一九八〇年代、放火事件が頻発し、一九八四年には二九七件のデビルズナイト火災が記録された。一九九〇年半ばになると、都市の再開発化とボランティアの尽力によって、デトロイトの放火騒動は鎮静化したが、一〇月三〇日の晩にはデトロイト以外の都市でも――記録によれば、英国でも数件――放火騒ぎが頻発した。近年においては「ミスチーフナイト」あるいは「デビルズナイト」の犯罪行為は人種間の緊張と連動している。

トリック・オア・トリートには、少なくともある慈善活動にとっては、ポジティブな側面を持っていた。一九五〇年、あるアメリカ人夫妻が近所の子供たち数人に国連児童基金《ユニセフ》のために募金活動をするよう呼びかけ、一九六七年にはこの活動が大いに普及し、当時のリンドン・B・ジョンソン合衆国大統領は一〇月三一日をユニセフ・デーと名づけた。国連児童基金《ユニセフ》のトリック・オア・トリート・プログラムは今でも支持を得ていて、たとえば最近では、インド洋の津波被害およびハリケーン・カトリーナによる被害に対する救済基金を立ち上げるといった支援をおこなっている。国連児童基金《ユニセフ》はまた「子供が経験する特別の能力強化と自尊心」を大々的に謳いながら、トリック・オア・トリートの期間中、寄付を募っている。[18]

トリック・オア・トリートのもつ脱日常感的な側面が大きな一因となって、この習慣が多くの子供たちからこれほど支持される年に一度の楽しみとなったことは確かだ。慈善活動はさておき、アメリカの子供たちは一年に一晩だけ、日常の自分のアイデンティティをわきに置くことを許され、大好きなキャラクターとなることを奨められ、夜のパレードに参加して騒ぎ、大人たちから褒美まで受け取ることを許可された。一九五〇年代にトリック・オア・トリートがどんどん人気を集めていったのは、同じ時期に過保護の父兄および社会悪の撲滅運動に関わる心理学者たちが暴力シーンの多いコミックとロックンロールに異を唱え始めたことと、おそらく無縁ではなかったと考えられる。一晩だけにしても、ハロウィーンは子供たちに少なくとも押さえつけからの息抜きを保証したのである。

デヴィッド・J・スカルが「モンスター・カルチャー」と呼んだものも同じだ。[19] 一九五七年一〇月、スクリーン・ジェムズ社がユニヴァーサル映画から五二本の恐怖映画からなるテレビシリーズを発表した。シリーズとしてのタイトルは「ショック・シアター」で、そこには『フランケンシュタイン』、『フランケンシュタインの花嫁』、『ドラキュラ』、『ミイラ再生』、『狼男』などの名作が含まれていた。一年

✦トリック・オア・トリーターにキャンディを配る仮装をした大人（カリフォルニア州ビバリーヒルズにて撮影）。

後、版権代理人でありホラー映画のコレクターでもあるフォレスト・J・アッカーマンが「映画界の有名モンスター（Famous Monsters of Film Land）」という名の雑誌を編集し、さまざまなホラー映画に関する記事を載せたり、自身の膨大なコレクションから選んだ写真を大量に掲載したりした。「モンスター・カルチャー」が生み出されると、ハロウィーンは『ドラキュラ』、『フランケンシュタイン』などのモンスター映画のマスクとコスチュームで溢れかえった。トリック・オア・トリートに出かけたハロウィーンの夜の締めくくりは、たいていの場合、家に帰ってモンスター映画を観ることだった。この「モンスター・カルチャー」はボビー・「ボリス」・ピケットの一九六二年のヒット曲「モンスターマッシュ」といったハロウィーンに深く関わる歌を誕生させ、ホラーショーのホストやホステスの台頭を促し、さらには、映画に登場した不朽のモンスターにだけに捧げられたひとつのアトラクションさえ生じさせた――コネチカット州ブリストルにあるコートランド・B・ハルの「魔女の館名作映画博物館」だ。そこにはボリス・カルロフ演じるフランケンシュタイン、ベラ・ルゴーシ演じるドラキュラ、ロン・チャニー・シニア演じるオペラ座の怪人、ハルの大叔父にあたるヘンリー・ハルが演じる一九三五年の映画『倫敦の人狼』の主役の人狼など、精巧に作られた等身大の模型像が並べられている。

トリック・オア・トリートが郊外のほぼ全域で人気を博し、アウトサイダーの仮装が目立つこと、そして子供達が脱日常性をどのように受けとめたかを考えると、それが反動を招く寸前にあったことは必然だったと思われる。結局のところ、大人は子供たちがそのような感覚を経験することを不承不承認めていただけだったようだ。

一九六四年、ニューヨークのある主婦ヘレン・ファイルが、スイーツをねだりに現れるには年長すぎると思われる子供たちがあまりに多く現れるのに腹をたて、ペット用のビスケット、有毒のアリの駆除剤、スチールウールの入った包みを渡した。三年のうちに、子供たちにカミソリの入ったリンゴが渡されるという都市伝説が生まれ、ハロウィーンは父兄の心配のタネとなった。ハロウィーンのトリートの中に砒素からLSDまで何でも入れてしまうどこの誰とも知れない異常者にまつわる話が、とりわけ当時八歳だったティモシー・マーク・オブライアンの事件（ティモシー少年は一九七四年、シアン化合物を加味した「ピクシースティックス」［粉末状のキャンディ］を食べて死亡した）が起きてからはどんどん広まった。結局のところ、この事件は少年の実父ロナルド・クラーク・オブライアンが絡んだ殺人事件であり、人々の想像力の中で重大視されることはなかったが、ハロウィーンに子供たちに毒物を配る異常者への恐怖はすでに消せないものとなっていた。

それでもトリック・オア・トリートは生きながらえた。ほどなく対抗措置が取られた。病院はハロウィーンの夜、子供たちが持ち帰ったキャンディをチェックするサービスを始め、レントゲンの使用さえ辞さない構えだった。ショッピングモールや商店は大人たちの恐怖感に付け入り、ハロウィーン・トリートを配って子供たちにとっての「安全な環境」をアピールした。地元の動物園はトリック・オア・トリートのイベントを催し、敷地内にブースを設け、さまざまなトリートを用意した。さらに教育現場は、包装されていないリンゴやナッツなどは捨てるようにと子供たちに教え込んだ。

トリック・オア・トリートが洗練されてくると、民俗学者や社会学者はその効用をめぐって白熱の議論を始めた。タッド・トゥレジャはそのエッセイ「トリック・オア・トリート——プレコンテクストとコンテクスト（Trick or Treat: Pre-texts and Context）」の中で、子供たちが多くの場合、お気に入りのお菓子や商品がわかるようなコスチュームを身につけるところに注目し、以下のように述べる――

地方自治主義や富の再分配を進めるどころか、この儀式は競争力を確保し、そのお手本とさえなる。トリック・オア・トリートで成功を収めることは起業することの萌芽となる。自身をパッケージ化するようなコスチュームをつけ、自身の足でトリートを集めまわることで個人として潤うのだから。[20]

二一世紀になる頃には、平均的なアメリカの子供にとって「トリック・オア・トリート」というフレーズの「トリック」部分を説明することさえむずかしくなっていたとしても、英国において、そうした事態が生じるとはまず考えられなかった。英国では、トリック・オア・トリートにも、悪ふざけのほうにも、人気が高まりつつあった。実際、二〇〇四年には英国のスーパーマーケットチェーン、アズダがハロウィーンに続く一週間、ティーンエージャーへの卵の販売を禁じることを決定した――「われわれはさらに用心をすること、そして一六歳以下の若者に卵を販売しないことを通達したところです」とは、その大手スーパーマーケットチェーンのスポークスマンの言葉だ。[21]

大人のためのハロウィーン

ハロウィーンが下火になり始めた頃、というか少なくとも企業配下に置かれていた頃、その祝典は

──他にもいくつかの要因が働いて──大人を対象としたものに戻りつつあった。その要因とは、ひとつには、かつてハロウィーンが大好きだった多くのベビーブーマー（とりわけトリック・オア・トリートの黄金期とも言える一九五〇年代に幼年時代を過ごした人たち）にはハロウィーンを祝うことを止める気がなかったようだということ。今ひとつには、一九七〇年代には、有色の人たち、女性、ゲイと呼ばれる人たちから権利の平等が求められ、ハロウィーンも進化・変容の渦に引き込まれていったことだ。

非白人、とくにアフリカ系アメリカ人に関するかぎり、ハロウィーンは別の長い歴史を持っている。一九二〇年代には、アフリカ系アメリカ人は怯えやすく、迷信を信じるタイプの人たちだと見なされ、ハロウィーンに関する書物の中でも、パーティ、コスチューム、デコレーションに「ダーキーズ」、「マミー」、「ラスタス」［いずれもアフリカ系アメリカ人の蔑称］を登場させることが奨められた。基本的に子供を対象としている本でさえ、人種差別的ステレオタイプのアフリカ系アメリカ人を登場させ続けた。『ハロウィーン・ファン・ブック（Halloween Fun Book）』（一九三六）など、子供向けの詩文、歌、ゲームを特集する中で、「ダーキーのハロウィーン（A Darky's Halloween）」とタイトルされた詩をアフリカ系アメリカ人特有の訛りで書いて掲載した。その詩はふたりのアフリカ系アメリカ人の子供を描いたもので、「小さいふたりのダーキー、怯えて半死。どっちも今日がハロウィーンだってこと、忘れてた」[22]と詠われていた。クー・クラックス・クランは一九二一年に連邦議会で喚問された際、長くて尖ったその頭巾をハロウィーンのマスクと同等のものと認めるよう求め[23]、一九六五年の公聴会では、いやがらせ、蛮行といった自分たちの作戦行動には常に笑いを誘うようなもじりがなくてはならず（中略）ハロウィーンの悪ふざけと同じたちのものでなければならない」と述べた[24]。二〇世紀の間ずっとハロウィーンには騒動が

"Gran'pa done say dat his face it am old,
So I'se give him dis new one and hopes he won't scold."

✦「コルネリア・キンクスの大騒動」シリーズのポストカード――「爺さん顔になっちまったって、おじいちゃん、言ってたから、新しい顔、作ってあげた。おじいちゃん、怒らないといいけれど」、1907年。

起こり、アフリカ系アメリカ人に向けられた白人による犯罪を生み出した。たとえば一九五九年にはミシシッピ州コリンスで、アフリカ系アメリカ人の若者が殺害されるという事件がハロウィーンに生じ、事件後数か月にわたって、人種間に暴力事件、緊張状態が続いた。ハロウィーンの日の人種差別は二一世紀となっても続き、二〇〇一年アラバマ州にあるオーバーン大学では白人学生によってハロウィーン・パーティが主催され、そこでクー・クラックス・クランの装束をつけ、顔を黒く塗った別の白人学生数人をリンチにかけるというパフォーマンスがおこなわれた。その模様はインターネットで公開され、一八五名の学生が停学処分を受けた。

南カリフォルニアのロングビーチでも事件は起きた。二〇〇六年、逆の緊張を人種間に生み出した。ハロウィーンのその夜、一九歳から二〇歳の白人女性三名が、豪勢なハロウィーン・デコレーションで知られる近所の家を訪れていた。そこへアフリカ系アメリカ人の若者数名が乱入し、カボチャを投げたり、差別的な言葉で悪態をついたりした。結局のところ、八名の被告がヘイトクライム強化法により重暴行罪で有罪宣告を受け（暴行罪だったのは九番目の被告のみ）、保護観察および自宅軟禁という処分を受けた。

一方、ハロウィーンとゲイカルチャーははるかに友好的に融け合っているようだ。ハロウィーンの祝祭は、言うまでもなく、クロスドレサー［異性の服を着る人たち］には常に聖域となってきた。たとえばチャールズ・フレデリック・ホワイトの一九〇八年の詩「ハロウィーン」の数行に注目してほしい——「男物の服を着た女性たち。小さな少女もその願望を満たしている。お兄ちゃんのズボンをはいて[25]」。一九三〇年代の終わり頃には、合衆国中のナイトクラブでハロウィーン女装コンテストがおこなわれていたが、始まったばかりグリニッチビレッジのパレードがすぐさまハロウィーンにゲイの人たちを巻き込んで脚光を浴びたのは一九七〇年代、グリニッチビレッジで生じたストーンウォールの暴動（ゲイの権利運動の歴史において重要なできごと）の数年後のことだった。一九九一年、このパレードについてのエッセイの中で、民俗学者ジャック・クーゲルマスは、ハロウィーンが「近年アメリカの大人のための祝祭として復活してきたことは、宗教意識の高まりの可能性より、このイベントによってもたらされる例外的自由《ライセンス》を雄弁に物語っている[26]」と強調した。（グリニッチ）ビレッジのハロウィーン・パレードが告解火曜日《マルディグラ》並みに放縦な祝祭であることが明らかになったのは確かに一九八〇年代のことだが、人形遣いのラルフ・リーによって一九七三年に始められたこのパレードがニューヨークのゲイカルチャーの中心地クリストファー・ストリートへと次第に近づいていったとき、このイベントへのゲイ参加の増大は約束されたと言っていい。どの年のハロウィーンをとっても、女装のゲイ、大きくて口のきける繰り人形パペット、マーチングバンド、剣奴《けんど》から宗教的人物、果ては歩く巨大コンドームまで考え得るかぎりのコスチュームが六万人のパレードの中に紛れている。二〇〇万人の見物人を集め、テレビ放映されると、一〇〇万の人々の目を引き付けるこのイベントは「合衆国最大規模のハロウィーンの公的祝典」を自認し、ニューヨークの文化的一大ランドマークともなっている。一方で、ここ最近ではさらにファミリー・フレンドリーなイメージを打ち出そうと、「安全な祝賀環境」ということを強調している。[27]

しかしながらゲイ志向のハロウィーンの祝典はニューヨークに限られたことではない。南カリフォルニアのウェストハリウッドでも、一九八七年に独自の「祭典《カーニバル》」が始まり、そのハロウィーン・イベントにも五〇万人の見物客が集まる。自治体によってサンタモニカ・ブールバード地区の一部が長く道なりにブロックされ、ライブパフォーマンスや各種のコンテストがおこなわれるが、楽しみの大半は驚きのコスチュームの連続に口をあんぐりさせられるところにある。

サンフランシスコにおいては、これまでのところ、ゲイ志向のハロウィーンの祝典にトラブルが目立っている。一九八〇年代以前には、祝祭と言えば、女装のゲイやそのエスコート役が現れ、町のバーをめぐり歩いて、複雑怪奇なそのコスチュームを見せびらかしたものだった。しかしそのイベントが規模も大きくカストロ・ストリートへと移動すると、ゲイをバッシングする人たち（ファグバッシャー）、あるいはアンチ・ゲイを擁護する人たちの参加者も多くなった。市当局は独自の公式パーティ主催することでこれに対応しようとしたが、結果は、ふたつの祝典を同時に生じさせただけだった。残念なことに、カストロ・ストリートの祝典は暴力沙汰を引き起こし続け、二〇〇六年にはある男が発砲騒動を起こし、九名が負傷する事態となった。市当局はハロウィーンの夜のゼロ・トレランス方式「不寛容の精神で徹底して取り締まり罰則を与える」を採用し始めた。

アメリカ文化のもうひとつの周辺団体も自分たちのためのハロウィーンを主張している――魔術崇拝者《ウィッカン》と新異教主義者《ネオペイガン》だ。カトリック思想や中世思想に典型的に描かれる悪魔の手先としての魔女と対照的に、現代の魔女は、自らをその語源である「ウィッケ」と称し、傾向として、大地を崇拝し、幼児を生け贄として捧げないことを中心とした慈悲深い信仰システムに従う。また、新異教主義者《ネオペイガン》の信仰には（大地崇拝と人身御供に関してを除けば）さまざまなバリエーションがあるものの、いずれも多神教的であり、そこにはシャーマニズム、ドルイド教、北欧やエジプトの神話に基づく思想体系が含まれている。現代の新異教主義者《ネオペイガン》のこうした動きは一九六〇年に組織化され始め、マーゴット・アドラーによる『月神降臨』が発表された一九七九年以降、広く知られていった。

「新異教主義《ネオペイガン》」という言葉自体、実に多くの信仰体系を内包して、一〇月三一日のその慣習も到底ひと括りにはできない。大部分の新異教主義者《ネオペイガン》にとってハロウィーンは主要な祝祭であり、「シャドーフェスト」、「アンセスターナイト」（サムハイン祭）と称されることもあるようだが、典型的には、ハロウィーンは大晦日あるいは新年の祝典である。とはいえドルイド祭司のように、祝典を冬至まで持ち越しておくグループもあるようだ。魔術崇拝者《ウィッカン》にとっては、一〇月三一日は八つの大祝祭「サバト」のひとつであり、先祖の存在と母なる女神（夏を支配する）から神（翌年のベルテーン祝祭つまり五月一日まで支配する）への力の譲渡を認める儀式である。また、魔術崇拝者《ウィッカン》はジャック・オー・ランタンのような現代ハロウィーンの図像体系を儀式には取り込むが、祝賀の集まりではもっと厳かなしきたりに従うようだ。多くの新異教主義者《ネオペイガン》が焚火のまわりで祝う祝典では、死者に対する感謝が重要な役割を担う。霊が呼び出されて祝典に参加する場合もあれば、水晶玉や水晶凝視鏡を使って、すでにこの世を去った人々とのコミュニケーションが試みられる場合もある。ほとんどの新異教主義者《ネオペイガン》グループに、ハロウィーンに関連する特別の食料、ハーブ、石などが存在している。

さらに、魔術崇拝者《ウイッカン》は独自のハロウィーンのメッカを創り出した――マサチューセッツ州セーレムで、現在では、この地で世界最大級のハロウィーンの祝典が自治体をあげて催される。一六九二年、セーレムでは歴史上もっとも有名な魔女裁判のひとつがおこなわれ、一九人が魔女であるとして絞首刑にされた。劇作家アーサー・ミラーはこの裁判に着想を得て、一九五〇年代のマーカーシズムを批判する戯曲『るつぼ』を著した。セーレムと「魔女」の世界とは切っても切れない繋がりがあり、一九七一年には魔術崇拝者《ウイッカン》グッズの最初の専門店がローリー・カボットによってオープンされた。一九八二年には、商工会議所によって週末の間ずっと開催される「ホーンテッド・ハプニングス」が開始され、予想以上の人出があった（今では、地元のホテルは一年まえに予約する必要がある）。魔術崇拝者《ウイッカン》は依然としてこのイベントの重要部分であり、セーレムが（とりわけハロウィーンには）「魅惑的」旅先となるという発想を定着させた。セーレムの魔女のひとりであり、セーレムのショップ「ヘックス」のオーナーでもあるクリスチャン・デイは「ハロウィーンに人がセーレムに引き寄せられるのは人生に魔法がほしいからじゃない？」と言う。[28]

「ホーンテッド・ハプニングス」は今では延長され、一〇月丸一か月間おこなわれる。そこではツアー

✦ジョージ・ジェイコブズに対するセーレムの魔女裁判。

やクルーズ、映画上映会、ストリートマーケットが催されたり、セレブが登場したり、降霊会、魔法のレッスンが開かれたり、子供たちのためのトリック・オア・トリートがおこなわれたりする。さらに一〇月三一日には『るつぼ』の一部が演じられたり、サンハイム祭の儀式が執り行われたりもする。また「ホーンテッド・ハプニングス」のウェブサイトには「セーレムで年中催されるハロウィーンのアトラクション」がリストアップされ、博物館、ギャラリー、ツアーが紹介されている。

　一九七〇年代に生じたハロウィーンの大人への返還要求は人種、性志向、あるいは宗教信条によって最高潮に達したわけではなく、一本の映画に負うところが大きい――一九七九年、ジョン・カーペンター監督によって制作された低予算スリラー映画『ハロウィン』だ。世界中の映画ファンに息もできなくなるほどの衝撃を与えたこの作品はインデペンデント系の映画としてもっとも成功し、ホラー映画にスラッシャー映画という新たなサブジャンルを誕生させたばかりでなく、鑑賞後、それでもハロウィーンを祝いたいと思う人がいたら奇跡だと思わせるほど恐ろしい光を当ててハロウィーンを描いた。プロデューサーのアーウィン・ヤブランスのアイディアと、カーペンター自身がデブラ・ヒルと共同執筆したスクリプトをもとに制作されたこの作品にはふたりの象徴的人物が登場する――ハロウィーンに精神科施設から脱走し、イリノイ州ハドンフィールドに惨劇をもたらすサイレントキラーであるマイケル・マイヤーズと、機知に富む無垢なファイナルガール「ホラー映画で最後まで生き残って殺人者と対峙するヒロイン」ローリー・ストロードだ。この作品はまた、ハロウィーンへの観客の愛着を計算し尽し、カボチャ、コスチューム、マスク、ポップコーン、テレビで放映される恐怖映画、子供たち、郊外に暮らす人たちの生活習慣などを登場させる。それでも、たとえばスティーブン・スピルバーグ監督の『E.T.』がハロウィーンを温かく、ノスタルジックな輝きとともに描き出しているのと対照的に、『ハロウィン』は愛すべきイコンを恐怖のシンボルに変えた。少年用の道化師のコスチュームは、子供時代のマイケル・マイヤーズが最初に人を惨殺するときに着ていた衣装であり、ジャック・オー・ランタンもこの映画のあるポスターでは巧みにナイフを操っていた。さらには、もっとも奇妙でもっとも滑稽なもじりだが、『スタートレック』のウィリアム・シャトナー「カーク船長役」のゴム製マスクが殺人鬼の恐ろしいマスクとなっていた。『ハロウィン』は続編、リメイクばかりでなく、『血のバレンタイン』、『エイプリル・フール』、そしてもちろん『13日の金曜日』など、一連の「祝日」ホラー映画も誕生させた。とはいえ、どの作品も自慢できるほどは巧みに祝日のイメージを利用できなかったし、拝借した祝日

✦ジョン・カーペンター監督作『ハロウィン』のドイツでの小型ポスター。

にインパクトを与えることもなかった。

一九八〇年代——トリック・オア・トリートは依然もたついていたが——ハロウィーンが大人のための祝祭となったことに疑問の余地はなかった。一九八三年には、アメリカ第三位のビール会社クアーズが「新たにビールの日を設ける」[29]ことで、スーパーボウル・サンデー［プロフットボールの王座決定戦で一月下旬］と戦没将兵追悼記念日《メモリアルデー》（五月の最終月曜日）のライバル社の売上げに対抗しようした。クアーズの最初二度のハロウィーン・キャンペーンは——目玉商品とされた「ビアウルフ」、「シルバー・ブレット・バー」に強いインパクトはなく——圧勝したとは言えなかった。それでも一九八六年にコメディアンヌ、カサンドラ・ピーターソン演じる脚線美のホラー映画ホステス［テレビ映画の案内役］「エルヴァイラ」を起用すると、成功への道が開けた。等身大の切り抜きエルヴァイラ（販売店の店員によって持ち去られることも多かった）に勢いを得て、クアーズの売上げは急上昇し、エルヴァイラも一九九五年頃には「クイーン・オブ・ハロウィーン」と呼ばれた。クアーズとエルヴァイラがタッグを組んだキャンペーンのおかげで、ほどなくハロウィーンは、ビールの売上げで、スーパーボウル・サンデー、聖パトリックの日《セントパトリック・デー》［三月一七日］を凌ぐことになった。

それでもハロウィーンを再び自分たちのものとしたいと考えたのは都市部の大人たちだけではなかった。多額の費用をつぎ込んでデコレーションをすることで、郊外に家を所有する人たちもハロウィーンを自分たちのものとしていった。過去のデコレーションはシンプルかつ手作り感溢れるもので、恐怖の祝祭の象徴というよりは、収穫の祝祭としてのハロウィーンを象徴するもの、たとえば目鼻がくり抜かれたカボチャ、案山子、干し草の束などを、そして切り抜いて作られたさまざまなイコン（一番人気は黒猫、骸骨、魔女だった）を庭にレイアウトする程度だった。ベイストル社、デニスン社などはこうした切り抜きのシンボル、バナー、窓用シールなどの（一度使いの）小さなセットを売り出したが、さらにエスカレートさせて吊るして飾るシーツの幽霊、木製あるいは発泡スチロール製の墓石、（これでも飽き足りない消費者のためには）モンスターや死体のマネキンまで売り出した会社もあった。それでも、ハロウィーンは（室内、屋外を問わず）デコレーションの点で、クリスマスにはるかに後れをとっていた。

ところが一九八〇年代、大人の間でハロウィーン人気が高まると、ハロウィーンの商業化が進んだ。ドラッグストアやスーパーマーケットには法外な価格のデコレーションが並び始め、一九八三年のハロウィーン・シーズン到来とともに、一大ブームが巻き起こった。その年、ジョゼフ・マーヴァーというサンフランシスコのドレスショップのオーナーが一〇月の業績不振を埋め合わせようとコスチュームの販売を始めたところ、これがいきなり大当たりとなった。翌年にはモールの中に臨時スペースを借りるほどとなり、売り上げはとどまるところを知らなかった。こうして誕生したのが、期間限定スピリット・ハロウィーン・ストアーズだった。一九九九年、マーヴァーは同店をスペンサー・ギフツに売却し、スペンサー・ギフツは二〇一一年には九〇〇店舗以上で事業展開している。マーヴァーが始めたのはコスチューム販売だったが、マーヴァーの店舗（スピリット）はじめ他の期間限定ハロウィーンショップではほどなく室内デコレーションのためのアイテムも扱われるようになった。これによって、持ち家のある人たちが、それまでクリスマスのためのデコレーションに注いできた関心をハロウィーンのためのデコレーションにも向け始めた。大人のハロウィーン熱は『スター・トレック』や『スター・ウォーズ』、『ハロウィン』、『エルム街の悪夢』といった人気ドラマや映画のメディア・フランチャイズ［いろいろなメディアの組合せによる広告手段］製品の大量販売によっていよいよ拍車がかかり、やがて幼児をもつ親たちが子供に「スマーフ」［アニメ番組に登場する架空の種族］のコスチュームを着せることも、本物そっくりで等身大のフレディ・クルーガー［『エルム街の悪夢』に登場する殺人鬼］のフィギュアを庭に置くこともできるようになった。一九九九年までに、アメリカの消費者のほぼ三〇パーセントがハロウィーンのデコレーションにお金をかけるようになり、二〇〇一年になると、アメリカ人はハロウィーンのデコレーションに一〇億ドル（約一〇〇〇億円）費やすようになった。

家庭を飾り付けて楽しんでいた人たちの中には、庭にありきたりでないディスプレイを試みる人も多くいて、一九七〇年代のハロウィーン・シーズンに登場していたハロウィーン・メイズ（のミニチュア版）を設営して、通り抜けタイプのショーを演出する人も現れた。そして手の込んだデコレーションが家庭でおこなわれるようになると、プロのメイズ制作者のほうも手の込んだメイズをどんどん手掛けるようになった。実際、一九八〇年代あるいは一九九〇年代にさえ、誰ひとり予測しなかったこと——ハロウィーンの次なる変容——がすぐそこまでやって来ていた。二一世紀に入っても、ハロウィーンは依然としてトリック・オア・トリート、パーティ、庭のデコレーションで祝われることになるのだが、それは世界規模の産業ともなっていくものだった。

✦カリフォルニア州バーバンクのスピリット・ハロウィーン・ストア、2011年。

ハロウィーンの幽霊名所《ホーンツ》

いわゆる「ホーンテッドアトラクション産業」がいつどこで始まったのか、ピンポイントで指摘することはできないが、時期はおそらく一九三〇年代だと思われる。当時、いたずら好きの少年たちの関心を逸らせようと目論んだ父兄が「恐怖の経路《トレイル・オブ・テラー》」なるイベントを誕生させた。一九三七年のあるパーティ・パンフレットに記され

た「恐怖の経路《トレイル・オブ・テラー》」についての記述は気味が悪いほど現代の標準的なホーンテッドハウスの姿に似ている

外の入り口は地下室や屋根裏部屋にある幽霊や魔女の集会所に続き、壁には古びた毛皮、細く切られた生肝が掛けられている。来場者は手探りで暗い階段のほうへと進む（中略）不気味なうなり声、わめき声があちらの隅、こちらの隅から聞こえ、天井から垂れさがったぐっしょりとしたスポンジやヘアネットが顔に触れる（中略）ある場所まで来ると、犬の衣装をまとった見張り番タイガ〔二〇世紀初頭の連続漫画に登場した犬〕がふいに飛びかかってきて吠え立て唸る（中略）通路は通れないよう封鎖されているから、来場者は長くて暗いトンネルの中を這っていくしかない（中略）最終地点で「ニャー」と物悲しげな猫の鳴き声が響く。見れば、蛍光塗料で縁取られたボール紙製の黒猫が浮かび上がっている[30]（後略）。

ガイドブックによれば、「食屍鬼の監獄」、「マッドハウス」、「恐怖のトンネル」、「死者の谷」など、さまざまなテーマのコーナーを備えたメイズも存在したようだ。第二次世界大戦前のこのガイドブックからは、他にも、緩やかに電気ショックを与える椅子について、こうしたイベントを催すため貸借について、来場者をバックライトスクリーンの前に座らせておいてその背後でおこなう本物まがいの「死体解剖」についてなどの情報も得ることができる。

ホームパーティ以外の場所でおこなわれた初期のホーンテッドハウスはすべて慈善イベントだった

ようで、多くの場合、青年商工会議所（ヤングアダルトのビジネス・スキルを高めることを主眼とした民間組織）のような団体によって企画・実行された。一九七〇年代初頭には、キリスト教団体キャンパスライフが全国でホーンテッドハウスを催して成功を収めた。こうしたアトラクションは「恐怖の経路《トレイル・オブ・テラー》」の多くのテクニックに、大量の血糊、やる気満々の演技スタッフ、さらには一五分から三〇分ほどの恐怖体験のために（通常）一時間から三時間も並んでくれる観客が結びついて成立したものだった。

もっとも触発されるとして、現代の「ホーンター」（一年を通して仕事としてアトラクションを企画・実行する人たち）から評価されているのがカリフォルニア州アナハイムにあるディズニーランドのホーンテッドマンションだ。一九六九年八月九日にオープンしたこのマンションは完成までに一〇年以上の歳月がかけられた。もとは通り抜けタイプのアトラクションとして計画されたが、多くの客をさっさと移動させる必要があるために、ライドシステム「オムニムーバー」（貝殻の形をしたライドは三六〇度回転するので、来場者の目は正確に見どころに向けられる）が採用された。一九六六年にウォルト・ディズニーが亡くなると、ふたりのアーティスト、長年の立案者マーク・デービスとクロード・コーツにこのマンションの制作が委ねられたが、ふたりはアーティストとして、このアトラクションに対して異なった方向性をいだいていた。コーツは、客が経験したいのは本物の恐怖だと考え、デービスはコーツが考えるより軽めでコミカルな路線を想定していた。結局のところ、折衷案が取られ、経路の最初半分では独特のムードを醸し出して衝撃を与えることを狙い、舞踏広間から墓場へとセッティングが変わっていく後半部分では歌う幽霊、膝をカタカタ鳴らす乳母などを登場させてコミカルさを加えた。

とはいえ、ホーンテッドマンションがあれほど成功し、強い影響力を持つことになったのは過去のホーンテッドハウスや「ダークライド」（カーニバルに設けられたけばけばしいホーンテッドハウス）に似ていたからではなく、目を見張るような最新テクノロジーと特殊効果を駆使しているからだった。幽霊はもはや木に引っ掛けたシーツではなく、半透明でちらちらと光を放ち、動き、話し、歌う人影だった。魔女も作り物の大釜を覗くゴム製マスクをかぶった老婆ではなく、水晶玉に浮かんで、複雑な降霊会を仕切る完璧なまでにリアルな頭部だった。さまざまな投射機材や何年もの間マジシャンが利用していたゴーストグラスを活用し、空気力学を取り入れることで、驚くほどの特殊効果を生み出しつつ、ホーンテッドマンションは入り組んだセット、静けさから恐怖へと移行する際の美しいアートワーク、独創的な音楽、音響効果、声による素晴らしい演技（とくにナレーターのポール・フリーズが素晴らしかった）などを全面に押し出した。空前絶後の大当たりとなったこのマンションは各国のディズニーランドに類似のアトラクションを誕生させた。

それでも、ホーンテッドマンションの影響はアミューズメントパークの世界にとどまらなかった。ミッドナイト・シンジケートの名でギャヴィン・ゴスカとともにホーンテッドアトラクションのためのサウンドトラック制作をしているエドワード・ダグラスはホーンテッドマンションを「ぼくたちが現在やっていることのお祖父ちゃん」であるとし、「ホーンテッドマンションはすべてを始めた第一号のホーンテッドハウスであり、あのサウンドトラックが、今ぼくたちがやっていることのためにすべてを始めてくれたのは確かだ」[31]とした。一九九〇年代を通してホーンテッドハウスは——素人によるものであれプロによるものであれ——人気を集め、二〇〇〇年代になると、ホーンテッドマンションで育った世代のホーンターたちが自分たちのハロウィーン・ホーンツ［ハロウィーンのために幽霊をテーマにして作られたアトラクション群」のためにさらなるテクノロジーを求めた。

ホーンテッドアトラクションの歴史に貢献したアミューズメントパークは他にもある――南カリフォルニアのナッツベリーファームだ。オレンジ・カウンティにあり、ディズニーランドにも近い（ロサンジェルスから南に約三〇分）ナッツベリーファームは一九七三年、既設の「キャリコ・マイン・トレイン」に加えて、小道具を揃え、演技スタッフも雇って、ハロウィーンをテーマに一晩限りのアトラクションを催した。すると、これが大いに当たり、「ナッツのハロウィーン・ホーンツ」はすぐさま規模を拡大し、一六〇エーカーの敷地の大部分を一〇月一か月のために改装した。一九八〇年代には「ウィアード・アル」・ヤンコビック、エルヴァイラといったコミカルなパフォーマーによるステージショーなど、さまざまなハロウィーン・イベントも催された。ナッツは一年に一度のイベントのためにメイズもスタッフも増やしつづけ、今では一〇以上の特注メイズを備え、一〇〇〇人を超える演技スタッフ、最高水準の特殊効果とメイクを誇る。ナッツではまた、メイズのデザイナーが年間を通して雇われているが、そうしたデザイナーたちはウェブサイトやメッセージボードで独自にファンを開拓している。さらにナッツは二〇〇六年の映画『呪怨 パンデミック』に基づいたメイズを登場させたことで――複雑なオーディオアニマトロニクス［音と動きをコンピュータで同調させるよう制御されたシステム］を用いて、完全に機械仕掛けのキャラクターとして忌まわしくも階段を這い降りる幽霊少女はじめ、さまざまなキャラクター群を作り出した点からだけでなく、映画ファンにメイズを、メイズ・ファンに映画を認知させる相互販売《クロスマーケッテイング》キャンペーンをおこなったという点からも――ひとつの歴史を作り出している。

メイズばかりでなく、ナッツのスケアリーファームは――ハロウィーン・ホーンツにはよく言及さ

✦ナッツのスケアリーファームのプロモーションフォト、2000年。

れることだが——「恐怖地帯《スケアゾーン》」（そこを通らなければ、別の場所に移動できない戸外の一大テーマ・エリア）を取り入れている。二〇一一年、ナッツは四つのゾーン、すなわち「カーネヴィル」、「ゴーストタウン」、「ネクロポリス」、「ジプシーキャンプ」（ここでは人狼の群れがジプシーの一団を襲う）を大々的に売り出した。恐怖《スケア》地帯《ゾーン》はその他のハロウィーン・テーマパークでも高い人気を集めている。

ナッツおよびディズニーランドによって大規模アミューズメントパークでのホーンテッドハウスのコンセプトが紹介されると、他の観光施設もこれに倣った。オーランドのユニヴァーサルスタジオは一九九一年、「戦慄の夜《フライト・ナイツ》」なるものを開始し、一九九二年にはその名を現在の「ハロウィーン・ホラー・

ナイツ」に変更し、一九九七年にはその「ハロウィーン・ホラー・ナイツ」をハリウッドのユニヴァーサルスタジオに登場させた。また、ユニヴァーサルスタジオは一九九八年には――ホラー小説家であり、映画監督、アーティストでもあるクライヴ・バーカーを「フリークス」のデザインのために招聘し――超セレブのホラー作家のデザインによる初めてのホーンテッドアトラクションを呼び物とした。バーカーはカタログから選んで手に入るようなマスクを避け、カスタムデザインの登場人物、小道具にこだわり、以後数年間ユニヴァーサルスタジオのために他のアトラクションのデザインにも取り組んだ。バーカーはあるインタビューで彼自身、魅かれるハロウィーン・メイズの大きな魅力について問われ、以下のように明言している――

クライヴ・バーカーのハロウィーン・メイズから出てきたとき、来場者は血を目の当たりにし、叫び声を聞き、狂気とモンスターの世界を体験し、生きて戻ってきたばかりだ。そのときの「この世界のもうひとつの果てまで行って生きて戻った」って気持ちだと思う。(32)

ハロウィーンの季節に改装することで、既存のアミューズメントパークが成功を収めたとなると、ハロウィーンに特化したテーマパークとして存在するようなアトラクションが登場したとしても不思議はなかった。一九九一年、起業家デヴィッド・ベルトリーノはニューイングランド州に「アメリカのハロウィーン・テーマパーク」と銘打ってスプーキーワールドを開園した。二〇〇四年、ベルトリーノは売却したが、同園は二〇一〇年にニューイングランド州のもうひとつのホーンテッドアトラクションであるナイトメアー・ニューイングランドと提携し、共通の伝統であるメイズ、モンスター博覧会、ホラー映画の俳優、ミュージシャンによるセレブの顔見世などを継続した。スプーキーワールドには、数年にわたって人気第一位として大々的に売り込んだアトラクションがあった。それはメイズでも有名俳優でもなく、「マウスガール」だった。そこでは大きな箱の中に横たわった「マウスガール」（ルース・フェルプスという名の女性）の体の上をおよそ二〇〇匹のネズミが走り回っていた。

　ハロウィーンの時期にホーンテッドアトラクションを提供すれば当たるということが定説化すると、全国のホーンターたちが追従し、毎年よりよく、より大がかりなアトラクションが生み出され続けた。二一世紀の最初の一〇年が終わる頃には、年間六五億ドル（約六六〇〇億円）以上を売り上げるホーンテッドアトラクション産業が正式に姿を現した。何千という営利目的のホーンテッドハウスが――駐車場にメイズだけが作られたシンプルなものから、歩いて回ると一時間はかかるという立体的で奇をてらったものまで――全国に作られ、新たな絶叫マシーン《スリルライド》の誕生となった。「リスクなしに飛び込めますから」と語るのはテキサス工科大学の心理学部長デヴィッド・ラッドだ。「結果として、こうした活動にはバンジージャンプ、スカイダイビングといった究極のスポーツよりはるかに人気が集まります。究極のスポーツはどれも本物のリスクを伴うものばかりですから」[33]。ホーンテッドハウスの事業主の多くは、ホーンテッドハウス人気の盛り上がりをホラー映画やハロウィーンだけのおかげばかりでなく、ビデオゲームに負うところも大きいと見ている。「ホーンテッドハウスはホラー映画を彷彿とさせるが、実はビデオゲームのほうにより近い。ある環境の中を立ち止まることなく進み続けるのだから」と言うのはジョージア州アトランタのホーンテッドハウス「ネザーワールド」（「黄泉の国」の意）の共同所有者ベン・アームストロングだ。一晩に一万人の客をもてなすそのホーンテッドハウスはホーントワールド・マガジン誌が選ぶ二〇一一年度全国第一位のアトラクションにも選出され、[34] 生身の役者と特殊効果を使っていることを大いに謳う。その他のホーンテッドハウスについて言えば、フィラデルフィアのベイツ・モーテル(ホーントワールド誌で第二位に選出)は屋外の発火装置で名を知られ、ミズリー州セントルイスの「ザ・ダークネス」、ルイジアナ州バトンルージュの「一三番ゲート」なども「ハリウッド並みの特殊効果」[35]で上位にランクされている。こうしたアトラクションは一年を通じて活用できるから、たいていの場合、廃工場や廃倉庫を安価で買い取るか賃借するかして、一定の場所で保管されている。

ホーンテッドアトラクションはすでにある近郊地域に新たな息吹きをもたらすことができる一方で、付随する一連の問題も持ち込んでくる。北シカゴの郊外モートングローブで「恐怖の町《フィアー・シティ》」ホーンテッドハウスの設営が検討されたとき、村当局は季節限定とはいえ四〇種の仕事が増え、地元レストラン、ガソリンスタンドもその恩恵に与かることができると乗り気だった。しかし地元住民からは、一か月足らずの期間に約二万二〇〇〇人の客が訪れることを考慮すると、騒音、駐車場、交通の問題が懸念されるという声が上がった。恐怖の町《フィアー・シティ》は一〇月一か月間、非番警官を雇ってこうした問題に対応することを約束し、モートングローブでの稼働を認められた。[36] ハロウィーンとホーンテッドハウスが経済の停滞に危機感をおぼえるコミュニティにとって有益なものであることは確かなようだ。

比較的新しいこの産業の興隆にはもうひとつ要因があった。デジタル特殊効果が進むにつれ、ハリウッド映画の中で、実際に人を使ってメイクを施して効果を出すということが、次第におこなわれなくなった。このことで、アート担当の映画製作関係者の多くに仕事がまわってこなくなり、そのような人たちが見つけた割のいい仕事先というのがホーンテッドアトラクション産業だった。数百とは言わないまでも、数十の企業が一年中稼働して、人間や動物の動きをする（全身）フィギュア（たとえばスピリット社のサイトでは、精神科医にして猟奇殺人犯のハンニバル・レクターの話好きロボットが二七九ドル九九セント（約二万八〇〇〇円）で売られている）や身体の部位、クモの巣、墓標といった小道具、マスク付き衣装、効果音、スモッグ発生装置、膨らませることが可能な迷路の壁のような大道具などを製造し、一年に一度トランスワールド（この業界の見本市）にその商品を出展する。さらに、急成長を遂げると同時に金になるハロウィーン絡みの新たな市場に関してはウェブサイトも、雑誌、ハウツーもののビデオ、書籍でも紹介されている。

しかしながら、ホーンテッドアトラクション業界はプロばかりを相手にするばかりでなく、自宅の庭に小規模ながらメイズを作ったり、多額の金を注ぎ込んでデコレーションをおこなったりする（業界語で言う「ソフト・ヤード・ホーント」）家庭内ホーンターにも販売する。町中に知れ渡るようなデコレーションを目指す初期の家庭内ホーントはロサンジェルスで始まった。そこではハリウッドの特殊効果の専門家も、独創的な小道具も身近に存在し、大道具も手に入りやすかった。初期のホーンターで、もっとも知られていたのが特筆すべきコレクター、ボブ・バーンズだ。ハロウィーンになると、彼はサンフェルナンド・ヴァレーの自宅を名作恐怖映画あるいはSF映画（毎年異なっていた）の再現舞台とした。バーンズによる再現の出来栄えは感動を与えるほどで、地元ニュースにも全国ニュースにも流された。一九七六年、バーンズは一九六〇年の映画『タイムマシーン』を庭に再現したが、そのときにはオリジナルのマシーンを使ったばかりか、同映画でプロデューサーを務めたジョージ・パルの訪問さえ受けた。一九七九年の『エイリアン』(映画公開も同年)の再現では『スタートレック』俳優のウォルター・ケニーグを不運の宇宙船の船長に据えた。バーンズの最後のショーは二〇〇二年で、ハワード・ホークス制作の『遊星よりの物体X』(一九五一)が細かな演出で再現された。

南カリフォルニアのもうひとつの有名家庭内ホーント、すなわちステュディオシティのハロウド・ホーンティンググランドでは、ディズニーランドのホーンテッドマンションの影響が見られた。こちらは二〇〇五年まで続けられ、ホーンテッドアトラクションの雑誌、ウェブサイト、ビデオに大きく取り上げられた。この家庭内ホーントでは、まさにホーンテッドマンションの特殊効果を部分的に再現するかのように、ランタンの灯りや、お喋りする頭部、透けて見える幽霊などが、典型的な郊外の家屋の前庭を流れるように動いていくのが見られ、一年でおよそ三〇〇〇人の見物人を集めた。

こうした家庭内ホーントの先駆者たちの一部がリタイアする頃には、商業ベースで製造された特殊効果がどんどん安価となり、それほど意気込んで飾り付けるつもりのない人たちにも簡単に手に入るようになった。こうなると、特殊効果のノウハウを得られやすいハリウッドに住んでいなくても、まったくハンディにはならなくなり、二〇〇〇年代となる頃には、一六九九ドル(約一七万円)出せば、突如喋りまくる食屍鬼に変身する(センサーが感知して作動するようになっている)大理石の墓石さえ買うことができるようになった。家庭内ホーンターの中には、たとえばニューハンプシャー州エクセターのエリック・ラウザーのように、演劇か何かの舞台のようなディスプレイを始めたところ、あまりに評判を呼んだため、付近の道路を封鎖しなければ、何千人もの見物人を整理できないといった事態を起こした者もいた。ラウザーは結局、ある農場にディスプレイを移動させ、現在はその家庭内ホーントをチャリティへの募金集めに活用している。

ホーンテッドアトラクション産業にとっても、ハロウィーンとキリスト教の愛憎関係にとっても、もっとも奇妙な副産物と言えば「地獄の家《ヘルハウス》」だ。キリスト教をテーマとしながらも、幽霊の登場するこのイベントは昔ながらの通り抜けタイプのアトラクションに見せかけつつ、道徳的教えを象徴する場面を提示する。とはいえ、来場者は——典型的ホーンテッドハウスにおいてのように——ひとつひとつの場面に何らかの反応を示すわけではない。ひたすら受身的な観客となって、罪を犯すことが薄気味悪く表現されているひと部屋ひと部屋を進み、最後の部屋では（たいていのヘルハウスで）牧師を交えた祈りの会が催され、牧師から改宗することを勧められる。ヘルハウスが最初に設営されたのは一九七〇年代だと思われるが、大きな注目を集めたのはコロラド州の牧師キーナン・ロバーツが「ヘルハウス業務」キット（二九九ドル（約三万円）で、ヘルハウスの運営方法に関する指示・案内書付き）を売り出してからのことだ。さらに別途料金を払えば、ヘルハウス運営者は「ゲイの結婚式」、「人工妊娠中絶」、「サイバーチック・マルチメディア」（ここでは「インターネットがなり得る可能性のある悪の巣について警告するために当代のターナー・ネットワーク・テレビジョン[37]〈TNT〉が持ち出される）といったシーンも購入できる。今では、毎年、合衆国に数百のヘルハウスが設営され、運営者側によれば改宗率は三五パーセントだという。

　ホーンテッドアトラクション産業と並んで成長しているのがハロウィーン・アトラクション産業で、そこでは現在大人向けホーンティングばかりでなく、トウモロコシ畑メイズやパンプキンパッチなど、農業を意識しつつもファミリーフレンドリーな季節の祝祭にも注目が集まっている。血糊を使って効果と衝撃度を上げるホーンテッドハウスと、そうした効果、衝撃を受け付けない幼い子供たちの間のギャップを埋めるのがこの業界の狙いだ。「農業体験ツアー《アグリツアリズム》」あるいは「農業エンターテインメント／アグリテイメント」、トウモロコシ畑メイズ、パンプキンパッチは子供連れの家族向きで、昔ながらの、

✦カリフォルニア州スタジオシティ、ハロウド・ホーンティング・グランドにディスプレイされた笛吹男、2005年。

秋すなわちハロウィーンといった体験を提供すると同時に、農業従事者には経済的恩恵をもたらす。たとえばトウモロコシ畑メイズは――二エーカー(約八〇〇〇平方メートル)から四〇エーカー(約一六万平方メートル)以上のものまで、カボチャ畑ならどこでも始められるばかりか――同じ畑をトウモロコシの栽培・収穫だけに活用する場合の二〇〇倍もの利益を生む。また、トウモロコシ畑メイズはヨーロッパで古くから伝わる生け垣メイズに起源を持つと思われるが、最近では全地球測位システム(GPS)技術が進歩したことで、メイズのプランニングおよびデザインを専門とする会社が何十社も現れている。あるトウモロコシ畑メイズなど、常に複雑なデザインで(農場のロゴマークから州旗に至るまでどのようにも形作られることができる)切り込み、ハイブリッド種の特別のトウモロコシで作り、入場料金を支払った客に地図を渡す。トウモロコシ畑メイズ、カボチャパッチはたいていの場合、ハロウィーン体験基地となり、そこではフェイスペインティングがおこなわれたり、木工品や食品が展示販売されたり、コンテストが開かれたりし、干し草に乗って遊ぶこともできる。また、日が暮れると、ホーンテッドアトラクションに早変わりし、そこかしこでモンスターが待ち構えるというトウモロコシ畑メイズもある。

パンプキンパッチもカボチャ栽培も最近の農業技術の進歩の恩恵を被っている。合衆国東部の農業従事者は年間最大のカボチャを収穫してコンテストで優勝しようと、ハイブリッド種の特別のカボチャを栽培している。これまでのところ一トンのカボチャというのは実現されていないが、最近では約二〇〇〇ポンド(九〇〇キロ余)近いカボチャを収穫して入賞した人たちが何人かいる。並外れて成長したカボチャはまた、カナダ南東部のノバスコシア州で催されるウィンザー・パンプキン・レガッタといったレースなどで舟としても使われる。そこでは、自力でカボチャ舟を漕いだり、モーターを取り付けたカボチャ舟を操ったりして湖上の指定距離を進む人々の姿が見られる。

科学技術は日進月歩で、ホーント産業も同調しつつ進化を遂げていく。驚くほど素晴らしく、価格

✦カリフォルニア州ミッションヒルズ、フォーネリスファームのパンプキンパッチ。

も手頃となってきたロボットはさておき、今では3Dのテクノロジーが台頭し、メガネを装着してメイズに入った客に――発光性絵の具と黒い光が常時十分すぎるほど使われていることと相まって――歩きながら3D世界を体験させることも可能となった。また、客の存在を感知し、恐怖を作動させるモーション・センサーと赤外線カメラもあれば、ロボットで表現され得る以上にリアルに恐ろしすぎるほどの恐怖を再生するプラズマテレビスクリーンもある。さらには、演技スタッフが頭上を行き来することを可能にするジップライン、アスファルトの表面を引っ掻けば、青い火花を撒き散らすスライドグローブもある。

二一世紀のハロウィーン・トリック

しかし新世紀に入ると、先進技術が不快なハロウィーンの恐怖も生み出した。かつては新聞ダネとなるか口コミで広まった都市伝説が、第四世代移動通信システム上を思考とほぼ同じスピードで広まるようになった。二〇〇一年九月一一日に生じたテロリストによる合衆国への攻撃は、多くの専門家の予測に反して、トリック・オア・トリーター（トリック・オア・トリートをおこなう人たち）の意気を削ぐことはなかったが（それでもこの年、人気を集めたのは警官と消防士のコスチュームだった）、炭疽菌入りキャンディ伝説、友達の友達が――伝説（「友達の友達がアフガニスタン出身の男性と付き合っているのだけれど、その子、九月一一日にもハロウィーンにも飛行機に乗ってはいけないって、その男性から言われたんだって」[38]と伝えるもの）など、いくつか都市伝説を生み出した。また、一九八〇年代半ばから広まりだした伝説で、入ったら最後、生きては出られないか、出口にたどりついて入場料金を払い戻してもらうかのどちらかしかないというホーンテッドハウス伝説というのもあった。二〇〇八年には、インターネット上でハロウィーンに関連して悪意ある噂を流布させたとしてアンドリュー・T・ラザロという名の人物が逮捕された。この男が流したのは、非行グループによる参加儀礼の根も葉もない話で、ハロウィーンの夜、新参者が女子学生と女性に発砲することになっているというものだった。ラザロを探し出す（ポスティングは一〇月三〇日におこなわれていたが、彼の逮捕は一二月一日だった）捜査がおこなわれている間、アフタースクールは特別警戒を敷き、一部のイベントはキャンセルとなった。

仮装もこの数年、問題視されがちな新たな道を歩んできた。問題のひとつはペットにコスチュームを付けさせることだったが、米国ペット製品製造者協会によれば、ハロウィーン用コスチュームは二〇一一年のペット小売業界にあって一番のトレンドのひとつだった[39]という。それでも、ハロウィーンに愛犬、愛猫に海賊の衣装を付けさせることくらい、人間の仮装で生じることと比較すれば、取るに足りないことだった。二〇〇〇年代後半になると、性的刺激となりかねないハロウィーン・コスチューム（とりわけ女性をターゲットにしたもの）が爆発的に売れるようになった。伝統的コスチュームとも言える浮浪者、道化からディズニー作品のヒロイン、さらにはティム・バートン監督・制作の映画『シザーハンズ』の主人公「エドワード・シザーハンズ」まですべて、女性用「セクシー」バージョンが手に入ったのである。社会学者、心理学者、女権拡張論者はこのトレンドの功罪を議論し、「極度の性別化／ハイパーセクシュアライゼーション」との非難の声も上がったが、一部には「脱日常体験」として歓迎する向きもあった。サンフランシスコ州立大学の「性と性的特質に関する研究センター」の理事、デボラ・トールマン博士は、あのようなコスチュームは広告やメディアに見られる過度にセクシーな女性のイメージを女性の側が馬鹿にする方法のひとつかもしれないと示唆し、以下のように語った――「そうよ、ハロウィーンを、あのようなイメージが私たち女性に売られることに問題を投げかけていいスペースだって言えるなら、あれも悪くないアイディアじゃない?」。[40] 一方で、児童心理学者は――(「フレンチ・メイド」のような)セクシーなコスチュームが八歳ほどの幼い女の子にも売られるところから――女児への影響を危惧した。ティーンならびにティーン以下の年齢の子供たちにとってのハロウィーン・コスチュームに関するディスカッションで、精神科医ゲイル・サルツ博士は「研究によれば、女児の過度の性別化《オーバーセクシュアライゼーション》はうつ病や摂食障害と相関関係がある」と指摘した。[41] また、女子のコスチュームは刺激的すぎ、男子は偽物の武器など暴力に結びつく小道具を使いすぎるとして、ハロウィーンの仮装やパーティを禁じる学校も現れた。

さらには、知的障害をめぐる固定観念を増長させるとして、仮装に終止符を打つことを求める団体さえある。二〇〇二年、全米精神障害者家族会(NAMA)は拘束衣《ストレートジャケット》のようなコスチュームの販売およびホーンテッドアトラクションでの電気ショック療法、精神科病院の場面の使用に異議を唱え、全米精神障害者家族会(NAMI)の常任理事リック・バーケルは以下のように述べた――

> 拘束衣の入院患者を模したハロウィーン・コスチュームや精神科病院を模したホーンテッドハウスは、初期の時代に顔を黒く塗った白人によって演じられたミンストレルショー、つまりアフリカ系アメリカ人が残酷なまでにカリカチュアされ、差別され、われわれの社会の縁に追い

やったエンターテインメントと何ら変わりない。[42]

同家族会は首尾よくペプシ社（ジョージア州アトランタにある「ネザーワールド」ならびに「イナー・サンクタム」（「至聖所」の意」のスポンサー企業だった）にネザーワールドのウェブサイトからそのロゴを削除させた。しかしスピリット・ハロウィーンの親会社にあたるスペンサー・ギフツは、いつどこで人生の窮地ってものを見つけたとしても、からかいのタネにし続けるつもりだ[43]と語った。

キリスト教原理主義者の一団は異教的あるいは悪魔的であると見なすものすべての廃止を求め続けていて、何百冊という警告の書、ウェブページを出版公開している。そのような書、ウェブページでは、多くの場合、ヴァランシーを引用することで始まり、さらなる空想的深みに埋没していく。ある本など、サムハイン祭がケルト人によってどのようにおこなわれていたかについて「祝典の一部として、人々はグロテスクな仮面をつけ、悪霊に追われているふりをしつつ、大きな焚火のまわりで踊った」としたり、ジャック・オー・ランタンを「魔女が集会への道を照らす蠟燭をしゃれこうべの中に入れて使っていた名残りかもしれない」[44]と記したりしている。二〇〇九年にはヴァチカンさえも介入し、その公用紙であるオッセルヴァトーレ・ロマーノ紙に「ハロウィーンの危険なメッセージ」と題した記事を掲載した。同記事を書いたジョーン・マリア・カナルズは「ハロウィーンにはオカルティズムの底意があり、どのように見ても反キリスト教的だ」と述べ、父兄は「ハロウィーンの意味を恐しさ、怖さ、死といったものではなく、健康であること、美しくあることに向けるよう努力するべき」であると[45]示唆した。（この件についてかなり否定的な反応が示されると、教会関係者の多くは、ハロウィーンについてヴァチカンが公式声明を発表したわけではなく、あの新聞も独立した編集局から発行されているものであると主張した）[46]。一方で一部の関係者からは、異教的起源を理由にキリスト教徒が祝祭を禁じようとするのであれば、まずクリスマスと復活祭《イースター》から始めるのが妥当ではないかという対抗意見も聞かれた。

ハロウィーンをめぐる宗教的関心は学校にも飛び火した。カリフォルニア州北部地域では、宗教の自由という憲法に記された権利に反するのではないかという危惧から、高校がハロウィーンの祝典を禁じた。「ハロウィーンについては（指針が示す）宗教的信条および慣習について教えることになっています」。ロスアルトス教育委員会の委員長フィル・フェイレースは語った――「それに授業の時間がハロウィーンを祝うために使われてはなりません。復活祭《イースター》や贖罪の日《ヨーム・キップール》［ユダヤ教の大祭］、第九月《ラマダーン》［イスラム教で断食がおこなわれる月］に使われてはいけないのと同じことです」[47]。

一九九〇年代となるまでにハロウィーンに疑いの目を向けていたのは教会と学校だけではなかった。一九九二年、一般的恐怖症《コモン・フォビア》のリストに「サムハイン祭フォビア」（ハロウィーン恐怖症）が加えられるようになった。今では、数十のウェブサイトが名乗りを上げて、このような状況に――プラコフォビア（墓石恐怖症あるいは墓場恐怖症）、アイルラフォビア（猫恐怖症）など、他の恐怖症を伴ったり、関連して生じたりする場合もあるが――上手く対処できると称しているものの、「サムハイン祭フォビア」（ハロウィーン恐怖症）について文書にまとめられた症例は実質的に皆無である。

雇用する立場にある人たちや父兄にもそれぞれにハロウィーンを恐れる理由があった。二〇一〇年までに三人にひとりのアメリカ人がハロウィーン・パーティを開くか、パーティに出席するかのどちらかを計画するようになっていたが、父兄の多くはティーンエージャーの息子や娘、その友人たちのために――ハロウィーンの夜、青少年が危なっかしい行動をとってしまうかもしれないリスクを避けて――型どおり演出されたパーティを好んだ。多くの父兄は今もかなりの時間と費用をかけて子供たちのために飾りつけをしたり、コスチュームを準備したりする。一方、雇用者は従業員の仮装を心配する。つまり過度にセクシーだったり、不快なステレオタイプのイメージを模していたりして、仕事にならなくなることもあるからだ。ある人材管理会社によれば、ハロウィーンの頃になると、アメリカの雇用者は「欠勤者の増加」[48]を目の当たりにしがちだという。従業員がハロウィーン準備のために多くの時間、仕事を離れるからだ（とはいえ、毎年、アメリカの家庭の二五パーセントがトリック・オア・トリート用のキャンディを切らしているとされる）。

ハロウィーンに関する新たな研究は――今や研究対象となっているというこの事実がどれほど完全にハロウィーンが大衆文化の中に受け入れられるようになったかを間違いなく証拠づけるが――心理的圧迫《ストレス》を引き起こす別の理由も示している。エール大学のある研究によれば、バレンタインデーと比較すると、ハロウィーンには出生率が低下する（バレンタインデーには上昇する）とされ、サイコロジー・トゥデー誌のある記事によれば、ハロウィーンは――ネットワークの中でつながっていたいヤングアダルトが社会的プレッシャーを経験するという意味で――「新たな大晦日あるいは新年」[49]とも呼ばれている。現代の都会人にとってハロウィーンの恐怖とは悪霊と来るべき冬ではなく、社会的プレシャーなのである。

二一世紀、ハロウィーンはテロリストによる攻撃にも、停滞する経済にも、悪意ある都市伝説にも、恐怖感をどんどんエスカレートさせるホーンテッドアトラクションにも耐え抜いて、かつてなかったほど大きなものとなった。厳しい予想に反してコスチュームをまとったアメリカの幼児たちは一〇月三一日の宵、依然としてキャンディをせびりにやってくる。一方大人たちはトリック・オア・トリートに加担することも、外出して念入りに演出された(そしてセクシーな)恐怖の夜を楽しむこともできる。民俗学者でハロウィーンの専門家でもあるジャック・サンティーノは以下のようにまとめる——

> 合衆国のハロウィーンは一世紀以上もの間、変化と改変を続けてきた。第二次大戦以前には、それはホームパーティを開いて祝われ、やがて仮面の下で誘惑する儀式と化し、今では大転換をして大々的な大衆祝祭となった。[50]

二一世紀も一〇年を超え、ハロウィーンはまた別のもの——アメリカ製で最新の一大ヒット輸出品——となって、世界中の幸せな消費者をやきもきさせようとしている。

第4章 世界的祝祭

——ラ・トゥーサン（フランス）、アラーハイリゲン（ドイツ）、トゥッティ・イ・サンティ（イタリア）

ハロウィーンは英語圏のほぼ全域で人気を集めた。サムハイン祭が万聖節《オールセインツ・デー》と結びついたアイルランドから、かつての大英帝国、さらには実に熱心なファンの住む北米に至るまでの地域で、二〇〇〇年という歳月をかけて広がり続け、トリック・オア・トリートの発祥地かもしれないカナダでも、孤立しているかのようなマン島でも支持されてきた。それでも英語圏以外の地域では、ハロウィーンはさまざまな受け止めかたをされている。アメリカを離れた人たちは――ホームパーティを開いたり、ナイトクラブのイベントに参加したりという程度だとしても――ハロウィーンを携えて世界中に移住した。しかしここ一〇余年の間は、アメリカのメディア、とりわけ時節にぴったりの映画『ハロウィン』や『ナイトメアー・ビフォア・クリスマス』、さらにはテレビシリーズのハロウィーン編などが企業提携してマクドナルドのような世界規模のチェーン企業からの販売促進を始めたこと、テーマパークが活況シーズンとは言えない秋の収益源を求めたことなどから、ハロウィーンに世界的関心が集まるという新たな波が生まれた。さらには、子供たちにとってのハロウィーンの魅力、つまり仮装とトリック・オア・トリートがハロウィーンに、たとえば大人向けのバレンタインデーのような他の祝祭より、はるかに大きな商業的成功をもたらした。ある民俗学者が注目するように「ハロウィーンは恐怖と子供たちとスイーツという難攻不落の取り合わせの上に成り立っていて、これがなければ退屈で陰鬱になりかねない秋のど真ん中に登場する」[1]。

それでもヨーロッパ大陸の大部分では、アメリカのハロウィーンが人気を集め始めた（というか、場所によっては一度ピークを過ぎ、また下り坂に向かいつつあるところだ）が、そこでは万霊節《オールソウルズ・デー》および万聖節《オールセインツ・デー》が遵守され、祖先の墓を訪れて一一月一日を祝うという伝統が長く生き続けている。カトリック教会が有力である地域では一一月一日は教会に行って死者への追悼ミサにあずからなければならない場合もある（カトリック教会においては万聖節《オールセインツ・デー》も聖日のひとつであり、一九五五年までは当日からの八日間を祈りの日として祝っていた）。アイルランドの悪ふざけ、スコットランドの占い、アメリカのスイーツのおねだりとは対照的に——ハロウィーンが持ち込まれるまでは——ヨーロッパでは一〇月末日から一一月一日にかけては亡くなった人々を偲ぶための静かな時節だった。興味深いことに、ヨーロッパの多くの地域で、ハロウィーンは万聖節《オールセインツ・デー》とはまったく別のものと見なされているばかりか、まったく関係ないとさえ思われているようだ。

ハロウィーンは、実のところ、名を変えたサムハイン祭にすぎないとする見方が大衆文化の中に広く行き渡っていて、書籍、さまざまな記事、ウェブサイトでは焚火、悪ふざけからトリック・オア・トリートに至るまで、すべてをケルト人に起源があるとされている。ハロウィーンの歴史に関

✦手持ち花火でハロウィーンを祝うウエストヨークシャーの四人のお祭り参加者。

するあるウェブサイトでは、仮装の起源を、古代ケルト人が「食屍鬼に扮して悪霊を騙し、一〇月三一日に解き放った」[2]ところにあるとしている。スウェーデン向けのこの公式サイトは仮装、トリック・オア・トリートだけでなく、ジャック・オー・ランタン作りについてもその起源をサムハイン祭に求める。[3]オランダ人は歴史を書き換えてまで、ハロウィーンの存在証明を主張しようとし、「ケルト人はオランダでハロウィーンをすでに祝っていた」とする。[4]オーストリアの民俗学者、故エディッタ・ヘルナンダーは、ケルト人のひとつの過去をハロウィーンとして言及して利用する立場は、メディアによって使われたある種のレッテルとしてヨーロッパに持ち込まれたものであり、そのようなレッテルは歴史についての誤った連続感と遠いひとつの過去との誤った関係性を受け入れ側に植え付けるものであると見なした。[5]このような「ブランド化」を考慮すれば、ヨーロッパにあってハロウィーン(異教の祝祭)が——その名前の意味に関係なく——万聖節《オールセインツ・デー》、万霊節《オールソウルズ・デー》といったキリスト教の祝祭から完全に別のものとして受け止められていることの説明もつくのかもしれない。

ヨーロッパでの文化《カルチャー・クラッシュ》のせめぎ合い

ヨーロッパ地域の中で一一月一日、二日の風習がアメリカに到達する以前の英語圏のハロウィーンに酷似していた地域はブルターニュ、すなわちフランス北西部の大きな半島地域だ。これはそれほど驚くべきことではない。というのもブルターニュは(コーンウォール、アイルランド、スコットランド、ウェールズ、マン島と並んで)六つのケルト人国家のひとつと見なされているからである。この地域の多くで今も話されているブルトン語はケルト語派に属する言語であり、ウェールズ語、コーンウォール語などと起源を同じくする。また、この地域の民間伝承の中にサムハイン祭（アイルランド系ケルト人固有の祝祭だったと思われる）についての言及は一切ないが、万聖節《オールセインツ・デー》、万霊節《オールソウルズ・デー》（とくにこちら）をめぐっては、薄気味悪い幽霊の伝説が山のように存在する。一九〇〇年となった頃でも――旅行作家たちがブルターニュは依然「中世的」であると記したように――ブルトン人は死者の日《ル・ジュール・ド・モール》には死者が帰ってくると信じていた。万霊節《オールソウルズ・デー》前夜、漁師が漁に出ることは、海で亡くなったままの人たち（きちんと埋葬されることを切望して陸への帰り道を探している人たち）の霊に船を乗っ取られるかもしれない危険を冒すことであり、この夜、浜辺にいる人々の耳には海に消えた人々がその名にかけて祈ってほしいと求める声が聞こえたという。たとえばブルターニュのカルナックでは――

農民たちは（中略）信じるところによれば、万霊節《オールソウルズ・デー》の夜、教会では不思議なことに灯りが勝手にともり、墓場では墓石が死者を解き放つ。放たれた死者たちは教会へと道をたどり、説教壇では死神が、無数に集まってひざまずく骸骨をまえに、言葉にも声にもならない説教を垂れる。(6)

ブルターニュのほぼ全域で、万霊節《オールソウルズ・デー》は、真夜中に戻ってくると考えられていた死者を厳かに追悼するためのものだった。家族は昼間、教会に行って祈りを捧げ、教会では「ブラックヴェスパー」（黒いドレープのかかった棺台のまわりで唱えられる勤行）がローマカトリックの典礼に則っておこなわれた。全教区民が墓場を訪れ、墓は司祭によって祝福された。夜には、死者のために伝統的なパンケーキ、サイダーなどが外に供えられ、死者が暖まることができるように炉辺の火（「死者の丸太」を中心に組まれた）は落とさずそのままにされた。また、万霊節《オールソウルズ・デー》には、ブルトン人は早めに家に引きこもって外出を控えた。さまよっている霊が道に溢れているからだった。それでも敢えて外出の必要がある場合には、どれほど小さくても（指ぬきでも針一本でも）仕事道具をポケットに忍ばせて出かけることで悪霊から身を守ろうとした。

かつてのブルターニュでは、墓場は人生の大切な一部であり、墓場ではランテルヌ・デ・モールが目を引いた。七〜一〇メートルほどの風変わりなこの石塔の最上部にはランタンを灯すこともでき、一二世紀から一四世紀にかけてフランスの墓地の多くに建てられた。ブルターニュにあっては、このようなランタンが万霊節《オールソウルズ・デー》前夜一晩中、灯され続けた。

ブルターニュに伝わる「有角の天使の息子」ウィルヘルム（あるいはヤン）・ポスティクにまつわる物語は以下のように教訓を残している――教会も行かず、母親や妹、妻が亡くなっても嘆きもしなかったウィルヘルムが万霊節《オールソウルズ・デー》前夜、酔っぱらい、近道をしようと、愚かしくも、死者の通りとして知られている道に入っていく。すると、ブルターニュの死神《グリム・リーパー》である「アンクー」が御する黒く大きな馬車に出会う。死神《グリム・リーパー》からは逃れたものの、ウィルヘルムは次にシーツを捩じって絞っている洗濯女たちに出くわす。洗濯女たちの中に亡くなった母、姉、妻の姿を認めるが、ウィルヘルムが抵抗するより早く、彼女たちはウィルヘルムをシーツにくるんでしまう。翌朝、ウィルヘルムは死体となって発見された。神聖な灯りがそばで燃えていなかったから、ウィルヘルムは呪われた、彼の死体を見つけた人々はそう思った。

ブルターニュに古くから伝わるものの中では音楽も異彩を放った。万霊節《オールソウルズ・デー》の昼間は長々しい「聖歌」が歌われ、夜には「死の聖歌隊《デス・シンガーズ》」が家々をまわって眠っている人たちを起こし、死者のために祈ることを懇願した。

ブルターニュを超え、フランスでは一一月一日に墓を訪れることで、死者の日《トゥーサン》が祝われてきたが、一〇月三一日の祝祭としてのハロウィーンが広く受け入れられたためしはない。フランス人の八三〜八八パーセントがカトリック信者だと言われるから、フランスでは万聖節《オールセインツ・デー》がそのカトリック的性質の多くを失うことなく、墓地を訪れ、墓を飾るという伝統のままに祝われる。[7] 選ばれる花は菊《クリサンセマム》で、実際のところ、この花は死者の日《トゥーサン》とあまりに強く結びつくため、死者の日《トゥーサン》以外の機会に誰かに贈られることはまずない。死者の日《トゥーサン》はフランス全土で公休日であり、墓地周辺の道路はびっしり渋滞し、有名なパリのペール・ラシェーズ墓地など何万人もの人たちが訪れるとされる。

一八六八年一一月二日にはモンマルトルで万聖節《オールセインツ・デー》が政治的なものとなった。その一七年前に亡くなった人民の代表アルフォンス・ボーダンの墓石を探して数千人の人が墓地になだれ込んだ。ボーダンの墓石は一七年間、わからないとされてきたが、帝政に対する怒りは最高潮にあり、ついに墓石の場所が突き止められた。トキワバナ《イモーテル》で覆った墓石を演説台に、革命運動を支持して熱い演説がおこなわれ、一部の参加者が警察と衝突した。この出来事をきっかけに一部のリベラルな新聞はボーダン記念碑を求めたが、結果は、新聞編集者が政府によって罰金を課されただけだった。

ハロウィーンについてフランスで言及されたことの中で、もっとも奇妙なものは一八三六年のオノレ・ド・バルザックによる一作『瞼のない目の物語（The Story of the Lidless Eye）』だ。この作品はバーンズをパロディー化し、「キャシリス」(ハロウィーンの日のキャシリスの丘から始まるバーンズの詩を直接踏まえていることは間違いない)を舞台としている。バルザックはハロウィーンの多くの基本的事実を誤認しているが、彼がほんとうにハロウィーンの事実、そして死者の日《トゥーサン》との関わりを知らなかったのか、バーンズを馬鹿にする意図が働いたのかは定かでない。物語の冒頭近くには「ハロウィーンの何たるかを君が知らないことに疑いの余地はない」と始まる一節があり、バルザックは「それは妖精たちの夜で、八月の半ばに催されるのだ」と続ける。さらにはサー・ウォルター・スコットを「スコットランドの百姓」としたり、「幽霊」、「褐色の人たち」、「浮かれ者たち」のハロウィーンのどんちゃん騒ぎについて記したりしている。[8]

一九八〇年代半ば、初めてハロウィーンがフランス文化にほんの少し入り込むと、その一〇年後には、マクドナルドなどの企業がフランス国内でハロウィーンをテーマに販売キャンペーンを展開した。パリ・ディズニーランドはそのメインストリート・アトラクションに「幽霊街《スプークストリート》」と銘打って新たなデコレーションを施した。マーケットにはカボチャが登場し、パン屋、チョコレート製造販売店にはハロウィーン用のスイーツが並んだ。一九九六年には、フランス中部の町リモージュでパレードが始められ、三万人の見物客を集め、数々の仮装パーティ、コンテストが催された。

しかし二〇〇二年までにすべてが変わり始めた。「合衆国による文化支配と見なされるものから国を守ることに懸命になっている[9]」と言われることの多いこの国にあって、ハロウィーンは——ディズニー、マクドナルドといったアメリカ企業を大きな後ろ盾として入ったために——(どちらかと言えば)失敗作に近い輸入品となっていった。フランスにおけるハロウィーン・ビジネスは二一世紀になると、大きく落ち込み、二〇〇六年にはフランスにおけるハロウィーンは死んだとさえ言われた。ルモンド紙、ル・パリジャン紙などはフランスにおいてハロウィーンは「ほぼ大部分葬り去られた」とし、これを報じたフォーブスのサイトはこの失敗の原因として「販売不振と反アメリカ主義」を挙げていた。[10]

それでもベルギーでは、ハロウィーンは温かく受け入れられた。そこでは、万聖節《オールセインツ・デー》（アラーハイリゲン・ダッフ）は墓地を訪れて蠟燭に火を灯すことで、万霊節《オールソウルズ》は特別のケーキを食べる（ケーキの一口一口が誰かの魂を煉獄から救うと信じられていた）ことで祝われていた。貧しい家の子供たちは家の軒先に、聖母の絵をのせたテーブルを出して、通りがかった人たちにケーキを求めるよう教えられた。

二〇世紀初頭にはベルギーでは独自の万聖節《オールセインツ・デー》伝説がまとめられていると、訪れた数名によってレポートされた――

ベルギーの農夫たちによれば、万霊節《オールソウルズ》前夜には心穏やかでない霊が日没後一時間、墓から解放されるという。罪を許してもらえなかった人々、暴力で命を落とした人々が――罪を背負ったまま、あるいは死んでいくときにいだいた憎しみや恐怖、苦悩や願望を苦しい胸の内にとどめたまま――闇の中から現れ、通行人に話しかけ、その無念を晴らしてほしいと訴えたり、その愛する人たちの近況を聞かせてほしいと懇願したりする。そして束の間の一時間が過ぎると、また夕闇の中に戻っていく。[11]

この三年というもの、ベルギーへのハロウィーン輸出は活況を呈していて、今では、人里離れた村でも――村によっては、当日はもちろん、ハロウィーン前後一週間にわたって続けられるようだが――トリック・オア・トリートがおこなわれている。ベルギーにおけるハロウィーン人気は、ひとつにはブリュッセル近くに位置する人気のアミューズメントパーク、ワリビ・ベルギーの後押しに負うところが大きい。二〇〇七年ワリビ・ベルギーは「恐怖の夜《フライト・ナイツ》」を企画し、あっという間に記録的な数の観客を動員した。ワリビ・ベルギーは通常のアトラクションをハロウィーンに関連するものに変え、メイズとスケアゾーンを追加した。ベルギーのホーンテッドアトラクションとアメリカのホーンテッドアトラクションには大きな違いがひとつあって、演技スタッフが来場者に接する距離がまったく異なる。ワリビ・ベルギーのモンスターにはパーソナルスペース問題［人が対象に対してとる物理的空間の問題］がないらしく、そこでは、モンスターが頻繁に来場者に触れたり、狭いところに押しやったりして立ち去らせまいとする。

北欧の国々でのハロウィーンは――小売り業界、テーマパーク、映画やテレビドラマが日常的に結びついてきたおかげで――最近、人気を集め、スウェーデン向け公式サイトでも言及されているように「深まる闇の中の歓迎されるべき気晴らし」[12]として楽しまれてもいる。こうした国々では、万聖節《オールセインツ・デー》（夜、墓場に灯りをともして祝われる）も、マルティヌス祭も祝われ、オランダでは子供たちが一一日前にトリック・オア・トリートをおこなったばかりであっても、お菓子をねだってまわる。スウェーデン国教会はハロウィーンを万聖節《オールセインツ・デー》のさらなる普及手段として利用さえしてハロウィーン・ファンの児童たちにその翌日のことを教えている。

色が明るいオレンジ色で、皮が細工しやすいこと、さらには晩秋に熟することなど、カボチャの魅力はほぼ全世界共通らしく、スカンジナビアの国々においても、カボチャはハロウィーンの催しのいくつかを支えている。たとえばスウェーデン南東岸のエーランド島ではハロウィーンのカボチャがその経済の重要な一部を担っていて、毎年九月末にかけて収穫フェスティヴァルが開かれ、パンプキンマン（カボチャ頭の大きな収穫フィギュア）が作られる。スウェーデンの夏の日照時間は一八時間あり、陽光を好むカボチャの作付けにはうってつけで、エーランド島ではコンテストでしか利用されないジャイアントパンプキンを含めて四〇もの品種が栽培されている。カボチャはまた、他の作物と輪作され、有機栽培を誇りとするスウェーデンの農業従事者は地元の家畜の排せつ物から作られる堆肥を肥料として使っている。

デンマークでは、有名なアミューズメントパーク、チボリ公園が一〇月の半ばにハロウィーンの祝典なるものを仕掛け、二〇〇六年以降、記録的な人数の観客を集め、「デンマーク一大きいカボチャ」と一万五〇〇〇個以上のカボチャでのディスプレイを誇ってきた。「チボリでハロウィーン」は子供連れの家族向けのエンターテイメントで、収穫祭や子供たちのための催しが繰り広げられる。興味深いことに、デンマークにおけるハロウィーンは――学校の既存の秋休みに合わせるためだと思われるが――一〇月三一日前の一週間に祝われる。

ドイツでは、人口の四分の一弱の人々がローマカトリックの信者で万聖節《オールセインツ・デー》も万霊節《オールソウルズ・デー》も祝われてきたが現在、ハロウィーンも温かく受け入れられている。万聖節《オールセインツ・デー》（アラーハイリゲン）は「ゼーレンリヒター」と呼ばれる特別の蠟燭を一晩中灯して祝われ、万霊節《オールソウルズ・デー》（アラーゼーレン）は「魂の夜」（ゼーレンナハト）と呼ばれる八日間の始まりの日で、その八日間は慈善行為と贖罪行為のための期間でもあった。

✦スウェーデンのトリック・オア・トリーター。

万霊節《オールソウルズ・デー》（アラーゼーレン）には「ゼーレンブロート」あるいは「アラーハイリゲン・シュトリーツ」と呼ばれる特別なパン（生地を三つ編みのように編んで作られた甘いパンで、ポピーシードが散らされていることもある）が今も配られる。万霊節《オールソウルズ・デー》（アラーゼーレン）には古くからまつわる迷信も多く、たとえば、この夜、鍋を熱いままにしておいたり、包丁の刃を上に向けたままにしておいたりすることはなかった。さまよっている霊が怪我をするといけないからで、万一怪我をしたときのために油脂やバターの入ったボウルを並べておくこともあった。また、この晩、教会の周囲を三度まわっておくと、望みが叶うことが約束されるとされたり、この夜、独身女性が外出し、最初に出会った男性に名を尋ねると、そこで返ってきた名が将来の伴侶の名前だとされたりもした。

万聖節《オールセインツ・デー》は伝統的に墓地を訪ねることで祝われたが、ドイツにおいては、墓地を訪れることができない人たちのために哀悼者が雇われた時代もあった。以下は一八九二年にミュンヘンで記されたものだが、これを読むと、その慣習が必ずしも好意的に受け止められていたわけではなかったことがうかがえる――

万聖節《オールセインツ・デー》の朝、集まった家族は亡くなった人たちが眠る場所で互いに挨拶を交わし、墓を飾り、故人を称え、信仰深く希望をもって祈ったり、悲しい思い出に涙したりする。そこに悲嘆の気配はほとんどなく、光輝く生命があたりを支配する。そこでは草花が美しく咲き、イトスギ、シダレヤナギが静かな音を立てて風に揺れる。このとき、われわれに死の冷たさ、あるいはわれわれが恐れる薄闇を思い起させるものがあるとすれば、それは墓場番をする生気のない雇いの男や女だ。彼らは埋葬場所のわきに立ち、灯りや花の番をしながら、機械的にロザリオの祈りを繰り返す。威厳あるあたりの光景を不機嫌そうに冷めた目で見つめ、夕刻を待ちわびる。夕刻になれば、約束の報酬が手に入る。夕方にはこのような不快な輩は墓地を去るが、花も灯りも持ち帰っていく。そして祝祭は幕となる。[13]

ハロウィーンがアメリカの祝祭っぽくなっていくのは比較的最近で、一九七五年にブライアン・ヒルという名のアメリカ人兵士がパーティを企画し、米軍放送網を通じてそれを告知し、五〇〇〇人のお祭り好きを集めたとき、本格的にアメリカナイズされ始めたと思われる。パーティはダルムシュタットの南に少し離れたあるフランケンシュタイン城（かつて実際に使われた一〇〇〇年まえの要塞）で開かれ、第一回のパーティの成功を受けて、毎年催されるようになった。一九九一年には、建物の傷みが懸念されるなか、パーティの規模を元に戻し、三つの週末に分けて開催することで客を分散した。フランケンシュタイン城でのハロウィーンは現在も催され、毎年一万五〇〇〇人ほどの客を集める。そこではショーがおこなわれ、テーマ別のエリア、子供たちのための時間も設けられ、八〇名の演劇スタッフがコスチューム姿で登場する。

ハロウィーンは一方で、テレビドラマや映画、テーマパーク、小売り業界のルートからもドイツに入った。ジョン・カーペンター監督による『ハロウィン』、ティム・バートン制作の『ナイトメアー・ビフォア・クリスマス』などの映画は人気を博したが、何よりハロウィーン人気の押し上げに貢献したのは、ドイツに入ってきたアメリカの(一話完結形式の)テレビドラマで、そこではこの祝祭が当たり前のように取り上げられていた。二〇〇九年の時点ですでにハロウィーンはドイツの若い世代の文化的な核(それゆえアイデンティティ)の一部となっている。[14]

ドイツはまた、一〇月三一日のもうひとつの祝典すなわち宗教改革記念日(マルティン・ルターが一五一七年に「九五箇条の論題」を発表し、宗教改革が始まったことを記念する)を祝うふたつの国のひとつでもある。ドイツでは五州がこの日を公休日と定めているだけだが、スロヴェニアでは一〇月三一日は国民の休日となっている。対照的にスロヴェニアでは——万聖節《オールセインツ・デー》も国民の休日だが——ハロウィーンはあまり受け入れられそうにない。スロヴェニアのメディアは、同国でハロウィーンが蔑まれるのは、主として反米感情のせいだと示唆するが、この国では、宗教改革の日という国家的祝典がすり替えられてしまうようなリスクは負いたくないということなのだろう。

東ヨーロッパでは、ハロウィーンはまだあまり浸透していない。ひとつには万聖節《オールセインツ・デー》の慣習が深く根づいているからであり、ひとつには意外な文化的要素が作用しているからだ。たとえば明るいオレンジ色のカボチャはヨーロッパの他の地域では、ハロウィーンが広まっていく一助となったが、ウクライナではカボチャ（ウクライナ語で「ハーバス」）にはすでに独自の意味があって、古くから、女性からの求婚拒否を象徴するものだった。この伝統は薄れつつあるが、その否定的意味合いは東ヨーロッパでは維持されたままで、たとえば「その件に関して、あなたにカボチャをお渡ししなければなりません」などと言って取引を拒んだりする。[15]

ポーランドでは、万聖節《オールセインツ・デー》（ジェイン・フシストゥキフ・シフィエンティフ）は国民の休日であり、墓地を訪れる人の数が毎年一一月一日の交通事故数の増加に反映されている。地元商店は専用の墓標洗剤を売り、人々は墓のわきでズニチュと呼ばれる特別の蠟燭に火を灯す。ラジオ放送は亡くなった音楽家、アーティストの作品を特集し、ポーランド人作家、芸術家もこの日を使って老朽化した記念碑や墓地を修復し、後世に伝えていくための募金を集める。また一一月一日には、悪名高きナチスの集中キャンプ、アウシュヴィッツ第一収容所を訪れ、そこで亡くなったポーランド人に思いを馳せ、その墓ばかりでなく、キャンプに続く鉄道の線路にさえ、多くの花や蠟燭を供える。

一部では、万聖節《オールセインツ・デー》を支持するポーランド人聖職者は容易にはハロウィーンを受け入れないと言われている。実際、アメリカ人教師がハロウィーンについて学童に説明を試みたところ、怒った父兄が「私たちはそのような祝日を祝ったりしません」[16]と声高に言い残して子供たちを教室から連れ出したという。歴史家アレン・ポールによれば、「ハロウィーンが醸し出すムード、つまり騒々しさ、節度のなさがポーランドの万聖節《オールセインツ・デー》の伝統によって培われた強いナショナリズムに太刀打ちできるはずがない、何しろこの日は、第二次世界大戦中の侵略に消えていった命を追悼する日であり、共産主義体制下で経験した長い苦しみを後世に伝える日なのだから」[17]とされている。

それでも東ヨーロッパにも、ハロウィーンの一部が自分たちのものであると主張する国がひとつだけ存在する――かつてのトランシルヴァニアを含むルーマニアだ。ブラム・ストーカーの恐怖小説『ドラキュラ』はイコンとしてのコウモリ人気をハロウィーンに贈ったと言えるが、ギフトはそれだけではなかった。『ドラキュラ』によってトランシルヴァニアはすべての超自然的なものの象徴する地として不滅のものとなり、地元ルーマニアの人たちもヴァンパイア伯爵の物語を――それがもたらす観光ドルとともに――受け入れた。現在、トランシルヴァニアでのハロウィーン・ツアーは、小説の冒頭の舞台ボルゴ峠、ブラン城（ドラキュラ城の呼び名もある）、ヴラド・ツェペシュの生誕の地シギショアラを巡るのが通常コースだ。一五世紀のワラキア公国の次男として生まれ、「串刺し王」としても知られるヴラド・ツェペシュの名ドラキュラ（「竜公ドラクルの息子」の意）こそ、ストーカーにヴァンパイア誕生を喚起させたものだった。

スペインでは、万聖節《オールセインツ・デー》（ディア・デ・トドス・ロス・サントス）はヨーロッパのカトリックの国や地域のほとんどで見い出されるのと同じ伝統で祝われている。つまり午前中、家族で教会を訪れ、そのあと墓地に向かい、そこで亡くなった人々の墓標をきれいにしたり花を手向けたりするのである。多くの場合、黒塗りの高価な真鍮製ランプが使用されるが、最初の火は一一月一日の日中に灯され、祝祭が終わるまでそのままにされる。一九世紀の旅行ガイドには、万聖節《オールセインツ・デー》に墓地を訪れるのは宗教的慣習というよりは「ファッショナブルなお出かけ」であり、物売りや物乞いも多く集まるとされている。[18]祝祭は三日間続けられ、その間――墓地を毎日訪れられるよう――商店もすべて休業する。

カタロニアの万聖節《オールセインツ・デー》はつい最近までかなりマイナーな祝祭で、主に季節の食べ物——栗、サツマイモ、パナジェッツと呼ばれる特別のケーキ——で祝われていた。スペインからの移民も——万聖節《オールセインツ・デー》に墓地を訪れることなど——多少は自分たちの伝統を持ち込んだが、カタロニアの大部分は世俗的で、一〇月三一日は秋を意識する日としての役割のほうを多く果たした。それでもハロウィーンは——万聖節《オールセインツ・デー》という厳かな祝祭とは明らかに異なり——小売り業界と学校を通して広まり、人気を集め始めている。カタロニア人社会学者サルバドール・カルダスは、ハロウィーン人気は多数のイスラム教徒を含め、移民の数とその多様性と連動して高まってきていると主張し、「ハロウィーンは完全に世俗化された形で、つまり仮装で人をあっと言わせるための、ただの祭りとして私たちの国に入った」[19]とする。

スペイン北部では多くの地域でアメリカ風トリック・オア・トリートの慣習が受け入れられていて、今ではハロウィーンの夜、仮装をした子供たちが通りをパレードする姿が見かけられる。ただアメリカのトリック・オア・トリートとスペインのトリック・オア・トリートには違いがあって、スペインでは、子供たちは商店やレストランは訪ねるが、個人の家庭にねだりに行ったりはしない。

カタロニアで人気の連続ホームコメディ「プラッツ・ブルッツ」（最初は一九九九年から二〇〇二年まで放映された）の中に「アイヴ・ガット・チェスナッツ」（「僕には栗が……」）とタイトルされた一話がある。そこでは、カタロニアの万聖節《オールセインツ・デー》の伝統的慣習と西洋風ハロウィーンの対立が描かれていて、[20]登場人物のひとりロペス（古いタイプのカタロニア人）は祝祭のためにパナジェッツを準備し、現代風祝祭に興味のあるルームメートのダヴィドはハロウィーンのためにヴァンパイアに仮装し、カボチャでランタンを作っている。ロペスは、アメリカ風ハロウィーンは「帝国主義的」だと不平をもらすが、彼自身の伝統的な祝いかたへのこだわりも笑いのタネとなっている。

イタリアは、ローマ教皇庁の所在地かつ万聖節《オールセインツ・デー》発祥の地であるとして、ケルト人のアイルランドと同じくらい、ハロウィーンの故郷と見なされていいと考えられるが、そこには万聖節《オールセインツ・デー》（オンニッサンティあるいはトゥッティ・イ・サンティ）と万霊節《オールソウルズ・デー》（イル・ジョルノ・ディ・モルティ）との長いロマンスがあり、ハロウィーンはその隙間に迎え入れられ始めたばかりだ。ローマのパンテオンは紀元後六〇九年に万聖節《オールセインツ・デー》が創始されるための役割をなしたが、現在でもそこで万聖節《オールセインツ・デー》のための特別ミサがオーケストラを交えておこなわれる。イタリアにはまた一一月一日、二日の両日に墓地を訪ねる慣習があり、これについても長くて（奇妙に思われるかもしれない）歴史がある。一八八八年、サタデーレビュー紙は万聖節《オールセインツ・デー》にナポリでおこなわれていることについて掲載し、墓地を訪れることが「お楽しみパーティになり下がっており」、訪れる人々は往路こそ節度を守って素面でも、復路となると道端に立ち並ぶパブに何度も立ち寄っていくと苦言を呈した。さらに同記事は、万聖節《オールセインツ・デー》を祝うラベッロ「イタリア南部の町」の教会についても「祭壇のまえに前世紀のある時代の宮廷服を着た（中略）不快な人形を置き」[21]と記している。この記者も認めていることだが、その人形が本物のミイラだったのか、よくできたマネキン人形だったのかは、入念に確認されたわけではないため、定かではない。

一九世紀のイタリアの教会（ラ・モルテ、サンタ・マリア・イン・トラステヴェレを含む）の一部は、万聖節《オールセインツ・デー》に聖人の生涯の場面を劇のように再現することで有名で、本物かと思われるような蠟人形をさまざまな人物として登場させた。一八六八年にはサンジョヴァンニの墓場が聖人カミロ・デ・レリスを中心にペストの場面を、すなわち「疫病に感染した人々の集団（中略）喘ぐ女たち、瀕死の状態で苦しむ子供たち、顔中に紫色の斑点があらわれていたり、口から泡をふいていたりする男たちに囲まれる」[22]カミロ・デ・レリスを再現した。それでもリアリズムの極みと言えるのは一八二三年、サンスピリト病院の墓地に再現された一場面だった。そこには、天国に向けて角笛を吹く天使の蠟人形のまわりに、当時病院で亡くなったばかりの人々の死体が環状に安置されていたのである。衝撃度を考えれば、二一世紀の最高水準のテクニックを駆使したホーンテッドアトラクションでさえ、足元にも及ばないと思われる。

ブルターニュなどにおいてと同様、万聖節《オールセインツ・デー》および万霊節《オールソウルズ・デー》前夜には、訪ねてくる霊のために食べ物を外に出しておくのが一般的だった。サレルノでは、家族は食事をたっぷり外に出しておいてから教会に出かける習慣が一五世紀まで残っていて、食べ残しがあれば、凶兆だと信じられていた。言うまでもないことであり、驚くにもあたらないが、この風習は多数の泥棒を町に引き寄せた。

イタリアの季節的な食べ物の中でもっとも興味深いのは砂糖とアーモンドで作られたスイーツで、ソラマメの形をしたファーヴェ・デイ・モルティだ。ソラマメが古代ローマのレムリア祭の最後の夜、霊を追い払うために家のまわりに撒かれた豆であることは間違いなく、レムリア祭の最後の夜とは五月一三日すなわち本来、万聖節《オールセインツ・デー》として取り決められた日のことである。

一一月一日の夜は食べ物が乞われる夜でもあった。とはいえ、子供たちが乞うのではなく、教区の牧師が家々をまわって食べ物を求め、その夜のうちに同僚の牧師たちと分け合った。それでもシチリア島の言い伝えには、はっきり子供たちが登場する。そこでは、一一月一日の夜には死者が墓場を出

✦「謝肉祭(カルネヴァーレ)」、『ローマ 古代と現代』(パリ、1865年)より。

て、家に帰って良い子の靴下に玩具、お菓子を入れると信じられていた。子供たちは、その晩遅くまで寝ずにいて、動きまわる死者を見ようなどとしてはいけないと言い含められた。そんなことをしても、何ももらえず、冷たい指先で霊に触られたり、くすぐられたりするだけだと。

ファーヴェ・デイ・モルティは現在もイタリアで一一月一日に作られ食されるが、墓地を訪れる習慣はなくなってきていると言われる。それでもハロウィーンはイタリアに居場所を見つけつつあり、その道筋の多くは、他のヨーロッパ地域での道筋と似通っている。イタリアでは、ハロウィーンが「魔女たちの夜《ラ・ノッテ・デッレ・ストレーゲ》」と称されることがあって、カボチャ、トリック・オア・トリートとともに徐々に人気が高くなってきている。ヴェニスのような都市部では凝った仮装にも長い歴史があり、報じられるところによれば、ハロウィーンはその祝典規模から言っても謝肉祭《カルネヴァーレ》と肩を並べつつあるという。またイタリアの一部の都市はハロウィーンの日に旅行者が目指す観光地ともなっていて、八〇〇〇体のミイラが安置されているカプチン会の地下埋葬地で有名なパレルモなどその好例だ。

ロシアでの討論合戦《ディベート》

ロシアでのハロウィーンの居心地はよろしくない。そのようなものが流行る一方で、この国で培われてきた祝祭は廃れる一方ではないかと、一部から声高に懸念が表明されたが、そうした懸念をよそに、一九九〇年代以来ハロウィーン人気は急速に高まっている。ハロウィーンを最初にロシアに持ち込んだのはアメリカ人英語教師たちで、彼らはほどなくそれが生徒たちに好まれることに気づいた。ある教師など、ハロウィーンを利用し、クラスの劣等生に対しておふざけの絞首刑までやってのけ、当然ながら、一部父兄からの非難を浴びた。二〇〇三年にはモスクワの教育省がハロウィーンにまつわる活動を学校内でおこなうことを非難する声明を出したが、学校では、この非難に応じた対応をとるか、引き続きハロウィーンを祝うかで意見が割れた。二〇〇六年のインタビューの中で、ロシア正教会の司祭ミハイル・プロコペンコはハロウィーンを国家主義者かつ宗教人名士の立場で非難した。「ロシアにおいて、ハロウィーンの祝祭がかなり人気を集めている。この事実からわかるのは、外国の祝日を借用することについて、われわれはもっと注意を払うべきであるということだ」と指摘し、また借用してもいないうちから「若者たちはヴァンパイアになったりモンスターになったりで、実生活でもモンスター的資質が発揮できるものと勘違いさせられていく」[23]と続けた。記録に残るハロウィーン批判の中でも、もっとも奇妙なもののひとつと思われるコメントだ。

行政の側からも宗教界からも認めてはもらえなかったが、二〇一〇年になる頃には、ロシアのハロウィーンは「分裂増殖のような成長」だと言われた。(24) 今なお、とりわけヤングアダルトの間でその人気は維持され、一〇月三一日にナイトクラブで催されるイベントはいつも完売となる。一部には、ロシアを意識したコスチュームを身につけることを客に促したり、伝統的なロシア料理や飲み物を出したりしてハロウィーンの「ロシア化」を試みるクラブもある。それでも――ほとんどの客からアメリカ風ハロウィーンより、ロシアっぽいものが求められる一方で――ヴァンパイア、魔女、ゾンビが至るところに出没するのが現状だ。

ロシアでハロウィーンが流行している理由のひとつは、それが個人レベルでの芸術表現の一手段であると見なされている点にあるのかもしれない。たとえばモスクワ・ボディアート学校では、ハロウィーンの祝祭に参加し、その潜在性を今後の自分に益するものとして捉えるよう、学生たちを指導する。この学校のメーキャップ・アーティストのひとりは言う――「ハロウィーンは最初から単なる祝日以上のものだった。刺激をくれるから、みんな自分でコスチュームを作るようになった。ある意味あれもアート、素晴らしいわ(25)」。

中東地域での放縦《デカダンス》

原理的に言えば、中東地域でハロウィーンが見い出されてはならない。ユダヤ教、イスラム教など中東地域の宗教は全般に西洋の祝典など認めないし、中東地域の政府も同様だ。

それでもだからと言って、この地域にハロウィーンが存在しないかと言うと、そういうわけでもなく、また、コミュニティの小さな集会でごく少数のアメリカ人によってしか祝典が催されないというわけでもない。ウィキリークスに投稿された文書の中に、ある合衆国外交官がサウジアラビアのトップレベルの社交界で二〇〇九年に開かれたハロウィーン・パーティの詳細を伝えたものがある。主催したのはロイヤル・ファミリーの一員で、アルコール（地元で作られる密造酒サディキ）が出されるなど、イスラム教のタブーの多くが破られた。このパーティには一五〇名の若いサウジアラビア人が出席し、女性のほぼ全員が仮装していたとされる。（26）

イスラエルでも、基本的にハロウィーンはあり得ない。そこではピューリム祭（ハロウィーンにも似た楽しい祭事で、子供たちには仮装の機会となる）が祝われる。この祝祭は、紀元前にユダヤの人々が虐殺を逃れたという故事にちなむもので、子供たちの仮装の機会となる点を除けばあとは同じではない。それにもかかわらず、二〇〇八年、当時大統領候補だったジョン・マッケイン上院議員は、空爆から避難するのに要する時間に言及して「ここで彼ら流のハロウィーンをおこなうと、彼ら「イスラエルの子供たち」は発射から一五秒で避難しなければならないところにいることになる」と述べた。マッケイン議員のこの悪名高き引用に対する責めを負ったジョー・リーバーマン上院議員は言った──「私は候補にピューリム祭について教えようとしたのだが」（27）

東アジアでのハロウィーン

東アジアにあっては、ハロウィーンはポップカルチャーの中心地である香港と日本で主として歓迎されてきた。

かつて英国の植民地だった香港では、ハロウィーンは少なくともこの二〇年ほどの間、小さなパーティを開いて祝われてきた。しかし二〇〇七年、香港ディズニーランドが「ホーンテッド・ハロウィーン」を開始すると、これに大きく後押しされた。奇妙なことだが、ディズニー・チェーンのアミューズメントパーク中で、香港ディズニーランドだけが(他のディズニーランドに移譲できるパレード、ライドに加え)、生身の役者と、特殊効果が採用された実際のハロウィーン用メイズおよびテーマエリアを備えている。香港ディズニーランドにはメインストリート・エリアにホーンテッド・ホテル、アドヴェンチャーランドにデーモン・ジャングルといったように、もともとふたつの伝統的メイズがあったが、近年「エイリアン・インベーション」など、さらなるホーンテッドアトラクションが追加された。

香港ディズニーランドが当初「ホーンテッド・ハロウィーン」を大々的に売り出したことで、この祝祭は香港中に広まった。二〇一〇年、ケーブル・ニュース・ネットワーク香港のエディターであるゾーイ・リーは以下のように示唆している——「ハロウィーンは香港の人たちの❶現実逃避への欲求、❷群衆の中での心地よさへの欲求、このふたつを満たしている」(28)。香港では大パーティ、仮装イベントなどをおこなうことで、この祝祭を祝い、夜間にはランカイフォン地域で交通が遮断される。多くのレストランでは、この夜のためにハロウィーンにこだわった特別メニューが提供され、カボチャ風味の料理が登場することもある。香港ではまた、翌朝に重要な意味がある。といっても、墓地を訪れることとは無関係で（墓地を訪れるのは春の清明節と夏の盂蘭《うら》節のために留保される）、社交に長けた香港の人たちは自らの仮装姿をお気に入りオンライン・ネットワークにアップロードしたり、タグ付けしたりするのに忙しくなる。

中国本土《メインランド・チャイナ》では清明節と盂蘭節が広く遵守されていて、ハロウィーンは――カーニバル的雰囲気のせいでも、アミューズメントパークのせいでもなく――不思議な理由からファッショナブルになり始めたところである。つまりハロウィーンには、幽霊が通りを歩くとされ、あの世で使うための食料と紙幣が捧げられる時節だとされる盂蘭節（「おなかを空かせた幽霊の祭」）ほどの恐ろしさはないというのが理由のようだ。「あれ［盂蘭節］はハロウィーンほど楽しくないから」[29]、ウェブサイトのエディターであるシラー・シーは、最近では若い中国人の多くがハロウィーン・ファンである理由を説明するとき、このように強調する。中国でのハロウィーンの大パーティは依然として都市部に限られているが、国中の若者がハロウィーンをオンラインで祝い、e－グリーティング専門のウェブサイトが二〇〇六年以降、ハロウィーン・ビジネスの中で急成長を遂げている。中国ではまた、多くの地域で、ハロウィーン・デコレーションが仮装やパーティ（そしてトリック・オア・トリート）以上に人気を集めている。

一九八三年、表参道に店を持つ企業が最初のハロウィーン・パレードを企画して以来、日本でのハロウィーンの祝祭は年々大きく成長してきた。コスプレ（コスチュームド・プレイのことで、お気に入りの映画や漫画のヒーロー、ヒロインに似せた衣装を身にまとう）と祭りが好きなこの国ではハロウィーンはあっさり受け入れられた。日本研究家ウィリアム・パトリック・ガルブレイスは以下のように理由づける――

祭《マツリ》りは厳格なふるまい、作法から離れたふるまいを容認するコミュニティ経験のひとつと見

✦ハロウィーンを祝う日本人の少女(2009年10月31日東京で撮影)。

なされていたと思われる。歴史的に見れば、日本ではこうした社会的プレッシャーからの逃がし弁が実に重要だったことがひとつの要因である。(30)

ハロウィーンの仮装パレードは――大人によるものも子供によるものも――今や国中に広まっている。表参道の「ハロー・ハロウィーンパンプキン・パレード」には今では一〇〇〇人以上の東京の子供たちが仮装をして集まり、横浜の商店街も一致団結して子供たちにトリック・オア・トリートの機会を提供する。川崎ではハロウィーングッズを販売する出店が立ち、ハロウィーン・ビジネスの祭壇には、ハローキティといったなじみ深いキャラクターまでもが無邪気に差し出される。また、ハロウィーンの歴史についての関心も高く、二〇一一年には日本の複数の全国紙が西洋の伝統と民間伝承に関して記事を掲載した。

南半球でのハロウーン

北半球においては、ハロウィーンはずっと以前から成立していたり、あるいは現在、広まりつつあったりしているとしても、赤道以南ではそれほど具合よく成り立ってはいない。もともとキリスト教が普及していなかった地域においてであれば、これは驚くことでもないだろうが、オーストラリアとニュージーランドが、英語圏にありながら、ハロウィーンが根づかなかった二大地域であることは注目に値する。ニュージーランドにあってはガイ・フォークスの日（焚火の夜）が近代まで積極的に祝われ、詩歌が詠われ、食べ物が乞われ、「爆竹」花火が鳴らされたが、祝典としてのハロウィーンの歴史は実質上皆無だ。

オーストラリアにあっては、断続的に細々とハロウィーンが生きている。つまりしっかり受け入れられているわけでも、完全に廃れてしまっているわけでもない。二〇〇〇年代半ばには、少数ながら、トリック・オア・トリートをおこなう郊外居住者もいたと言われるが、二〇〇〇年代末には、この風習は再び姿を消したようだ。二〇一〇年一〇月には一七名で組織された「ハロウィーン協会」なる団体がオーストラリア政府に対し、ハロウィーンを公的な祝日として承認するようロビー活動を試みたが、小売り業界からは侮蔑され、地元メディアからは――その団体理事がたまたまオンラインのハロウィーン・ビジネスを展開していたこともあって――面白おかしく扱われただけだった。

アフリカでは――キリスト教思想の実践が高まり続けていて――万聖節《オールセインツ・デー》を国民の祝日としている国もある。それでもハロウィーンが祝われるのは南アフリカにおいてだけだ。ある南アフリカの魔術崇拝主義者《ウィッカン》は、南半球におけるサムハイン祭は――「自然のサイクル」に正しく則るのであれば――四月末におこなわれなければならないと力説する。[31] 南アフリカでは、ハロウィーンの祝典が芽生えつつあり、トリック・オア・トリートがおこなわれ、商店はハロウィーングッズを揃えているが、一方で、一部のキリスト教徒からの抵抗にも遭っている。二〇〇五年に伝えられたところによれば、クリスチャン行動ネットワークの代表が「悪魔的」祝典に抗議しようと、自らの子供たちを軍事コンバットのシミュレーションゲームに連れていき、トリック・オア・トリーターを標的として撃たせたという。

このような抵抗はあるものの、ハロウィーンは南アフリカで、若者の間を中心に次第に受け入れられつつあり、二〇一一年には世界的に有名なミュージシャンや、メーキャップ・アーティスト（来場者にハロウィーンのためのメイクを無料でおこなった）を呼び物としたどんちゃん騒ぎ（パーティ）がおこなわれたり、ホラー映画が上映され、ハロウィーン行事が繰り広げられた一〇日間の「ホラーフェスト」が催されたりした。また、バイシクルモトクロス用ダートバイクのファンのための「ハロウィーン・ジャム」も開かれ、多くのライダーが仮装して参加した。

赤道の南に位置する南アメリカの一部地域でさえ、ハロウィーンあるいは万聖節《オールセインツ・デー》は――比較的地味にではあるが――祝われている。それでも中央アメリカは、間違いなく世界の奇祭のひとつである死者の日《ディアス・デ・ロス・ムエルトス》の独り舞台だ。

第5章 死者の日——ディアス・デ・ロス・ムエルトス

ハロウィーンがケルト人のサムハイン祭とキリスト教の万聖節《オールセインツ・デー》および万霊節《オールハロウズ・デー》が結びついたものであると考える何よりの根拠は、中南米でおこなわれる死者の日《ディアス・デ・ロス・ムエルトス》の祝祭にある。そこでは、キリスト教の慣習からケルト人の影響が取り除かれ、代わりにこの地に伝わる祝祭が結びつき、結果として（ほんのわずかながら）ハロウィーンとの類似性を持つイベントが誕生している。そのイベントでは――仮面をつけることも、家々を訪ねて物乞いをすることも、焚火、悪ふざけ、占い、パーティもそれほど重要ではなく――死が恐れられるのではなく、受け入れられ嘲られる。死者の日《ディアス・デ・ロス・ムエルトス》は、厳密な意味では、カトリック教会が言うような聖なる日ではない。骸骨の絵柄が氾濫すること、季節の食べ物が供えられること、この日に結びつく地元のしきたりが守られること、これらが帰するところはアステカ、マヤをはじめとするメソアメリカ［コロンブス以前のアメリカ］の民族およびその歴史の根強い影響にほかならない。

基本的には、死者の日《ディアス・デ・ロス・ムエルトス》は万聖節《オールセインツ・デー》、万霊節《オールソウルズ・デー》を含む期間のことで、これらの日々は亡くなった人々に捧げられる。場合によっては一日限りの祝日（「エル・ディア・デ・ロス・ムエルトス」）とされることもあり、その際には一一月二日におこなわれる。しかし通常は一〇月三一日の日没に始まり、一一月二日いっぱい続けられ、形式はさまざまだが、中央アメリカの大部分の地域、南アメリカの一部地域で祝われる。また死者の日《ディアス・デ・ロス・ムエルトス》は北米、とりわけ合衆国とメキシコの国境地帯、ラテンアメリカ系の人々が多く住む都市にも入ってきている。この祝祭のためのもっとも広く知られたイコンはキャンディスカルで（普通ゴルフボールほどの大きさの砂糖菓子で、さまざまに糖衣のデコレーションが施され、きらきらしているものもある）、そこに子供の名前がアイシングされている場合もある。死者の日《ディアス・デ・ロス・ムエルトス》には墓地を訪れるのが一般的で、家庭には祭壇《オフレンダ》と呼ばれる死者のための祭壇が用意されるようだ。生ある人たちは特別のごちそうを楽しみ、帰ってくる霊のためには死者の好物が外に供えられる。

ケルト人およびサムハイン祭が実際にどれほどの影響をハロウィーンに及ぼしたかをめぐって白熱の議論が続いているように、死者の日《ディアス・デ・ロス・ムエルトス》をめぐってもマヤ族－アステカ族－プレペチャ族の人々がキリスト教にどれほどの影響を与えたかが議論されている。ケルト人の場合と同様、私たちが知るメソアメリカの歴史の大部分は初期のキリスト教使節団を通して伝えられていて、こうした比較的新しい記録は遡ってもせいぜい一六世紀頃までだ。それでも考古学から得られる情報も多く、たとえばアステカ族は複雑な宗教と、二〇日間を一か月と見なして一八か月プラス年末に余る五日間からなる暦を維持していたことが知られている（一部の研究者によれば、年末のこの五日間が基本的に休息のための時とされ、これが現在の死者の日《ディアス・デ・ロス・ムエルトス》となったとされる）[1]。アステカ族の祭りには、死者のための祝宴がふたつ存在した。それが「死者の小祝宴」と「死者の大祝宴」で、それぞれアステカ族の暦の九番目、一〇番目の月（現在の暦の八月）に開かれた。一〇番目の月にはさらに収穫祭である「ショコトゥル「ナワトル語で「酸っぱい果物」の意」・フルーツの大秋季」も祝われた。こうした祝祭には特別の食べ物「タマーレス」が作られ、黄色のマリーゴールド（センパショチトル）で作られた花輪が飾られた。儀式は二〇日間続けられ、死者のための一大祝典となり、そこでは、若い男たちが樹皮を剝ぎ取った木に登り、てっぺんの練り粉でできたイコンに手を届かせるという競技がおこなわれ、祖先は祈りと祝宴で称えられた。

「死者の大祝宴」には人身御供の慣習もあった。ケルト人がサムハイン祭の期間に儀式として人身御供をおこなったかどうかに関して、歴史は明快な答えを出してはいないようだが、この大祝宴において生け贄が重要な部分をなしたことは確かだ。祝典のクライマックスには紙製の特別の衣装をまとわされた捕虜が骸骨の台座《ツォンパントリ》(すでに生贄とされた人々の頭部が置かれた)に導かれ、まず焼かれ、次に儀式用ナイフで心臓を切り取られた。そして死体はピラミッド型の寺院のわきに投げ出され、そこで頭部が切断され、その頭部が台座に置かれた。

アステカ族およびマヤ族の芸術において死、頭骸骨《スカル》、骸骨の絵図はひときわ特徴的だった。小立像、陶器、レリーフすべてに——人身御供と関連があったりなかったりはするが——頭骸骨《スカル》に顔が描かれた神々、人間が現れている。このように、溢れるような死および頭骸骨《スカル》のイメージがそのままキャンディスカルやフォークアートに登場する骸骨となって、現代の死者の日《ディアス・デ・ロス・ムエルトス》に流れ込んだと考えられる。文化的混合主義《シンクレティズム》を採用したのはカトリック教会だけではなかったのである。アステカ族は被征服民族の信仰をたびたび取り入れ、テノチティトランの大神殿など「専用房」を備え、そこに他の宗教システムの道具一式を収めていたようだ。[2]

エルナン・コルテスの指揮下で征服者《コンキスタドーレス》たちによるアステカ王国の征服が実現すると(その入城のとき、旗には「われら、十字の印のもとに征服せん」と記されていた)、一〇年経つか経たないかのうちに、新大陸に宣教師たちが現れ、そこで目の当たりにしたことを記録した。なかでもディエゴ・デュラーンとベルナルディーノ・デ・サアグンは現地のナワトル語を流暢に操るようになり、現存する歴史、民間伝承の多くはこのふたりによって記録された。デュラーンの観察によれば、キリスト教徒となった現地の人々は万聖節《オールセインツ・デー》には亡くなった子供たちに、万霊節《オールソウルズ・デー》には亡くなった大人に捧げ物をして、「死者の小祝宴」も「死者の大祝宴」もすでに「すべての聖人《オールハロウズ》」の祝祭に引き継がれ、覆い隠されてしまっていた。[3] 一方、かつてアステカ族の祝宴に用意された食べ物、飲み物――チョコレート、タマーレス、リュウゼツラン酒――はそのまま新たな祝祭に伝えられた。聖職者の中には、古代の儀式を取り入れ、新たに伝えられたキリスト教の儀式に利用しようと試みる者もいて、たとえば、そのような聖職者のひとりであるペデロ・デ・ガンテは一五五八年に「彼らは、自分たちの神々へのあらゆる礼拝で歌い、踊った」と記し、彼らの神々ではなく唯一神を称える歌を彼らのために作ろうとした。[4] そこでは、キリスト教となったふりをして、かつての神々への信仰を隠す人も少なくなく、一部には――人身御供に関してだけは折り合ったものの――古い信仰を捨てることをきっぱり拒む人もいた。農夫であり物書きでもあったカール・クリスチャン・サータリアスは一八五八年に以下のように記している――

メキシコ人とともに、「諸聖人《トドス・サントス》」の祝祭は国家的特色も受け入れた。つまり起源は先住の人々の時代にあり、徐々にメスティーソス［インディオとスペイン系白人との混血住民］によって取り入れられ（中略）それはローマカトリック教会の祝祭ではない。というのも、そこではカトリック教会は大した意味を持たず、それはあくまで古代のインディオの祭りだからだ。賢明なことに、キリスト教聖職者はその祭りが帰依した者たちの中に深く根づいていることに気づき、キリスト教徒の祝祭に加えた。[5]

ヨーロッパ人は祝祭に参加した人々のようすに当惑した。サータリアスもそのひとりだった――

インディオもメスティーソスも悲しみの苦しさを知らない。彼らは死を恐れず、生からの旅立ちも、彼らの目には、恐ろしいものとは映らない。残していく品々に未練などなければ、残される人々のことを、この肥沃な大地と穏やかな空に包まれ続ける人々のことを気にかけもしない[6]。

祭壇《オフレンダ》や捧げ物も死者の日《ディアス・デ・ロス・ムエルトス》の重要部分だ。祭壇は地域によって多少異なるが、ほとんどの場合、テーブルあるいは台に清潔な白い布が掛けられている。その上に食べ物、飲み物、たばこなどが亡くなった人々のために供えられる。死者はこうしたものを実際に食べられるわけではないが、そのエキスを味わうことはできると信じられている。死者や聖人の写真が置かれたり、花（一般的には黄色いマリーゴールド）が活けられたりすることもある。場合によっては、マリーゴールドの花びらで祭壇への道筋が作られることもある。祭壇《オフレンダ》のそばでは――麝香《じゃこう》にも似た特徴ある匂いと煙がさまよっている霊に捧げ物のありかを教えると考えられ――コパール［熱帯性の樹木から採れる芳香性の樹脂］の香がよく焚かれる。清める力をもつとされる塩は必ずと言っていいほど常に供えられ、コップ一杯の水も、黄泉の国から長い旅をしてきた霊の喉を潤すものとして添えられる。供えられた食べ物、飲み物は――亡くなった人たちとすでに分け合ったと考え――一一月二日に家族が食べたり飲んだりする。祭壇《オフレンダ》の伝統には――地元産の食料とともに、練り粉でできたイコンも供えられる（アステカ族に共通する慣習）ものの――実のところ、キリスト教に影響された可能性も見られ、万霊節《オールソウルズ・デー》のミサに使用された棺台カタファルク（一般的には黒い布が掛けられ、時には蠟燭や捧げ物の食べ物が置かれたとされる）に由来しているとも考えられる。

記録によれば、こうした捧げ台は植民地時代のスペインでも利用され、現在のカスティーリャ・レオン州に位置するサモーラでは、煉獄の霊のために用意され復活祭《イースター》および万霊節《オールソウルズ・デー》にはずっと使用され

✦祭壇（オフレンダ）。

ていたとされる。

プエブラ州にあるウアケチュラはユニークで見栄えのするタイプの祭壇《オフレンダ》の展示場のような町で、そこでは階段状に三メートルほどの高さに積み上げられ、白色か淡色のサテンの布が掛けられたものも見られる。ここでも飾られるのは故人の写真、天使の小さなフィギュアだが、伝統に則って、祭壇《オフレンダ》の周囲にはマリーゴールドの花びらが敷き詰められ、さらに花びらで通りへと続く道筋が作られる。この町を訪れると、このように飾り付けをおこなった家庭に招き入れられ、ささやかな捧げ物をして家族とともに（一般的には）パンとホットチョコレートを食べてから立ち去るよう促される。

死者の日《ディアス・デ・ロス・ムエルトス》に欠かすことのできないはマリーゴールド（センパショチトル）の花はナワトル語で「二〇」を意味する「センポサリ」と「花」を意味する「ショチトル」に由来し、アステカ族は、太陽神トナティウからの賜り物であり、最愛の故人たちの休息の場の目印とするための何か、すなわち太陽のように美しく素晴らしいものが常に手元にあるようにと授けられたと信じていた。[7]

植民地時代のメキシコにおいては死者の日《ディアス・デ・ロス・ムエルトス》は、貧しいメスティーソスたちが墓地で酒を飲む騒々しい日として報告されていることも多い。実際一七六六年には国家犯罪局（ロイヤル・オフィス・オブ・クライム）によって死者の日《ディアス・デ・ロス・ムエルトス》に墓地を訪ねることが禁じられたり、アルコール飲料の販売を規制することが検討されたりした。動物をかたどった小さな砂糖菓子《アルフェニーク》の製造は早くも一七六三年に記録されているが、類似のフィギュアが現在イタリアの一部地域で販売されていること、過去においてはスペインでも販売されていると知られていたことを考え合わせると、これもヨーロッパから新大陸にもたらされた風習のひとつと見なしていいようだ。一方、骸骨をかたどったアルフェニークの記録が明確な形で現れるのは一九世紀になってからで、一八四一年、マダム・カルデロン・デ・ラ・バルカが万聖節《オールセインツ・デー》の日に立ち並ぶ露店を通りがかったときのことを記し、初めて目にしたキャンディスカルを「子供たちの教化のためだと思われるが、骸骨が招き寄せるかのようにニタニタ笑いながら列をなして並べられていた」[8]と記録している。一八九六年のある記事によれば、メキシコの小村を訪れたサン・エリアスという旅行者は一一月一日、動物をかたどったキャンディや「練り粉でできた小さな死体(に似せたもの)」と一緒にキャンディスカルが市場で売られているところ、さらにはそのようなものが(翌日に食べてしまうだけだが)家庭に用意された祭壇《オフレンダ》に並べられているところを見かけたという。この旅行者はまた、祭壇《オフレンダ》は「裕福な家庭ではなく、下層階層の家庭にだけ」[9]設けられているという印象を持ったとされる。

二〇世紀となる頃には、死者の日《ディアス・デ・ロス・ムエルトス》の儀式を見るためだけに、観光客がメキシコを訪れるようになっていた。現在、その儀式の美しさと複雑さで有名な観光地と言えば、ミチョアカン州パックアロ湖周辺の町村をおいてほかにないと思われる。パックアロはかつてプレペチャ王国の中心地だった。プレペチャ族(タラスコ族の名でも知られる)はアステカ族と同時代に生きたが、アステカ族に征服されたことはなかった。パックアロでの死者の日《ディアス・デ・ロス・ムエルトス》は一〇月二八日に始まり、青空市場《ティアンギス》でデコレーションや花が購入される。一一月一日、パックアロ湖に浮かぶハニツィオ島では大人たちが日の出とともに起き出して、村の小さな墓地を訪れ、清潔な白い布の上にマリーゴールドの花、死者のパン《パン・デ・ムエルトス》、果物、蠟燭などを整然と並べて墓を飾り、墓地を離れる。やがて「小さき天使たちの礼拝」が始まり、続く数時間は子供たちが墓を見守り、デコレーションを仕上げる。この日の残り時間は、男性がおこなう夜の

✦死者の日（ディアス・デ・ロス・ムエルトス）の祭壇（オフレンダ）、メキシコ、ミチョアカン州ハニツイオ島。

儀式のための準備に費やされ、男たちは槍を使って食べ物として捧げる野ガモを狩る（六〇〇隻のカヌーで一日に二万五〇〇〇羽のカモが仕留められる）[10]。宵には、少年たちがテルスカンと呼ばれるゲーム（家々の屋根の上や庭に彼らのために置かれた食べ物を（許可を得て）「盗む」ゲーム）をおこなう。夜になると、ペスカド・ブランコと呼ばれる踊りがおこなわれるが、ペスカド・ブランコとはパックアロ湖に生息するシロマス科の魚のことで、踊りはこの魚に捧げられる。真夜中になると、教会の鐘が——霊にこの世に帰ってくるよう呼びかけながら——鳴り響き、女性と子供たちが墓地に戻って蠟燭、果物、キャンディで墓と墓石を飾りつけ、男性は墓地のフェンスの外で待つ。花と果物で飾られ、蠟燭の灯に照らし出された墓地の美しさは世界的に有名で、パックアロには毎年、死者の日《ディアス・デ・ロス・ムエルトス》におよそ一〇万人（その三分の一ほどはメキシコ国外からの人々）の観光客が訪れ、小舟が長い列をなしてハニツイオ島に向かう。[11] ペスカド・ブランコはこのようにハニツイオ島の経済を大きく支えてきたが、一時期獲り尽くされてしまった。それでも観光客からチップを得ようとする漁夫たちが捕獲網を用いた伝統的漁法を止めることはない。それほどに死者の日《ディアス・デ・ロス・ムエルトス》はハニツイオ島にとって重要な収入源なのである。

メキシコには、事故で亡くなった人々を追悼する日として、死者の日《ディアス・デ・ロス・ムエルトス》を一〇月二八日に始める地域もあり、犠牲者の交通事故現場から家庭の祭壇へとマリーゴールドの道筋が続いているのを見かけることも少なくない。一〇月二九日には暴力行為による犠牲者が迎えられ、三〇日には、洗礼を受けるまえに亡くなった子供たちが帰ってくるとされる（こうした幼児の霊のための小さな祭壇は——洗礼を受けていない霊は主祭壇に近づくことが許されないため——部屋の片隅に用意される）。一〇月最後の日は洗礼を受けた子供たちの霊が帰ってくるとされ、一一月一日は大人の霊のための日とされている。

メキシコ南東部に位置するオアハカ州はかつてサポテカ族に支配されていた地域で、ここではサポテカ族の文化とスペイン文化が融合して万聖節《シャンドウーヤ》が生まれた。サポテカ族の子孫であるテワノ族は万新《オールニュー》霊節《ソウルズデー》の祝祭のための祭壇を設ける。彼らは、その前年（その死と一〇月三〇日の間が少なくとも四〇日あれば、前年と見なされる）に亡くなった人々を追悼し、友人、近所の人々が食べ物やコーンスターチとミルクから作られるアトーレ・デ・レーチェなどの飲み物を持ち寄って共同作業で祭壇を用意する。祭壇は階段状のピラミッド型に組まれ、サポテカ族の信仰に則って、それぞれの壇が人生のそれぞれの局面を象徴する。地元のある伝承によれば、霊は蝶々の姿で帰ってくるとされ、万聖節《シャンドウーヤ》の期間中に蝶を見かけることは意味深いこととなる。この祝祭は花火の光とともに幕を閉じる。テワノ族の人々もこの祝祭の週のうちに墓地を訪れるが、ミュージシャンを雇って、最愛の人々が眠る墓地わきで演奏してもらう場合もある。

テワノ族にはまた、奇妙なことに、ブルターニュに伝わるウィルヘルム・ポスティクの物語（先祖を敬わなかった飲んだくれの話）にも似た伝説が残されている。それによれば——ある男が死者の霊が捧げ物を持ち去ろうとしているのを見かける。なかに男の母親もいたが、その母親だけは果物やパンではなく石を持っていく。男は慌てて家に帰り、祭壇を用意するが、時すでに遅く三日後、男は死体となって発見された。

メキシコシティにおいては、死者の日《ディアス・デ・ロス・ムエルトス》は単に伝統的祝典ではなく、一大商業事業であり、芸術的試みであり、時として政府のプロジェクトであったりもする。たとえば二〇〇〇年には「ミレニアムの捧げ物」と銘打って地元の自治体による一大イベントが企画され、さまざまなコンテスト、展示会が催されたり、歴史的展示物が紹介されたり、ミュージシャンによるパフォーマンスがおこなわれたりした。現在では、ディエゴ・リベラ・ミュージアムはじめ博物館、美術館にはフォークアートや特別の祭壇《オフレンダ》が展示され、露店では紙張子の骸骨が――楽器を演奏したり、食べたり、嘆き合ったりといった思いつく限りの日常行為をしている姿に仕上げられ――売られている。もちろん、子供たちのための骸骨をかたどったチョコレート、キャンディも、大人のための長い蠟燭、香、マリーゴールドの花も売られている。

「カラベラ」(スペイン語で「頭蓋骨」を意味する)とは(ここでは)短い風刺的な詩をいい、そこでは死や死者の日《ディアス・デ・ロス・ムエルトス》の期間にメキシコ周辺で人気を集めている不気味なものが詠われる。もともとは一九世紀の新聞に、存命の公人(多くの場合、政治家だった)に関する韻文めいた偽り死亡広告として登場したもので、ある職種全体を不気味な嘲りの対象とすることもあった。以下は「近所の散髪屋」とタイトルされたものである――

髭に髪に、
君は多くの奇跡をなした
君は今、頓着しない
自分が土の中にいることに。
道行く人には
君は知らんぷりだった、
その愚かしさゆえ
君は今、屍衣に包まれている、

剃刀と鋏を手に
骸骨の髪やら髭やらを整えようと。[12]

メキシコの一部地域では、万聖節《オールセインツ・デー》つまり万霊節《オールソウルズ・デー》前夜に子供たちが「カラベラ」を詠いながら家々をまわって、お返しとして、お菓子をもらうことがある。「カラベラ」(ここでは「頭蓋骨」の意)はまた死者の日《ディアス・デ・ロス・ムエルトス》に、ホセ・グアダルーペ・ポサーダというもっとも有名な芸術家をもたらした。不気味ながらどこか愛嬌のあるポサーダの版画はしばしば短い詩とともに新聞に掲載され、ポサーダの一九一三年の作品「骸骨貴婦人カトリーナ」には、花飾りのついた帽子をかぶった貴婦人が骸骨として描かれていて、この版画がおそらく死者の日《ディアス・デ・ロス・ムエルトス》に関連する芸術作品の中ではもっともよく知られたものだろう。ディエゴ・リベラものち、壁画「アラメダパークのある日曜の午後の夢」の中に、このカトリーナを中心物として登場させているが、ポサーダの影響はメキシコ壁画運動の美術家ホセ・クレメンテ・オロスコにもうかがえる。

メキシコシティから四七キロほど南西に位置するミスキックでは、他の地域ではまず見られないやりかたで死者の日《ディアス・デ・ロス・ムエルトス》が祝われる――子供たちが食べ物を乞うのである。一一月一日の夕べ、子供たちの集団が祈りを唱え、鐘を鳴らしながら、家々をまわって食べ物を求め、一一月二日には、また小さな骸骨(のお菓子)を集めまわるカラベレアンド(スカリング)をおこなう。[13] ミスキックでは墓石もマリーゴールドなどの花びらでモザイクふうに飾られるが、モザイクが表わすのは言うまでもなく骸骨だ。

メキシコ中部に位置するサン・ルイス・ポトシ州ではテネク族(マヤ族の末裔ながら、アステカ王国の時代

✦ホセ・グアダルーペ・ポサーダによる「骸骨貴婦人カトリーナ」、1913年、亜鉛版画。

には隔絶されていた）が大きな民族集団のひとつに数えられるが、この人々は万聖節《オールセインツ・デー》を「シャントロ」（ラテン語で「聖者」を意味する「サンクトラム」をナワトル語で発音している）として祝う。彼らの中には、最愛の故人たちの霊は家庭に戻って祭壇《オフレンダ》を訪れていると信じて、この祝祭の間、墓地を訪ねない人もいるが、一一月二日に墓地を訪ね、食べ物の欠片を埋める人もいる。「シャントロ」に欠くことのできないものはアーチで、祭壇《オフレンダ》の一部として、家の中にも外にも作られる。アーチはアステカの神話に見い出せる一三の空を表すものであり、この地に生える木の枝を葉付きのまま利用して作ったアーチにマリーゴールドやこの地に咲くオロティーヨの花を飾り付ける。祭壇には、死者が黄泉の国のチクアチュアパン川を渡ることができるよう、コインが添えられるが、キャンディスカルはこの地域では見られない。一一月二日には、訪れてきた霊を祭壇《オフレンダ》に案内するためのマリーゴールドの道筋は掃き捨てられ、代わりに霊があの世に戻るための新たな道筋が作られる。訪問客は捧げられた食べ物（世帯主が一一月に買った豚、七面鳥、鶏を使って用意したもの）でもてなされるとき、大地への捧げものとして、まず食べ物をひとかけ地面に落とさなければならない。また、テネクの人々には「シャントロ」には自分たちで（不気味な悪魔や骸骨をイメージして）彫って作った仮面をかぶって伝統舞踊をおこなう風習も残っている。踊りは——生と死の環を象徴するかのように——輪になって家庭や墓地でおこなわれるが、女性は参加しないため、女性役も男性が引き受ける。

かつてマヤ族の文明が栄えた南東の州ユカタンでは、万聖節《オールセインツ・デー》は「ハナルピシャン」として知られ、スペイン征服以前の時代の要素が多く残されている。ここでは一〇月三一日に子供の霊が迎えられ、一一月七日に送り出され、大人の霊は一一月一日に到着し、一一月八日に帰っていく。供えられるのは（地中で蒸して調理される）伝統的マヤ料理ムクビルチキンやバルチェなどの飲み物であり、多くのデコレーションの中心はカポックノキをイメージしているという緑色の十字架だ。マヤの伝承によれば、カポックノキは天国からこの世に、さらには黄泉の国に通じる街道であるとされている。

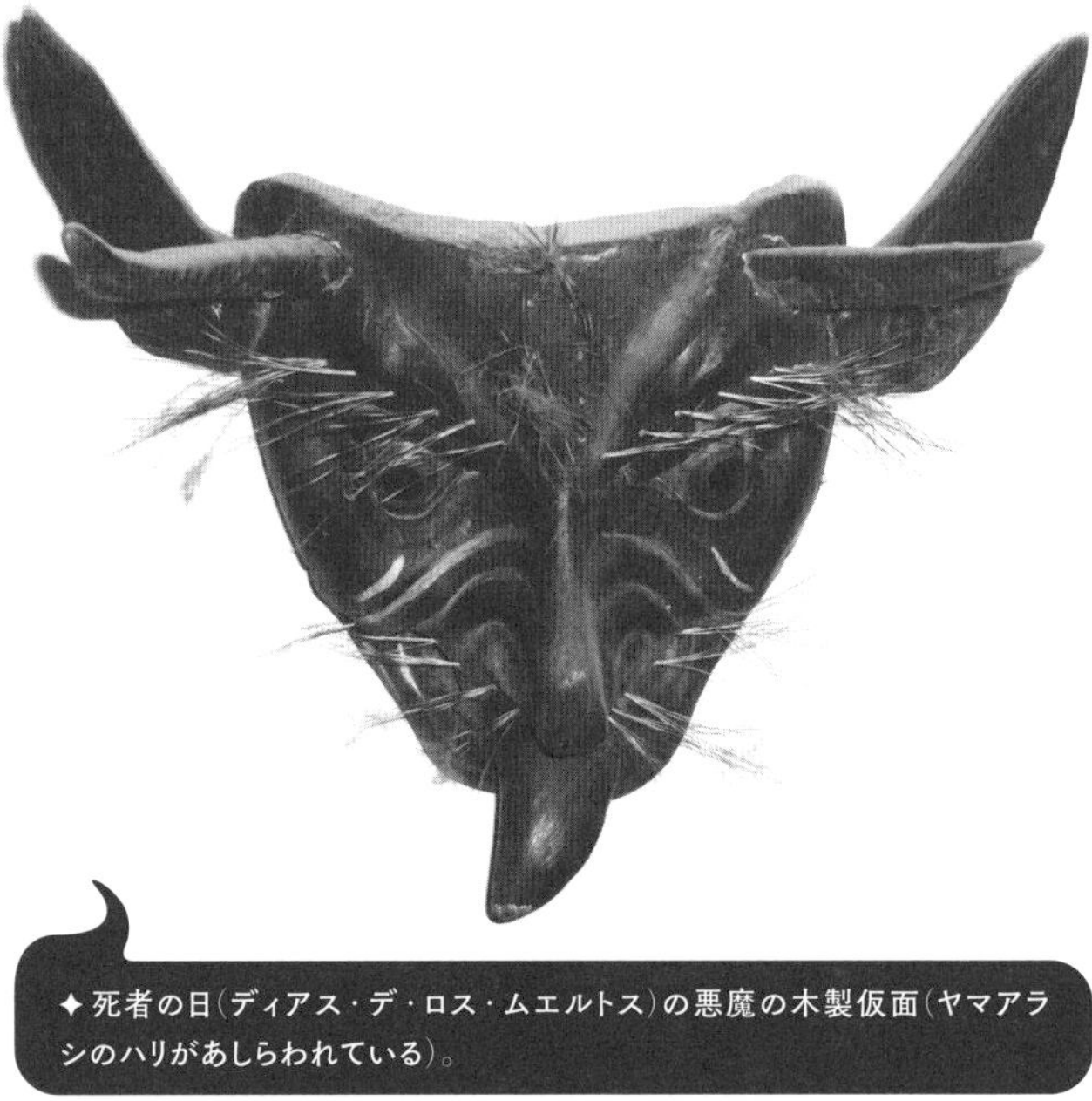

✦死者の日（ディアス・デ・ロス・ムエルトス）の悪魔の木製仮面（ヤマアラシのハリがあしらわれている）。

このような伝統はメキシコの多くの地域で失われつつあり、さまざまな団体が祭壇《オフレンダ》のコンテストを開いたりして保存に努めている。こうしたコンテストでは、伝統スタイル部門、フリースタイル部門など、複数の部門に分けて審査されるため、観光客には死者の日《ディアス・デ・ロス・ムエルトス》体験のための恰好の手段ともなっている。

メキシコの南の国、グアテマラでは死者の日《ディアス・デ・ロス・ムエルトス》は大凧《バリレーテス・ヒガンテス》で祝われる。大凧を上げ、この祝祭のために帰ってくるよう死者を導くのである。大凧は竹製の骨組みにカラフルで複雑な伝統模様を描いて仕上げたシートを張って作られていくが、七メートルほどの大きさとなることもあり、凧のコンテストや凧の市も催される。グアテマラでも死者の日《ディアス・デ・ロス・ムエルトス》の祝祭は多分にマヤの伝統を引き継いでいるが、一〇〇パーセントマヤの伝統に則って執り行われる儀式もある。

中央アメリカおよび南アメリカの死者の日《ディアス・デ・ロス・ムエルトス》は、全体的に、はるかに静かに祝われる。ニカラグアでは、家族が故人の墓のそばで夜を過ごし、エクアドルでは、死者が食べ物を分け与えてくれると信じて、墓のわきで食事をするようだ。ブラジルでは、死者の日《ディアス・デ・ロス・ムエルトス》は一日のみの祝祭で、一一月二日に家族が墓を訪れるだけである。

死者の日《ディアス・デ・ロス・ムエルトス》は、スペイン語を話す人々からなるコミュニティを中心に、アメリカでも広まってきている。合衆国とメキシコとの国境地域のコミュニティでは、死者の日《ディアス・デ・ロス・ムエルトス》は伝統的なやりかたで、つまり墓地を訪れたり祈りを捧げたりごちそうを食べたりして祝われている。一方、都市部では、死者の日《ディアス・デ・ロス・ムエルトス》がひとつの活動となり、異文化接触と商業化が押し進められつつある。サンフランシスコでは一九七〇年代から、一一月二日には行列や祭壇の展示会がおこなわれ、ミッション地区で催されるイベントには二万人の人が詰めかける。ニューヨークシティでは死者の日《ディアス・デ・ロス・ムエルトス》の祝典は小規模で、コミュニティ全体のイベントはほとんどない。ブルックリンを中心に活動するライターのサルバ

✦死者の日(ディアス・デ・ロス・ムエルトス)の現代アステカ族の踊り手。

ドール・オルギンによれば「この町のメキシコ人コミュニティは、プライベートなパーティを開いてこの日を祝う」[14]とされる。ヒューストンやロサンジェルスのような都市では多くのイベントが開催され——一部のイベントは入場料を徴収するが——祭壇《オフレンダ》展示会、フォークアート、音楽のライブパフォーマンス、フェイスペインティング、子供たちのための花火などがおこなわれる。

ハロウィーンは死者の日《ディアス・デ・ロス・ムエルトス》の祝祭に介入し始め、部分的には成功している。トリック・オア・トリートは——この古めかしいフレーズは「ケレモス・ハロウィーン」(「ハロウィーンちょうだい」)に変えられて——今ではメキシコの一部地域でもおこなわれ、骸骨、魔女のコスチュームにも人気が集まっている。さらには仮装やトリック・オア・トリートが一〇月三〇日から一一月二日までの間ずっとおこなわれる場合もある。ハロウィーンはまた、時に「ディア・デ・ラス・ブルハス」(「魔女の日」)と呼ばれ、子供たちにはお菓子と交換に歌を歌うことが求められたりもする。メキシコでのトリック・オア・トリートでは家庭をまわることはなく、ターゲットとされるのは商店だ。

メキシコでハロウィーン人気が高まるにつれ、保守的な政治家、メキシコのローマカトリック教会は攻勢に出てきた。二〇〇七年、保守派の雑誌とされるジョ・インフルジョ誌のあるコラムニストは教師たちを訪ね、ハロウィーンを「撲滅」し「われわれの文化を保護」することを要請した。[15]同年、メキシコの大司教は以下のように公言した——

「ハロウィーンを祝う人たちが崇拝しているのは死の文化であり、それは異教徒の風習が混ざり合った結果です。もっともよろしくないことに、この祝祭はネオペイガン、悪魔崇拝、カルト崇拝と同一視されています[16]」。

奇妙にも、教会から出されたこの声明は死者の日《ディアス・デ・ロス・ムエルトス》については一切言及しなかった。

二〇〇五年、ヴェネズエラのウゴ・チャベス大統領も、ユニークな理由から、ハロウィーンの禁止を求めた。大統領はハロウィーンを「恐怖ゲーム」と称し、以下のように語っている――「アメリカの祝祭は他の国家を恐怖に陥れ、その国民を恐怖に陥れること」に関わるものである。[17] 大統領がこの発言をおこなう直前、首都カラカスの至るところに反政府の立場を掲げるジャック・オー・ランタンが登場していたのは確かだが、このハロウィーン・トリックについてはとくに何も語られなかった。

第6章 ハロウィーンと大衆文化

――バーンズからバートンまで

ハロウィーンは何世紀もの時間の中で世界中を巡って姿を変え、存在を広げつつ、溶け込み、受け入れられた地のあらゆる文化の重要な一部分となった。そして受け入れられた先の風習、政治、芸術によってその特質を明確化されると同時に、その地の風習、政治、芸術を改めて明確に説明づけた。家庭での祝典には、宗教や超自然的な事象《オカルト》がその地域、時代にどのように信じられているのかが反映され、仮装、トリック・オア・トリートにはメディアが深く絡み、ハロウィーンに関する書籍、映画、芸術がその地の産業の一部門となった。ハロウィーンは間違いなく大衆文化を刺激してきた。しかしその刺激の強さはどれほどのものだろう？　ハロウィーンが存在しなくても、ワシントン・アーヴィング、ロバート・バーンズ、ジョン・カーペンター、ティム・バートンは――エドガー・アラン・ポーでさえ――今ほど広く知られていたろうか？　スティーヴン・キングはどうだろう？　ゾンビは？　ハロウィーンによってあらゆるジャンルでホラーが受け入れられ、大衆化されただろうか？　ゴス・サブカルチャー［神秘的、終末論的歌詞を歌うことの多いゴスミュージック、黒衣をまとい白く死化粧をするゴスファッションなど］はハロウィーンのおかげを被っているだろうか？　こうした思いすべてはひとつの素朴な疑問から発している――ハロウィーンは、実際には、何を表象しているのだろう？　ということだ。

答えは――民俗学者でありハロウィーンの専門家でもあるジャック・サンティーノが指摘するように――「多義的《ポリセミック》」であるということだ。場所、時代によって、ハロウィーンの意味は異なり、同じひとつの場所においてさえ、人によって異なる。現代の成人アメリカ人にとっては、ハロウィーンとは――その特質を形作っているのは芸術性と想像力であるため――比較的安全な環境で恐怖を存分に楽しめる機会であり、現代のロシア人にとっては、表現の自由を行使できる夜である。また、スカンジナビア人にとっては、長く陰鬱な冬が始まる前の最後の祝祭であったりもする。

しかし、ハロウィーンがまだよちよち歩きをしていたと思われる五〇〇年ほどまえには、ハロウィーンはまったく異なった受け止められかたをしていた。暗黒の中世を抜け出したものの、依然として疫病の脅威にさらされた時代にあって、「オールハロウズ」の祝祭には異教とキリスト教、魔術と瞑想、騒々しい祭と厳かな内省が奇妙で不安定な形で混在していた。

ハロウィーンは少なくともつい最近まで、一日限りの祝祭だったために、その歴史を探るには、基本的には芸術を通して眺めるしか方法はない。幸運にも、ハロウィーンは詩歌、フィクション、演劇、映画、ラジオ番組やテレビ番組、音楽、絵画、グラフィックデザイン、フォークアートに刺激を与えつつ、まっすぐではないにしてもしっかりした小道を踏み固めてきた。その小道をたどれば、ハロウィーンの変容が見えてくるかもしれないと思われる。

ハロウィーン文学

近代小説の先駆け『ドン・キホーテ』が登場したのは、ガイ・フォークスが英国国会議事堂を爆破しようとした年と同じ年だ。それ以前の文学と言えば詩歌、戯曲だが、こうしたものの中でもハロウィーンは多く言及されている。詩歌やバラッドに、とりわけ好んでこの祝祭を取り込んだのはスコットランド人で、アレグザンダー・モンゴメリーが「ポラートへのモンゴメリーの返事」で最初にハロウィーンに言及している。とはいえ、その詩はあるライバル詩人を冗談めかして攻撃したもので、このとき、ハロウィーンの文化的歴史の第一歩が、からかいの方便として、踏み出されたことになる。
それでもスコットランドのバラッドはハロウィーンのロマンチックな側面も強調している。サー・ウォルター・スコットによって集められた『スコットランド国境地方の民謡(Minstrelsy of the Scottish Border)』が世に出たのは一八〇二年のことだが、そこには一五四八年頃の古典的バラッド「タムリン」に彼が加筆したものが収められている。以下はタムリンが恋人ジャネットに、どうすれば彼を妖精たちから救い出せるかを語る詩節で、そこには初期のハロウィーンの飾りのなさ、美しさが描き出されている――

ジャネット、今宵はハロウィーン、
明日はハロウデー。
だから、たとえ真実の愛を勝ち取るとしても、
ぐずぐずしている時間はない。
その夜はハロウィーン、
妖精たちは馬で出かける。
真実の愛を勝ち取りたいなら、
マイルズクロスで待っているのだ。[1]

タムリンはさらに妖精の女王が彼を何に変えてしまうかを告げ、彼を離さないようにするにはどう

しなければならないかをジャネットに伝える。

シェークスピアはハロウィーンについて頻繁には触れてはいないし、触れたとしても愚弄したりして気のない扱いに終始している。これはシェークスピアがエリザベス女王およびジェームズ一世治世下の反カトリック、反万聖節《オールセインツ・デー》の時代の英国人戯曲家だったからだと思われるが、それでも『ヘンリー四世』第一部一幕二場ではヘンリー王子が「じゃあまたな、晩春《ラター・スプリング》野郎、じゃあまたな、晩夏《オールハロウン・サマー》野郎」と、一〇月末頃の暖かい秋の気候に言及する言葉を使ってフォルスタッフを揶揄している。また『ヴェローナの二紳士』二幕一場では、小姓スピードが誰かのことを詰って「ハロウマスの物乞いみたいにか細い声を出して」と言い、『リチャード二世』には以下の二行が含まれている。

彼女は美しい五月のように飾られてここに現れ、
一年でもっとも日の短い日、ハロウマスのように戻っていった（五幕一場）。

イギリス諸島がプロテスタント教会に支配されていたほぼ二世紀の間、ハロウィーンは文学の世界から消えている。議会がガイ・フォークスの日（あるいは夜）以外のすべての祝祭を禁じた一六四七年、ハロウィーンを祝うことも禁じられた。それでも一八世紀後半になると、スコットランドで国家気運が高まり、スコットランドの人々は再びハロウィーンに詩的な目を向けた。その最たる例がロバート・バーンズで、一七八五年の作品「ハロウィーン」はどの作品にもましてハロウィーンを浮かれ騒いで過ごす世代に影響を与えた。占い、食べ物、男女の戯れなどが事細かに記されているこの詩は一九世紀を通してほとんどすべての暦書、雑文集に引用され続けた。たとえば一八三二年版『ブック・オブ・デイズ（Book of Days）』の著者ロバート・チャンバーズは長々とバーンズを引用したうえに、バーンズの詩で略されていることまで記した――

注目すべきことに、バーンズはダッキング・フォー・アップルズのゲームについて触れていない。有名なあの詩の中でバーンズは当時のスコットランド西部でその夜、どのような風習が守られていたか、あれほど生き生きと語っているというのに。[2]

一八九八年、マーサ・ラッセル・オルヌも『ハロウィーン――その祝いかた（Hallowe'en: How to Celebrate It）』の中でバーンズを引用してパーティのためのゲームを紹介し、その後の三〇年ほどは、ほとんどの小冊子（対象読者は都市在住のアメリカ中流階層）でバーンズが引用された。

ハロウィーンは台頭しつつあったゴシック文学の動きにもほとんど登場しなかったが、これもおそらくその担い手の多くが英国人だったからだと思われる。それでもゴシック文学・詩文の歴史に残る重要なアンソロジー『不思議の物語（Tales of Wonder）』（一八〇一）には、はっきりとハロウィーンが現れている。このアンソロジーの編者はゴシック文学の流れの中でももっとも際立った作品とされる『修道士（The monk）』（一七九六）を記した英国人マシュー・G・ルイスで、スコットランドのボスウェル城で過ごしたことで着想を得て、「ボスウェル・ボニー・ジェーン」を詠んだ。スコットランドの伝統的バラッド形式と超自然的なものに対するスコットランド人の性向が取り込まれたこの詩は『不思議の物語（Tales of Wonder)』の巻頭に据えられ、以後とりわけハロウィーンに言及する部分が頻繁に引用されてきた。ボニー・ジェーンを嘲るバラッドでは、ボニー・ジェーンの父親は娘を金持ちのマルコム侯と結婚させようとしている。それでもボニー・ジェーンは地元の農夫エドガーとの結婚を望んでいて、ボニー・ジェーンのこの思いを知ったある修道士が同情し、彼女を助けることを約束する。ところがハロウィーンの夜、ボニー・ジェーンをクライド川にエスコートする途中、修道士は自分自身が彼女に恋をしていることに気づく。修道士はボニー・ジェーンを誘拐し、舟に乗せて川を渡る。そこに大嵐がやってきて、舟を軽くしなければ、と船頭が言いだす。すると修道士はボニー・ジェーンを川に投げ込んでしまう。この船頭、実は悪魔の化身であり、修道士をひっつかんだまま、荒れ狂う川に身を沈める。その後何年も経て、修道士とボニー・ジェーンは伝説となり——

それでも伝説は伝える、ハロウィーンには、
静けさが深みの底に彼女を沈める、
それでもそこには船頭に化けた悪魔の姿が
修道士とボニー・ジェーンをゆらりゆらりと連れていく[3]（後略）。

『不思議の物語（Tales of Wonder）』が最初に出版されたのはバーンズの詩の一六年後だが、それでもルイスはハロウィーンのことを読者に説明しなければならないと感じたようだ。この詩の中にハロウィーンが登場すると、ルイスは脚注を加えた——「スコットランド人によれば、この夜は魔女、悪魔などが

死をもたらす使いに出ているとされる。『ハロウィーン』と題されたバーンズの詩を参照のこと[4]」

ルイスによる『不思議の物語（Tales of Wonder）』が出版されて二年後には、サー・ウォルター・スコットも『スコットランド国境の歌（Minstrelsy of the Scottish Border）』全三巻を発表し終えていて、そこには「タムリン」だけでなく、ハロウィーンに言及する文書が数点収められていた。たとえば「タムリン」を長々と紹介する中で、サー・ウォルター・スコットは、一六世紀に魔女だと申し立てられたアリスン・ピアソンの事件、さらには噂された有名司教と彼女の関係について詠った当時の風刺的な詩について議論している。その詩の中では、司教は「ハロウィーンの日に馬に乗って[5]」魔女の集会に出かけるとされていて、一六〇〇年代末にすでにハロウィーンが魔女および邪悪な仕業と結びつけられていたことがここでも証拠づけられる。

一八二〇年、サー・ウォルター・スコットは、基本的には歴史小説であるのものの、ゴシック的要素も多く含んだ小説『僧院（The Monastery）』（主な登場人物のひとりはホワイト・レディという幽霊）を出版した。この小説にはハロウィーンの直接的要素も含まれていて、主人公メアリ・エイヴネルはハロウィーンに生まれている。小説の中で、ある戦いでの彼女を描き、サー・ウォルター・スコットは「彼女がオールハロウ前夜に生まれたこと、そしてその環境が目に見えない世界で彼女に付与しようと使ったと考えられる力をめぐってはすでに明かされていたものがあった[6]」とした。議論の余地はあるものの、『僧院（The Monastery）』は最初のハロウィーン小説と呼ばれてもおかしくはないかもしれない。

他にも一九世紀半ばに詠まれ、ことさら注目に値する詩がふたつある。ひとつはアーサー・クリーヴァランド・コックスという名の英国国教会の司教による「ハロウィーン――伝奇詩（Halloween: A Romaunt）」で、ハロウィーンについて多少触れつつ、キリスト教徒の祈りを詠っている。それでも以下のような言及があることから、アメリカで最初に自費出版された一八四二年までに、この詩の読者たちに理解され得る程度には、ハロウィーンが知られるようになっていたことがうかがえる――

夜、その夜なのだ
墓が歓びに包まれ、
魔女たちはパーティのまっただなか！
おまえはそうではないと考える、
外で風が叫んでいるだけ、
しかしちがう、それが彼女たち、彼女たちなのだ！（7）

さらに興味深いのは――ハロウィーンに直接触れているわけではないにしても――エドガー・アラン・ポーの「ユーラルーミ」だ。「寂しい一〇月の夜」を回想したこの詩の詠み手は「幽霊に憑りつかれたようなウィアの森」をさまよい、今は亡き愛する人のことを思い浮かべている。以下の引用には、その夜がハロウィーンであることが強く示唆されている――

というのも、その月が一〇月だとも

一年のうちの特別な夜だとも思わず――
（そう、一年のうちのたった一度のその夜だったというのに！）[8]

詠み手はユーラルーミの墓所に行き当たって最愛の人をそこに運んだのが「去年のまさにこの夜だった」[9]ことを思い出す。「ユーラルーミ」の設定がハロウィーンであるにしろ、ないにしろ、この詩はその問題の夜にしばしば朗唱される。

それでもポーの作品の中には――ハロウィーンについて言及しているわけではないにもかかわらず、切り離せないほどハロウィーンに結びついているために――その物語がハロウィーンを後押ししているのか、あるいはハロウィーンがこの物語を後押ししているのかわからなくなっているものもある。一八四三年の作品で、狂気と殺人の物語『黒猫』だ。あるアルコール中毒患者が殺害した妻の死体とともに猫を壁に塗り込めるというよく知られた物語だが、物語の中でポーは魔女に言及し、「妻は内心、迷信をかなり信じていて、黒猫はすべて魔女の化身だと考える昔からの俗説をよく口にしていた」[10]と記している。この作品はまた、ハロウィーンの定番的読み物ともなっていて、ハロウィーンに生徒が楽しく読めるものを探す教師の間でとりわけ支持されている。ポーの作品リストを見ると、確かに、全般的にハロウィーンに似合うし、アメリカで最初の、そして最高のホラー小説家としてのポーとハロウィーンが融け合うのも無理からぬことと思われてくる。とはいえルース・E・ケリーの『ザ・ブック・オブ・ハロウィーン（The Book of Hallowe'en）』（一九一九）、ロバート・ヘイヴン・シャウフラーの『ハロウィーン（Hallowe'en）』（一九三五）といった初期の重要なハロウィーン関係書の中でハロウィーンのため

✦エドガー・アラン・ポー作『黒猫』のハリー・クラークによる挿絵。

の読み物として推薦され、そのままの形で収録されているポーの作品は唯一『黒猫』だけだから、『黒猫』のおかげでハロウィーンのイコンのひとつが定着し、そのイコンのおかげで『黒猫』人気が高まったというのが間違いのないところだろう。

ハロウィーンを大いに後押しする一方で、ハロウィーンに後押しされて毎年多くの読者に楽しまれている作品を三作挙げるとすれば、二作目はナサニエル・ホーソンの一八三五年の作品『ヤング・グッドマン・ブラウン』だろう。「ユーラルーミ」同様、この作品でもハロウィーンが直接名指しされているわけではないが、小説の冒頭部分で、新妻フェイスが「お願い、今夜は私と一緒に家にいて、一年のうちのこの夜だけは」[11]と夫に懇願するとき、この日がハロウィーンであることが強くほのめかされる。物語の中で、タイトルともなっている主人公の青年ブラウンが夜間に謎めいた旅に出て、暗い森を歩いている途中で悪魔に出会い、自らが暮らすコミュニティ、セーレムの中でももっとも敬虔な人達が実は悪魔の仲間であること、さらには彼らが邪悪な集会に向かっていることを知る。また、物語にはぞっとさせるような、超自然的心象風景が織り込まれていて（サタンが生きた蛇さながらの杖を使っていたり、頭上の雲から声が聞こえたり、燃え盛る岩の窪みが聖水盤一杯分の血を湛えていたりする）、その不気味な結末は、自身の高祖父がセーレムの魔女裁判に関わっていたことに対するホーソンの罪の意識を証明している。この物語もハロウィーン物語として長く親しまれ、『黒猫』がそのタイトルに起用した小さな動物をハロウィーンのスーパースターに押し上げたように、魔女というイコンがスターダムを駆けのぼる後押しをした。

ハロウィーンに関係する物語部門の最後の栄冠に輝くのはワシントン・アーヴィングの『スリーピー・ホローの伝説』だ。最初に世に出たのは一八二〇年で、ひょろっと背の高い教師イカボット・クレーンが首のない騎士に遭遇するこの物語もハロウィーンについて言及しているわけではないが、季節を感じさせる田舎の風景、収穫、パーティなどが描かれ、秋の気配が舞台背景としてかなり使われている。この作品がハロウィーンの名作となったのはカボチャが使われているからだ。つまり騎士（イカボットの宿敵ブロム・ボーンズの化身だと思われる）は馬を駆るとき、頭を鞍瓦に載せていたが、ついにはそれを恐怖に慄くイカボットに投げつける。それでも翌日発見されたのは「気の毒なイカボットの帽子と、そのそばに転がった潰れたカボチャ」[12]だけだったとされている。カボチャが怖しい悪鬼の頭として登場するアーヴィングのこの名作は、ジャック・オー・ランタンがハロウィーンのイメージキャラクターの紛れもない王の座に就く後押しをしたのではないだろうか？　もちろんイエスだ。「ユーラルーミ」、『ヤング・グッドマン・ブラウン』、『スリーピー・ホローの伝説』の三作がハロウィーンの読み物として、どの作品より多くアメリカの学校教科書に現れていることと、それぞれの作品で象徴的に取り上げられている三つ——黒猫、魔女、カボチャ——がハロウィーンの主役級イコンとなっていることはただのふたつの現実ではないはずだ。

アーヴィンによる作品で、「素晴らしい秋の日」を舞台背景としたハロウィーン好みのものがもう一作ある——『リップ・ヴァン・ウィンクル』だ。これはある日、山を歩いていて、顎鬚を生やした小男たちの不思議な集団に出会った男が、小男たちからもらったビールを飲んで眠りに落ち、目が覚めたときには二〇年経っていたという話で、サムハイン祭（ハロウィーン）を舞台にした古い民話、すなわち孤独な魂（を持った人）が偶然にも摩訶不思議な集会に行き当たり、現実世界に戻ってみると、時間は彼を置き去りにして先へと進んでいたとされる話との類似性が見てとれる。

一九世紀半ばになる頃には、印刷術や流通技術が進み、新しいタイプの大衆娯楽が広まっていた——

雑誌である。合衆国では一八五〇年までに六〇〇誌以上の雑誌が発行され、内容の充実が図られていた。一八三〇年代に最初の女性誌として発刊されたゴーディーズ・レディーズ・ブック(Godey's Ladies Book)誌は早くからサラ・J・ヘイルを編集者に迎えていたが、ヘイルは別の祝祭との関わりで、つまり感謝祭を国民の祝日にしようというキャンペーンを張って、記憶に留められることになった。それでもゴーディーズ・レディー・ブック(Godey's Ladies Book)誌はハロウィーンを題材に特集記事を組んだ一九世紀の多くの雑誌のひとつだった。一八七〇年代から八〇年代にかけてのアメリカの雑誌に見い出せる古風な趣のハロウィーン読み物の典型例と言えば、ミータ・G・アダムズによる「ハロウィーンあるいはクリッシーの運命」だ。一八七一年にスクリブナーズ・マンスリー・マガジン(Scribner's Monthly Magazine)誌に掲載され、一年後にはザ・センチュリー(The Century)誌に再掲載されたが、この読み物の中でのハロウィーンは、語り手である年配の未婚女性にとっては、ひとりの若い女性が登場して初めて知ることになったもののようだ――

姪のキティ・コールズが一か月間、一緒に暮らすことになったが、「超自然的現象」に関する古い本に出くわしたら、もうすぐやってくる「ハロウィーン」に関して見つけたばかりの新説を試したくてうずうずしていた。[14]

パーティは女子(年齢は特定されていないが、「若い」とか「少女らしい」とかいう形容詞が使われている)のみが参加し、そこでは余興として、溶かした鉛を水に流し込んでその形を読んだり、名前をつけた栗をふたつ暖炉にくべたり、語り手の家の使われていない「離れ」を恐る恐る通り抜けたあと、真夜中に鏡の前でリンゴを食べたりといったことがおこなわれる。集まった女子のひとりクリッシーが鏡に向かっていると、そこに生き霊が現れ――その先は、一九世紀の恋愛物語のパターンどおりの展開となって――最後にクリッシーはハロウィーンの夜には生き霊として鏡に現れた男性に出会い、彼と結婚する。

ハロウィーンに関してこのような雑誌に掲載された記事のすべてが短編小説だったわけではなく、民間伝承をノンフィクションの形で解説したものも少なくなかった。たとえば、一八八六年にはハーパーズ・マンスリー・マガジン(Harper's Monthly Magazine)誌にウィリアム・シャープによる「ハロウィーン――三とおりの年代史(Halloween: Threefold Chronicle)」が「アイルランドのハロウィーン」、「スコットランドのハロウィーン」、「洋上」(最後のものには、嵐の中の喜望峰付近で過ごされたハロウィーンが描かれている)という三部作として掲載された――

> われわれの力で守ることのできる風習はたったひとつ、ディピング・フォー・アップルズだけだったが、これとて、海が凪いでいないと無理だとわかった。どんなに足元の確かな乗組員でも立っているだけで精一杯だったからだ。[15]
>
> その後、海が穏やかになると、(アップル・)ボビングをし、音楽や踊りを楽しみ、薄気味悪い話をして盛り上がる。

このような雑誌がアメリカ人にハロウィーンの手ほどきをしたと思われる。と同時に、主婦たちがパーティのくだりに引き付けられたことも想像に難くない。アメリカにおいて産業化、都市化が進み、好きに遣える収入も増えた中流階層は英国の人々の足跡を——洗練された従兄、従姉の後でも追うように——嬉々としてたどった。こうした中流階層の動きと、ミータ・G・アダムズの「ハロウィーンあるいはクリッシーの運命」がヴィクトリア女王によるバルモラル城のハロウィーン訪問（アメリカの新聞に大々的に報じられたニュースだった）の二年後に発表されていることとは、おそらく無関係ではないだろう。

同じ頃、イギリス諸島の民間伝承を発掘するような著作群が現れ始め、ささやかながら脚光を浴びた。一七年にわたって、数十の地域的小史が記録され、重要な研究も数多くなされた。たとえばレディ・ワイルド（オスカー・ワイルドの母親）が一八八七年には『アイルランドの古代伝説、秘伝のまじない、そして迷信（Ancient Legends, Mystic charms, and Superstitions of Ireland）』を、一八九〇年には『アイルランドの古代治療法、まじない、そして利用法（Ancient Cures, Charms, and Usage in Ireland）』を発表し、生き霊の物語とハロウィーンの災禍を伝えた。サー・ジェームズ・G・フレーザーはハロウィーンの焚火に注目してハロウィーンを冬の到来の祝祭と見なし、一八九〇年に『金枝篇』第一版を発表した。同じく一八九〇年にダグラス・ハイドは——ハロウィーンの夜、妖精たちと馬に乗って出かける少年農夫の奇想天外な民話「グリーシ・ナ・グス・ドゥ（Gleesh na Guss Dhu）」も含めて——『炉辺の物語——アイリッシュ・ゲール語の民話集（Beside the fire: A collection of Irish Gaelic Folk Stories）』を発表した。さらにはシドニー・オルダール・アディによる一八九五年の作品『おなじみの民話とその他の伝統遺産（Household tales with Other Traditional Remains）』、ジョン・グレゴルスン・キャンベルによる『スコットランドのハイランド地方および島々の迷信（Superstitions of the Highlands and Islands of Scotland）』（一九〇〇）、T・F・

システルトン・ダイヤーによる『英国の大衆慣習——現在と過去(British Popular Customs: Present and Past)』(一九〇〇)、サー・ジョン・リースによる『ケルトの民間伝承、ウェールズ人とマン島人(Celtic Folklore, Welsh and Manx)』(一九〇一)なども発表され、いずれにもハロウィーンにまつわる民間伝承と邪悪な霊の物語が数多く収められていた。また、一九〇二年に発表されたレディ・グレゴリーによる『ムルスヴニャの野のクー・ホリン——赤枝騎士団の勇士たち物語(Cuchulain of Muirthemne: The Story of the Men of the Red Branch of Ulster)』、そして一九〇四年の『神々と戦士たち——トゥハ・デ・ダナンとアイルランドのフィアナ騎士団の物語(Gods and Fighting Men: The Story of the Tuatha de Danaan and of the Fianna of Ireland)』はケルトの伝説とサムハイン祭の民間伝承の接点をもっとも包括的に伝えるコレクションのひとつとなった。このようなブームが下火となる頃には、スコットランドの迷信、妖精《プーカ》、焚火の習慣、サムハイン祭前夜の語りかける死体、ありとあらゆる姿かたちと気性を持った妖精のことなど、読者はすでに承知していた。

有り体に言えば、ただ単にハロウィーンが到来していたというより、ハロウィーンへの関心が到達していたのであり、一九世紀末になる頃には、アメリカ人はハロウィーンに特化した本を心待ちにしていた。そして一八九八年にそれを提供したのがニューヨークのフィッツジェラルド出版社で、同社はハロウィーンの祝祭のみを扱った最初の本、すなわちマーサ・ラッセル・オルヌによる『ハロウィーン——その祝いかた(Hallowe'en: How to Celebrate It)』を出版した。四八ページの小冊子のようなこの本はハロウィーンの歴史についての解説から始まるが、紙面の多くは、既述のように、飾り付けや招待状の準備、パーティのためのゲームについての記述に割かれていた。内容的にはバーンズおよびジョン・

ゲイによる「羊飼いの一週間」から多く借りてきているものの、この本がアメリカ人女性をターゲットにしていることは確かで（招待状のサンプルに記された住所がアメリカ風に「四四一番地コロンバスストリート」と記されている）、ジョークにはアメリカ史に登場する著名人を揶揄するようなものが掲載され、なかには到着時、ゲストにホワイトシート［悔悛者がまとう白衣］を渡し、「こちらは一七八九年に死亡した私の大伯父で、ジョージ・ワシントン大統領の親友でありまして」[16]と紹介するのはどうかといった提案まであった。もちろん、その紙面にはカブではなく、カボチャが大々的に取り上げられていた。

『ハロウィーン――その祝いかた（Hallowe'en: How to Celebrate It）』の登場で、その後の三〇年間は、似たようなパーティのための小冊子の出版が後を絶たず、一九〇三年には、オルヌの本を凌ぐ『ウェルナーズ・リーディングズ・アンド・リシテーションズ――ハロウィーン・アクティビティーズ（Werner's Readings and Recitations: Hallowe'en Activities）』が現れた。「余興」、「詩文」、「幽霊物語」、「ハロウィーン・レシピ」、「ゲーム」などが一九二ページにわたって取り上げられた同書の冒頭の数行を読むと、当時、ハロウィーンがどのように受け止められていたかがうかがえる――

ハロウィーン（オールハロウ・イヴ）とは一〇月三一日から万聖節《オールセインツ・デー》である一一月一日にかけての夜のことで、またとないお楽しみの機会のひとつである。このような夜には笑い声と、どんちゃん騒ぎ、そしてミステリーがありさえすればそれでいいのです。[17]

飾り付けについては、ジャック・オー・ランタンに関することが繰り返し取り上げられているが、ジャック・オー・ランタンは「リンゴ、キュウリ、スクワッシュ、カボチャなどの中身をくり抜き、目、鼻、口として皮を切り抜いて内側に蠟燭を灯して」作るとするくだりもある。[18] ハロウィーン・パーティの典型的なプログラムも掲載されているが、そこに見てとれるのは世紀末のパーティとはまったく異なった祝いかただ。つまり、家庭の納屋や客間をステージに見立て、演劇めいたことがおこなわれたことがうかがえる——

ゲストのお出迎えと紹介
影絵芝居《シャドーパントマイム》
幽霊の行進
魔女のダンス
小鬼のパレード
劇「賢明なるお仲人《マッチメーカーズ》」
宵の口のゲームと怖い話
夕食への行進
夕食と夕食のゲーム
夕食後の余興、肝試し、怖い話
ユア・ラッキー・スティックス
薪束の幽霊物語

占い
ゲーム
ホームテスト[19]

この本は明らかに大人を対象としていて、たとえば、「賢明なるマッチメーカーズ」というのは、三〇歳に手が届こうかという娘を結婚させたい中年夫婦の小劇である。

ハロウィーンを楽しむための小冊子は一九二〇年代半ばまでにかつてなかったほど出版されるようになっていたが、この頃には、その紙面の五〇パーセントが子供たちのための活動に割かれていた。そうした活動は全般的に規模が大きく、家庭ではなく、学校や地域集会などでおこなわれることが想定されていたようで、詩文の朗唱、小劇、お遊戯などが含まれていた。以下は一九二六年に出版されたある小冊子に掲載された「ジャック・オー・ランタンのお遊戯」である――

これはいたって簡単なお遊戯で、低年齢の少年を対象としている。服装は子供の好みと集まりの趣旨によって、通常の服でもハロウィーン・コスチュームでも構わない。ランタンに火は灯されていないが、開口部の内部に赤い紙を入れて蠟燭の火に見立てる。快活な音楽を流す。少年たちは舞台の反対側から――半分は右手から、半分は左手から――音楽に合わせ、ランタンを揺らせて入場し、舞台中央で合流する。[20]

このお遊戯には、さらに少年たちが舞台を離れるまでに集団でおこなう所作が三一も含まれていて、少年たちの内心——お遊戯などさっさと済ませて、夜にはいたずらに出かけようという胸躍る気持ち——を思いやらずにはいられない。

ハロウィーンに関する本は、一九三〇年代までに、ほぼすべて子供をターゲットとしたものとなり、占いは過去の迷信として切り捨てられた。「彼女の意見」とタイトルされた一九三六年の詩は以下の四

✦ハロウィーン小冊子『ザ・ベスト・ハロウィーン・ブック（1931年）』の表紙、レノーア・K・ドーランによるもの。

行から始まる——

母さんも、小さかった頃、
ハロウィーンのイカサマをよく試みた、
栗を火にくべたり、リンゴの皮をくるくる回したり——
だれもかれもが、ばかだった、あの頃[21]。

時が経つにつれ、こうした小冊子の中で悪ふざけが目立つようになり、のちに出版された本では、劇や詩文とともに、悪ふざけの風習についての記述が多く記されている。悪ふざけが少年たちの無邪気な行為として大目に見られ、「男の子はそんなもの」という一行で締め括られている場合もあったが、この風習に警告を与える詩やスキットも登場している。「ジャック・オー・ランタン物語」とタイトルされた一九三七年の以下の短い詩もそのひとつだ——

ジャック・オー・ランタンが悪さをした、
月の明るいハロウィーンの夜、
まったくひとりで出発した
いたずらしてやると心を決めて。

子猫、子犬、さらには人間の赤ん坊を怯えさせたあと、この語り部は、とんでもないことに、魔女の黒猫を怯えさせようとしてしまう——

そのとき飼い主魔女が現れて
箒で彼をびしばし叩いた、
こうしてカボチャ頭は
壊れて死んだ。[22]

ハロウィーンがほぼ完全に子供の祝祭となり、破壊行為とも思われる悪ふざけを規制しようと動き始めたとき、ハロウィーンに関する小冊子への消費者の関心は終わりを迎えた。この流れを体現するかのように、一九三四年にはデニスン社が『ボギー・ブックス（Bogie Books）』の刊行を止め、大人がハロウィーン・パーティを開いたり、飾り付けたりする時代は終わったことが明白となった。この種の最後の小冊子『ハロウィーン・ファン・ブック（Halloween Fun Book）』は一九三七年に発行されているが、その巻頭には「節度の一線を踏み越えることの多い悪ふざけを非難するのではなく、若者にはハロウィーンが陽気で、屈託のない祝日となるよう、両親や指導者からの力添えが与えられなければならない」[23]と、忠告めいた文が掲載されている。さらに同書には家々をまわっておこなうパーティや仮装イベントについての詳細も記述され、こうしたもののすべてがほどなくトリック・オア・トリートに引き継がれていった。

また、一連の小冊子を眺めると、「Halloween／ハロウィーン」という単語自体の変遷の歴史が浮かび上がる。一九三七年までは、そこには「V」の省略を示すアポストロフィがほとんど常に含まれ、「Hallowe'en／ハロウィーン」と記されていた。しかし一九三七年以降、アポストロフィは消え始め——一九三〇年代末から一九四〇年代にかけてもアポストロフィが使われる場合もあるにはあったが——一九四八年頃には完全に使われなくなった。

一九一九年、家庭の主婦たちがハロウィーンの楽しみを紹介する雑誌を買いあさり、（序説部分は気乗りしないまま読んでいたとしても）ハロウィーンの歴史を多少なりともかじりつつあった頃、ひとりのアメリカ人女性（二六歳の図書館司書ルース・エドナ・ケリー）が——この祝祭に初めて本格的に歴史の光を当てた書『ザ・ブック・オブ・ハロウィーン（The Book of Hallowe'en）』を執筆することで、文字どおりハロウィーンの歴史を作った。同書は紙製品販売会社からでも、ユニークな書物を扱う出版社からでもなく、長く児童書や文芸、神話を中心に出版してきたロスロップ・リー・アンド・シェパード社から刊行された。同社は『ザ・ブック・オブ・ハロウィーン（The Book of Hallowe'en）』を堅い刊行物として扱い、金色を用いた装丁を施し、挿絵を入れ、索引、参考文献まで収めて世に送り出した。筆者自身も序文の中で、同書がよく見かけられるパーティのための本ではないことを明言し、「読み物、朗唱、劇、パーティについて何かヒントがほしいとお考えの向きには付録のリスト、さらにはどの公立図書館にも置かれている余興やゲームについて記された本が役立つと思います」[24]と記している。ケリーによる歴史はかなり包括的で、サムハインを「夏の終わり」ときちんと捉えていて、実際のところ、その後出版された本よりも正確な記述がなされている箇所もある。関連するテーマである「魔女」と「ワルプルギス・ナイト」［四月三〇日から五月一日にかけての魔女が集うとされる夜］は——ハロウィーンについての古い迷信、民間伝承がたっぷり収められている一方で——どちらも章立てで解説されている。この書のもっとも興味深いところは終章にある一節で、アメリカのハロウィーン・パーティで当時依然としておこなわれていた占いの風習について述べたあと、筆者は以下のように力説する——

ハロウィーンというひとつのアイディアが、無邪気ではあるが退屈な迷信などより、はるかに興味深く展開していくことは、一九一六年一〇月三一日にテキサス州フォートワースでおこなわれた野外劇によって約束されている。午後のこの仮面野外劇には四〇〇〇人の学童が参加し、夜には、劇の場面が、町の通りに流れだすかのように、舞台を移しながら演じられた。劇のテーマは「平和への心準備」で、集められた場面はアメリカ史の中でも平和が誉れ高い役割を果たす場面、たとえばウィリアム・ペンを代表とするクエーカー教徒とインディアンの協議、東洋とアメリカの間の貿易の始まりなどだった。これはハロウタイド［諸聖人の祝日］の劇に限られたテーマではない。しかしハロウィーンの気高い起源を相応しく描き出し、数ある休日の中にその存在を確保するような真のハロウィーンの無言劇がアメリカで描かれも、演じられもしないなどということがあっていいはずはない。[25]

ケリーならグリニッチビレッジのハロウィーン・パレードに賛同しただろうし、現在、その著書は電子版（Gutenberg.orgなどのサイトで見つけることができる）でも、ハードコピーでも再版され、広く普及して

✦ルース・E・ケリーによる『ザ・ブック・オブ・ハロウィーン』初版（1919年）の表紙。

いることを知れば喜ぶことだろう。同書の初版本はハロウィーン・コレクションの中でももっとも価値の高いもののひとつであり、本体にオリジナルのペーパージャケット付きであれば、四桁の価格がついていてもおかしくはない。

ケリーのこの書は三〇年の間、ハロウィーン史に関して唯一包括的に述べたものとしての地位を保っていた。しかし一九五〇年、ヘンリー・シューマン出版社がラルフとアデラインのリントン夫妻による『二〇の世紀を超えたハロウィーン（Halloween Through Twenty Centuries）』を「宗教大祭」全書の一部として出版し、ハロウィーン学を半永久的に後戻りさせた。『ザ・ブック・オブ・ハロウィーン（The Book of Hallowe'en）』と比較すれば、長くもなく（一〇八ページ）熟考の産物だとも思えない（参考文献一覧も補遺もなく、わずか二ページの索引があるのみ）『二〇の世紀を超えたハロウィーン（Halloween Through Twenty Centuries）』は、事実と誤情報が入り混じった奇妙で不愉快な本であり、ホラーフィクションとでも呼びたくなるほど際もの的である。同書の第三文では、ハロウィーンは「教会が常に戦ってきた存在と風習を後世に伝える」とされ、さらに、無論ケルト人は残忍で、サムハイン祭には馬や人間を神々に捧げたが、「この恐ろしい慣習はローマの命により非合法化された」[26]と記されている（言うまでもないことだが、ローマ帝国がアイルランドもしくはアイルランドのケルト人を支配した時代など存在しない）。それでも、この本で何より衝撃的なのは中世の頃の魔女狩り（魔女であるとして四万人ほどが処刑されたが、多くは杭にかけられ、生きたまま焼かれた）を明らかに擁護しているというか、魔女狩りを人間の本性にすぎないと片づけてしまっている点で、「過去の時代を過度に軽蔑してはならない。というのも恐怖と混乱の時代には、われわれもわれわれなりの魔女狩りをするだろうから」[27]と述べている。また、魔術については「教会と対立する組織的カルト」であるとし、「このような悪魔の従者は献身的にその支配者に仕え、悔いなきものとして自らの死にも応じる」[28]と記している。さらに、この書には魔女の祝宴、黒魔術の施術、もちろん魔女の処刑などの挿絵、写真も多く収められている。

残念なことに、リントン夫妻の本は、ケリーの書とともに、ハロウィーンを歴史的観点から捉えた書として、多くの図書館の書架にその後四〇年にわたって並べられた。また、皮肉にも『二〇の世紀を超えたハロウィーン（Halloween Through Twenty Centuries）』に見られる魔術の魅力を語る一文――「農夫の多くにとって、悪魔の宴《ウイチズ・サバス》の刺激とエクスタシーは教会でおこなわれる退屈で単調な礼拝より魅力的だった」[29]は、そのまま、何年にもわたって同書が読者を惹きつけてきた理由の説明ともなっている。さらに同書は、ハロウィーンが――リントン夫妻が結論づけたように――「堕落した祝日」[30]であることの証拠づけを求めてきた何世代もの福音主義キリスト教徒にとっては標準的典拠となり続けていくものだとも思われる。地獄の業火に憑りつかれた人々にとっては、正確で誇張のないケリーの記述は確かに魅力に欠けたと思われる。

以後四〇年間、ハロウィーン史は雑誌記事か、いたずらっ子のためのカラフルな絵本のどちらかでしか扱われなかった。ところが、再びこの祝祭が大人の間に広まりだすと、ありがたいことに変化が生じた――一九九〇年、レスリー・プラット・バナタインによる『ハロウィーン――アメリカの祝日、アメリカの歴史（Halloween: An American Holiday, an American History）』が出版されたのである。同書によって、初めてハロウィーンに現代的な歴史、つまり包括的で調査研究に裏付けられていて、しかも楽しめるという歴史が与えられた。リントン夫妻による『二〇の世紀を超えたハロウィーン（Halloween Through Twenty Centuries）』からいくらかでも読者を切り離すには遅すぎた登場だったかもしれないが、『ハロウィーン――アメリカの祝日、アメリカの歴史（Halloween: An American Holiday, an American History）』は学究的関心がハロウィーンに寄せられるという新たな時代の到来を告げた。以後、一九九四年には最初の学術論文集『ハロウィーンおよびその他の生と死の祝祭（Halloween and Other Festivals of Death and Life）』がジャック・サンティーノによって編纂され、二〇〇二年には、デヴィッド・J・スコールによる『死が祝日をつくる——ハロウィーンの文化史(Death Makes a Holiday: A Cultural History of Halloween)』が初めてニューヨークの大手出版社(ブルームズベリー)から刊行された。二〇〇三年にはまた、ハロウィーンに関する最初の専門事典的文献として『ハロウィーン百科事典(The Halloween Encyclopedia)』が、二〇〇五年にはヨーロッパで初めてのハロウィーンの祝祭についての学術論文集『シュタイヤマルク州などの地域におけるハロウィーン(Halloween in der Steiermark und anderswo)』が発表された。

大衆文化の現代的研究が開始されて四〇年にもならないとしても、アカデミックな世界にあって、ハロウィーンについて未だ細かに分析されない部分が多く残されているというのは驚くべきことだ。たとえば『バフィー〜恋する十字架〜』についてはハロウィーンよりもっと重大な分析がおこなわれたり、大学の授業で教えられたりしている。ハロウィーンに関する第一回の(これまでのところ第二回はない)学術会議は二〇〇六年にスコットランドのグラスゴー・カレドニアン大学で開催され、世界中の大学からの参加者があったが、学術会議のウェブサイトでは「ハロウィーンは学術論文のトピックとして、驚くほど研究されていないと同時に理論立てられてもいない」[31]と力説されていた。ハロウィーンについての決定的研究のなさの理由が学問的無関心にあるのか、ハロウィーンが数え切れないほどの他のトピックに結びついてしまっているという事実にあるのか、解答は見つからないままだが、ハロウィーンが世界中で広がりを見せているとすれば、ごく近い将来において、学術研究の世界がいよいよ本格的にハロウィーンに取り組む日が必ずやって来ると思われる。

大衆文化の理論家がハロウィーンの重要性を容易には認めなくても、大衆文化のコレクターはちがう。一九九五年に二冊の本、ダンとポーリンのカンパネーリ夫妻による『ハロウィーンのお宝コレクション――価格ガイド（Halloween Collectables: A Price Guide）』と、スチュアート・シュナイダーによる『アメリカのハロウィーン――価格付きコレクターズガイド（Halloween in America: A Collector's Guide with Prices）』が刊行されると、ハロウィーンに関する出版物に別の動きが生じた。ハロウィーン・コレクティングが初めて印刷物の中で初めて認められたのは一九八四年のことで、この年、パメラ・アプカリアン－ラッセルが「ザ・トリック・オア・トリート・トレーダー」というニュースレターを創刊している。『アメリカのハロウィーン――価格付きコレクターズガイド（Halloween in America: A Collector's Guide with Prices）』の著書の前書きで、シュナイダーは二〇年にわたってこだわりのアイテムを探し続けているコレクターについて言及し、ずばり「彼らが予見力のある人たちだったことは時が証明した」[32]と力説した。ベビーブーマーが年をとるにつれ、漫画本、映画のポスター、トレーディングカードなどが高く価格評価されるようになり、同じことがヴィンテージもののハロウィーングッズについても言えるようになった。カンパネーリ夫妻はその前書きを以下のように締め括る――

われわれの多くは、異なる時に異なる場所で過ごした異なるハロウィーンを思い出すようで、無邪気な子供時代に経験したハロウィーンなるものが存在するらしい。たくさんのキャンディコーン、ジャック・オー・ランタン、黒猫や空飛ぶ魔女が描かれたオレンジ色のナプキンに包んであったキャンディ、思い出すだけで心が和む[33]（後略）。

『ハロウィーンのお宝コレクション――価格ガイド（Halloween Collectables: A Price Guide）』も『アメリカ

のハロウィーン——価格付きコレクターズガイド（Halloween in America: A Collector's Guide with Prices）』も、こだわりアイテムのカラー写真に製造年、製造場所、製造元など細かな情報を満載している。ハロウィーンコレクターには——たとえばポストカードだけ、猫が描かれたものだけといったように、収集分野を特化している人もいるが、単純にヴィンテージもののハロウィーングッズなら何でも、という人もいないではない。熱心なコレクターとなると、ベイストル社あるいはデニスン社の紙製のデコレーションといったように、製造元にこだわり、デニスン社のブギー・ブックス第一号など、状態がよければ二〇〇〇ドル以上の値で取引きされることもある。ブギー・ブックスはおそらくハロウィーンのお宝コレクションの中でも——ジャズエイジの時代を反映し、飾りたてたダンスホールで浮かれ騒いでいるボブヘアの都会的フラッパーをモデルとしたハロウィーン画も掲載したりしているから——ユニークな存在とされるのだろう。また、さまざまな形のガーリー社の蠟燭、キルヒホーフ社あるいはUSメタルトイ社のノイズメーカー、ヴィンシ社あるいはラファエル・タック社のポストカード（画家を特定すれば、天使のような子供を描いたエレン・クラップサドルによるもの）、合金や紙張子の初期のジャック・オー・ランタンやキャンディ入れ（製造元の記載はない）などはいずれも幽霊や魔女、さらには秋の色で鮮やかに描かれたカボチャ頭の小鬼をモチーフにしていて、ハロウィーンの視覚的魅力を伝えている。カレッジヴィル社やベン・クーパー社製のコスチューム（レーヨン製で、派手な模様が描かれた衣装とプラスチック製のマスクがオリジナルボックスに収められたもの）に目を付けるコレクターもいる。テレビや映画あるいは絵本で見た憧れのヒーロー、ヒロインが描かれているという特典付きコスチュームもあったりするから、子供の頃のトリック・オア・トリートの思い出が呼び覚まされるのだろう。だからといって、ハロウィーン関連の小売り業界では将来のコレクターズアイテムばかりを製造しているわけではない。このようなハロウィーン・コレクティング熱の高まりに目を付けた一部業者は、計算高くも、手間をかけずにコレクターズアイテムを製造し、より高い値段で販売している。デパートメント56は奇抜な幽霊屋敷をセラミック製で復活させ、ディズニー社は『ナイトメアー・ビフォア・クリスマス』の関連グッズを大々的に売り出し、マッテル社は昔ながらのバービー人形でその年その年のハロウィーンドールを製造している。ヴィンテージものの再生産も広くおこなわれていて、もっとも目の利くコレクターでさえ欺かれることがあるくらいだ。

このことは、一九九五年が「イーベイ」元年の年であることと無関係ではないだろう。オークションサイト、イーベイはあっという間に世界最大のガレージセールとでも言うべきものとなり、地球規模でのヴィンテージものの売買を可能にした。ハロウィーンのお宝グッズが体系化され、その評価が活字となって現れるようになると、コレクターは貪るように集めまくり、価格が一気に上昇した。次の一〇年には、たとえば『プラスチック製ハロウィーンお気に入りグッズ(Halloween Favorites in Plastic)』、『時空を超えたハロウィーンお宝グッズ、一九二〇年から一九四九年——ベイストル社資料に見るハロウィーン・レファレンスブック、価格ガイド付(Timeless Halloween Collectible, 1929-1949: A Halloween Reference Book from the Beistle Company Archives With Price Guide)』など、ハロウィーンのお宝グッズに関する本が続々と刊行された。アプカリアン - ラッセルは、おそらく世界最大級のハロウィーン・コレクションを所蔵していて、三冊の本に——「ハロウィーンのお宝グッズ(Collectible Halloween)」(一九九七)、「続ハロウィーンのお宝グッズ——擬人化されたハロウィーンの野菜、果物たち(More Halloween Collectibles:

Anthropomorphic Vegetables and Fruits of Halloween)」(一九九八)、「ハロウィーン――お宝デコレーションとゲーム(Halloween: Collectible Decorations and Games)」(二〇〇〇)と、それぞれ題して――寄稿しているばかりか、ヴァージニア州ベンウッドの学校跡地に世界初のハロウィーン・ミュージアム、キャッスル・ハロウィーン・ミュージアムを開設し、三万五〇〇〇点の品を展示している。

ハロウィーン・フィクションがその地位を得たのは二〇世紀になってからで、一九四一年、この祝祭の名をタイトルに打ち出した最初の小説『ハロウィーン(Hallowe'en)』がレスリー・バージェスによって記された。軽めのミステリーに仕立てられたこの作品はかなりの部分でダフネ・デュモーリエの『レベッカ』を下敷きとしているが、少なくともハロウィーンの日を物語の中心に据え、スコットランドの儀式について触れている。四年後には、チャールズ・ウィリアムズ(J・R・R・トールキンやC・S・ルイスらとともに文芸活動グループ、インクリングズに所属していた)が暗い死後の世界を描いたファンタジー『万聖節の夜』を発表し、現在、この作品こそハロウィーンに焦点を当てた最初のホ

✦ヴィンテージものの紙製ハロウィーン・デコレーション、1940年頃。

ラー小説ではなかったかとも考えられる。それでもハロウィーン小説の最高峰と多くの人が口を揃えるのはレイ・ブラッドベリによる一九七二年の作品『ハロウィーンがやってきた』だ。同書ではトリック・オア・トリーターの少年の一団がカラペイス・クラヴィクル・マウンドシュラウと名乗る謎めいた男にタイムトラベルに連れ出されるという物語が展開されつつ、ハロウィーンの歴史が物語でも語られるかのように紹介されている。ブラッドベリは初期の作品『何かがこの道をやって来る』でもハロウィーンについて言及しているが、『ハロウィーンがやってきた』では「昼と夜。夏と冬だ。諸君。種まきと刈りいれ時。生と死。それらが一つになったのが、ハロウィーンだ」[34]（『ハロウィーンがやってきた』伊藤典夫訳より引用）と、その詩的感性が遺憾なく発揮されている。二〇〇四年のインタビューで、ブラッドベリは『ハロウィーンがやってきた』はテレビのアニメ番組『スヌーピーとかぼちゃ大王（It's the Great Pumpkin, Charlie Brown）』に呼応する形で生まれた」と振り返った。番組の中で、実際にかぼちゃ大王が登場しないのは間違っているのではないかとブラッドベリは感じていたが、アニメーターのチャック・ジョーンズに会ってみると、彼も同じ考えだった。そこで、ふたりは自分たちが真の「ハロウィーンの霊」だと思っているものが登場するようなスペシャル版アニメの制作に着手し[35]、ブラッドベリは脚本を担当した。しかし制作は頓挫し、ブラッドベリは脚本を小説に書き改めた。この作品は一九九三年にはアニメ化された短編として賞を受け、本としても、ジョゼフ・マグナイニによるイラストを収め、今なお刊行され続けている。

一九六〇年代から七〇年代にかけての社会変動は公民権運動と女性解放運動に限定されることなく、ポップカルチャーにまで影響を及ぼし、新たな時代を生み出した——社会規範は緩やかとなり、性描写、暴力描写があからさまとなった。この文化的変動に、どの分野より影響を受けたのはホラーの世界で、クモの巣だらけのどこかゆかしい古城や雷鳴轟き、稲妻走る嵐といった昔日の舞台は姿を消した。代わって登場したのが、映画の世界では、ジョージ・ロメロ監督の『ナイト・オブ・ザ・リビングデッド』、巨額の製作費が注ぎ込まれた大作、リチャード・ドナー監督の『オーメン』などの作品に見られる人肉嗜好、手足切断、斬首などグロテスクな場面であり、新しいベストセラー小説群においては、口汚い罵り言葉を連発する子供たち（ウィリアム・ピーター・ブラッティの『エクソシスト』）、宗教的に抑圧されたセクシュアリティ（スティーヴン・キングの『キャリー』）といった従来のタブーへの挑戦だった。ハロウィーンの存在がすでに恐怖と結びついていたとしても、ハロウィーンは大人気を博した一連の新たなホラー映画、ホラー小説の中でいよいよ際立っていくことになる。とはいえ、それには時間がかかった。一九五〇年代のトリック・オア・トリーターはすでに懐古趣味の大人になっていて、彼らを和ませるようなハロウィーンの思い出は決して触れられてはならないものだった。こうした立場を代表しているのが、パメラ・アプカリアン－ラッセルに代表されるコレクターの一部で、彼らは、現代の血なまぐさいホーンテッドアトラクションに興味はないと言う。一九七〇年代半ばには、ハロウィーンは依然として、楽しくドキドキするものであって、悲鳴を上げるほど怖いものではないとイメージされていたのである。

事情が一変するのは、言うまでもなく、ジョン・カーペンター監督の『ハロウィン』が公開され、映画界に旋風を巻き起こし、露骨なまでの新たなホラー映画が恐怖の祝祭と絡み合わされた一九七九年だが、それでもハロウィーンについての言及は映画の世界だけでのことだった。ハロウィーン・フィクションが――もちろん束の間の流行があったり、時節小説といったものが登場したりはしたが――新たな動きとなって突如姿を現すのは二〇〇〇年代に入ってからのことだ。先鞭をつけたのはおそらくリチャード・チズマーとロバート・モリシュ共編のアンソロジー『一〇月の夢――ハロウィーンの典礼(October Dreams: A Celebration of Halloween)』で、六六〇ページからなる分厚いこの一冊には再録ものの短編、書下ろしの短編、さらには著作家にとって忘れられないハロウィーンの思い出やフィクション、さらには映画の中でのハロウィーンの役割についてのエッセイなどが収められていた。『一〇月の夢――ハロウィーンの典礼(October Dreams: A Celebration of Halloween)』が出版されると、ノーマン・パートリッジが『ダーク・ハーヴェスト』(二〇〇六年ブラム・ストーカー賞受賞作)で、ハロウィーンを利用して、小さな田園の町の暗部を探って、他にもアル・サラントニオ(その一連の作品ではオレンジフィールドという架空のハロウィーンタウンが舞台となっている)のように、ハロウィーン・フィクションを自らの基盤にしようとする作家が現れ始めたりもした。ハロウィーンはまた、ホラー系の小出版社のためのドル箱ともなっていて、このような出版社は毎年ハロウィーンの時節に新刊を刊行し、カタログによれば、高価なサイン入り限定版のみが発売される場合も少なくないようだ。

ハロウィーンは、議論の余地はあるが、ほぼいつも長編より短編小説の中で収まりのいい虚構世界を見い出すらしく、実際のところ二〇世紀、二一世紀の著名ホラー作家は小説でも、通常、短編小説の中でハロウィーンを描いている。一九一四年に『土くれ』を書いたジェームズ・ジョイス、一九三七年に『万霊節前夜』を書いたイーディス・ウォートンといったジャンル混淆の作家もハロウィーンを取り込んではいるが、多くの場合、彼らは一九世紀の見方を踏襲し、ハロウィーンを田舎の使用人が祝うものと見なしているようだ。ブルジョワジーが祝うハロウィーンを舞台とした最初の短編小説のひとつはロバート・ブロックによって書かれている。ブロックによる一九三九年の作品『マント』では、

✦2000年の『オクトーバー・ドリームズ』の表紙。

吸血鬼のコスチュームを借り着して上流階層のハロウィーン・パーティに出かけ、血を飲むよう勧められるはめに陥る男の話が面白おかしくも不気味に描かれている。一九四八年になる頃にはハロウィーンの祝祭は――レイ・ブラッドベリの『一〇月のゲーム』(皮をむいたブドウ、べとべとしたスパゲッティなどさまざまな食べ物を暗闇の中で回し、それらが体の器官の一部であるかのようなふりをするというハロウィーン・パーティの伝統に則ったゲーム)にもうかがえるように――中流階層にしっかり根づいていた。また、一九六四年のブラッドベリの作品『筋肉男のハロウィーン』では、ハロウィーンは郊外の儀式としてすでに受け入れられているが、屈辱を受けてハロウィーン・パーティから戻り、苛立ちを鎮めることのできない筋肉男が母親にもたらすある不安と恐怖が描かれている。

二一世紀のハロウィーン物語の最高傑作群は、軽めで時にユーモラスなブロック、ブラッドベリのフィクション世界から離れ、寒々しい物語を展開している。そこでは孤立感と疎外感について語られ、たとえばジャック・ケッチャムの二〇〇〇年の作品『ゴーン(Gone)』では数名のトリック・オア・トリーターと子供を失くした女性との不思議な出会いが描かれ、同じく二〇〇〇年に書かれたグレン・ハーシュバーグの中編小説『ダーク氏のカーニバル(Mr. Dark's Carnival)』では、モンタナ州の人里離れた大草原で伝説の幽霊屋敷(そこでは一九世紀の辺境《フロンティア》の正義がホーンテッドアトラクションの奇妙で血なまぐさい恐怖に成り果てていた)を見い出す民俗学の教授が描かれている。こうした新しいハロウィーン小説の関心は社会階層ではなく、幻想にあり、子供時代の思い出と期待感を逆手にとるかのように、抜け目なくベビーブーマーのノスタルジーを利用している。

ハロウィーン関連の本について解説するとき、児童書についても触れなければ、片手落ちというものだろう。ハロウィーン関連の児童書は、詳細にリストアップされれば、それだけで本が一冊でき上がるほど数も多く、そしてこの祝祭同様、古くから身近なところに存在してきた（さらに言えば、児童書が民話、妖精物語の形を借りていた時代もある）。以下は一八三三年にスコットランド人探検家J・E・アレグザンダーが一〇月三一日を荒野で過ごし、それを回想した記述だ――

水の中に倒れかかった木々に囲まれた湿地帯で、大雨の中、私たちは伝説や幽霊物語をひとつひとつ語りながら、ハロウィーンの夜を過ごした。スコットランドの老女たちがハロウィーンの恐怖の夜に若者たちに聞かせては、彼らを怯えさせる話ばかりだ[36]（後略）。

子供のためのハロウィーン物語で、本の体裁を整えて最初に登場したのはおそらく一八八八年の『エルシーのハロウィーン体験（Elsie's Hallowe'en Experience）』（同名の童話集に収録）だ。著者はメアリー・D・ブラインで、そこでは少女エルシーにとっての初めてのハロウィーン体験ばかりでなく、（母親に語らせる形で）ハロウィーンについての説明もなされていた――

それはハロウマスの宵祭りのことで、万聖節《オールセインツ・デー》とも言うけれど、異教の時代の名残なの。その頃にはまだみんな、迷信とか異教徒の教えや考えかたとかを信じていて、謎めいた習わしや儀式でも守っていた。昔のスコットランドの人たちにはハロウィーンをお祝いする習わしがあって、ハロウィーンの日には妖精たちがいつになく元気いっぱいになって、いろいろな霊も歩きまわるって思っていたわ。イングランドの北のほうでは「ナットクラック・ナイト」とも呼ばれるけれど、ほんとうは、その日に何があるわけでもない。でもね、風変わりな習わしって他にもたくさんあるでしょ？　あんなのと同じで、ずるずると続いて、時が流れるうちに、ひとつのしきたりみたいになってしまって——今では、楽しくいろんなことをするための夜になっているわけ。お友達を見ていてごらんなさい、あなたにもわかるから。[37]

エルシーのお母さんのどこか見下げたような口ぶりは、新たな世紀が始まって、ハロウィーン人気が高まると、フィクションの世界から消え去った。一九一五年に発表された『エセル・モートンの祝日（Ethel Morton's Holidays）』では、対照的に、ハロウィーンは人気のある市民的祝典であり、クラブや委員会が主催するパーティで、少年たちが過去のいたずらを告白し、今年は「もうしません」と照れながら言うところが記されている。一九一六年の『ハロウィーン・アット・メリーヴェール（Halloween at Merryvale）』はハロウィーンの定義づけから始めているが、少年たちのパーティを描いたこの楽しい物語に説明は不要だ。母親は魔女の仮装を、父親は幽霊の仮装をしているし、そこにはアップル・ボビング、スナップアップル、（小麦粉の中から口だけを使って）一〇セント貨を取り出すゲームなども、さらには（男の子は男の子だから）ゴム製のクモやヘビのプレゼントも登場する。一九四一年までには印刷技術も向上し、絵本『ジャック・オー・ランタンの双子兄弟（Jack O' Lantern Twins）』など、全頁にカラーの挿絵が添えられているものの、不思議なことに、ハロウィーンに何をするかについては似たり寄ったりで、依然としてトリック・オア・トリートについての言及はない。そこにはアップル・ボビングなどのゲームをしたり、趣向を凝らしたハロウィーン・ディナーをとったりして子供たちはパーティを楽しむと記されているだけで、『ハロウィーン・アット・メリーヴェール（Halloween at Merryvale）』との違いと言って、子供たちはコスチュームを身にまとい、マスクをつけてパーティに現れるとする点、ただひとつである。

驚くべきことに、一九四〇年代から五〇年代にかけては、ハロウィーン関連の児童書がほとんど出

The boys screamed with laughter as the queer-looking things bumped about on the table.

✦『ハロウィーン・アット・メリーヴェール』のチャールズ・F・レスターによる挿絵（少年たちのハロウィーン・パーティが描かれている）、1926年。

版されていない。この時期のもっともよく知られた作品としてはロバート・ブライトによる『おばけのジョージーのハロウィーン』(一九五八年から刊行)があるくらいで、恥ずかしがりやの幽霊がハロウィーンの日に人気者になるという愛くるしいこの物語は今でも多くの大人に好ましく思い出される一作だ。ハロウィーン関連の児童書の需要は、大ヒットしたテレビアニメ『スヌーピーとかぼちゃ大王』が本として出版されたことによって生み出されたと言っていいかもしれない。同書は一九六七年に最初に刊行され、一年後にはマスマーケット・ペーパーバック版で再版された。数年のうちにハロウィーン関連の児童書は大人気を博すようになり、一九七〇年代には数十冊が刊行され、続く何十年かの間に何百冊、何千冊と世に送り出された。今では、同じようにハロウィーンに関連していても、ノンフィクションの歴史的読み物もあれば、手作りガイド、シールブック、飛びだす絵本、こすると香りがする絵本もあり、もちろんフィクションもあるといった具合に、ありとあらゆるタイプの本が毎年出版されている。

ヤングアダルトをターゲットとしたフィクションが広まりつつあった一九九八年、それまで無名だった作家J・K・ローリングがハリー・ポッターという名の魔法使いの少年を世界中に紹介し、ハロウィーンに新たな人気者を誕生させた。社会現象となるほどの成功を収めた七巻(解説などは含めない)の『ハリー・ポッター』シリーズでは、典礼の場面(生きたデコレーションとしてのコウモリ、この日のためだけにハグリッドが育てた巨大カボチャ、さらにはゲストとして本物の幽霊まで登場する)など、巧みにハロウィーンが利用されていて、ハロウィーン・コスチュームにもハロウィーンのお宝コレクションにも新たな宝庫が提供された。それでも、このシリーズの成功も、ある意味、一九九〇年代後半からハロウィーン人気が高まりつつあったことのおかげを被っていると言えなくもない。おそらく、このシリーズの成功もハロウィーン人気も現代の都市に暮らす人たちが生活の中に魔法とファンタジーを求めていることを示唆しているのではないかと思われる。

ハリウッドにおけるハロウィーン

意外なことだが、ハリウッドはハロウィーン・パーティに遅れてやってきた。一九四四年以前には、主要映画の中でハロウィーンが重要な使われかたをしたことはなく、ほんの一握りの短編アニメが使っていたにすぎなかった。そのような短編アニメの中でもっともよく知られているのは一九三三年の『ベティ・ブープのハロウィーン・パーティ』で、そこでは、ゴリラがフクロウを丸裸にしたりして悪ふざけをするが、最後には生きた魔女に変身したデコレーションの魔女に追いかけられ、やっつけられてしまっている。一方、当時、依然として主要放送メディアだったラジオ放送は早くからハロウィーンの魅力に気づいていて、一九三三年には早くも、ハロウィーンをテーマにしたラジオ放送劇を送り出している。ホラーシリーズ「魔女物語」が「万聖節前夜《オールハロウズイヴ》」とタイトルされたショーを放送したのである。その後の二〇年間は「イナー・サンクタム」、「サスペンス」、「クワイエット、プリーズ」といったほとんどすべてのサスペンス（あるいはホラー）番組が少なくとも一本はハロウィーン・エピソードを織り混ぜたが、ハロウィーンを目玉としたのはコメディやバラエティ番組だった。たとえば「ジャック・ベニー・プログラム」では悪ふざけ、コスチューム、食べ物がジョークのネタとされたり、「エドガー・バーゲン・アンド・チャーリー・マッカーシー・ショー」では特別ゲストとしてオーソン・ウェルズが招かれたりもした。

ウェルズと言えば、一九三八年、史上もっとも有名なハロウィーン・ラジオ特別番組を作ってG・H・ウェルズのSF作品『宇宙戦争』を翻案して放送することで、かつてない規模のハロウィーンの悪ふざけを仕掛けた。一時間のその翻案ドラマは一九三八年一〇月三〇日シー・ビー・エス放送（CBS）で放送されたが、劇団「マーキューリー劇場」によってあまりにリアルに演じられていて、聴取者一〇〇万人以上が火星人の襲撃を現実のものと思い込み、警察署に電話をかけるという騒動を引き起こした。番組の終わりには「ハロウィーンである」ことが告げられたが、二〇歳そこそこの若者は翌日、自ら作り上げたドラマが引き起した騒動について記者会見をおこなうことになった。議論はしばらく止むことがなく、連邦通信委員会（FCC）もやがて虚構のニュース報道に賛同しない立場を示した。一方、アドルフ・ヒトラーはある演説の中で、この一件に言及し、民主主義の腐敗と衰退を示すものであるとした。賛成されるにしろ、非難されるにしろ、この「宇宙戦争」にはふたつの明白な事実が含まれている――ひとつはオーソン・ウェルズというスターを作ったこと、ひとつは今なお毎年放送されているハロウィーン用名作ラジオ番組を作ったことだ。「一九三八年のこの捧げ物ほどの大胆さ、紛れもないインパクトを持ったトリック・オア・トリートが他にあるとは到底思えない」[38]とはラジオ放送の専門家リチャード・J・ハンドの言葉である。

一九五〇年代になる頃には、ラジオ放送は新たなメディアであるテレビ放送に押しのけられてしまっていたが、この新たなメディアもハロウィーンを温かく迎えた。ラジオ放送の場合同様、テレビでもハロウィーンはほぼすべてのタイプの番組に登場し、一〇年ごとに変わりゆくその解釈を興味深く描き出した。たとえば長寿ホームコメディ『陽気なネルソン』の一九五二年のエピソード「ハロウィーン・パーティ」では、オジーが勘違いから集会を演出しようとしたり、トリック・オア・トリートが大きくに取り上げられていたりしている。ドラマの中で、末っ子のリッキーは出かけたくてうずうずしているが、ハリエットはリッキーが買ってきた骸骨のコスチュームに驚いているようすだ。やがてトリック・オア・トリーターの近所の子供たちが戸口に現れるものの、普通の服に、簡単にフェイスペインティングをしているだけだ。さらに、このエピソードではオジーが「大人は大人でパーティを計画するが、ハロウィーンは本来、子供のためのもの」という自説を数度繰り返している。

一五年後、ハロウィーンはさらに広まっていて、トリック・オア・トリートはしっかり

✦1952年の「陽気なネルソン」に登場したコスチュームなしのトリック・オア・トリーター。

定着していた。このことは、郊外の暮らしに懸命になじもうとする本物の魔女を主人公にした連続ホームコメディ『奥様は魔女』の一九六七年のエピソード「タバサと三匹のおばけ」にうかがうことができる。そこではトリック・オア・トリートが当たり前のことのこととして描かれているばかりか、何十人も子供たちがさまざまなコスチュームを身につけて近所を歩きまわっている。さらにはSFシリーズ『スタートレック』にもハロウィーン・エピソードは作られていて、有名ホラー作家であり『サイコ』の原作者であり、『マント』の著者でもあるロバート・ブロックによって書かれた一九六七年のエピソード「惑星パイラスセブンの怪」(人間の潜在意識に基づく世界を創造した謎の異星人ふたりが登場する)にはハロウィーンもトリック・オア・トリートも描かれている。

一九八九年、一九九〇年には、人気コメディ番組が放映し、高視聴率と批評家の賞賛を得て、毎年、制作されるようになったハロウィーン特番がふたつ始まった——ひとつは『ロザンヌ』の「ブー!」、ひとつは『ザ・シンプソンズ』の「ツリーハウス・オブ・ホラー」のシリーズである。『ザ・シンプソンズ』はハロウィーンに関連するホラー映画、文学を下敷きにしていて、ポーの叙情詩「大がらす」さえパロディー化し、そこでは、語り手を務める父親ホーマーが息子バートに似た「大がらす」に悩まされている。「ブー!」のほうは、ある意味で、さらに興味深い。そこには「恐怖のトンネル」を設け、コスチュームをまとい、グロテスクなメイクをして、家庭内に幽霊屋敷を出現させる労働者階級の一家(このドラマの核でもある)が描かれていて、古めかしい「恐怖の経路《トレイル・オブ・テラー》」と、ほどなくアメリカのハロウィーンを特徴づけることになるハイテク幽霊群との間にある時代が喚起される。

すでにホラー分野の一部となっているテレビドラマはしばしばハロウィーンを面白おかしく裏返し

にして、その操作ぶりが高く評価されるエピソードを生み出してきた。一九九七年、三作ある『バフィー〜恋する十字架〜』のハロウィーン・エピソードの中の最初で、そしてもっとも成功を収めた「ハロウィーン」が放映された。そこではハロウィーンこそティーンエージャーの吸血キラー、バフィーにとって一年のうちで最高に退屈な夜であるという見解に始まり、魔法をかけられたコスチュームを身につけると、身につけた者がコスチュームの人格に変えられてしまうことが明かされていく。バフィーが一八世紀の貴婦人の衣装をコスチュームとしてすでに選んでいて、悪魔の化身の姿を見ても気絶する以外何もできなくなってしまったのは不幸としか言いようがない。

二〇〇三年には『バフィー〜恋する十字架〜』のスピンオフ・シリーズ『エンジェル』の茶目っ気たっぷりのハロウィーン・エピソード「忙殺」も放映された。そこでは、悪魔やその化身も人間と同じようにハロウィーン・パーティを楽しむことがほのめかされた。またケーブルテレビネットワーク、ホーム・ボックス・オフィス（HBO）の『トゥルーブラッド』の二〇一一年シーズンの最終回では魔術崇拝者《ウィッカン》が中心に据えられ、祖先の助力を求め、（ドラマの中の）ヴァンパイアではなく、他のウィッカンから身を守ろうとサムハイン祭を利用するところが描かれている。このドラマが若者たちの間に魔術崇拝《ウィッカ》への関心を拡大させたことは明らかで、オンライン・ペイガン・フォーラムを主催するアトランタ在住の魔女《ウィッチ》によれば『トゥルーブラッド』の新シーズンが開始されてから、一〇代の会員が増えた」[39]という。残念なのはこの最終回が、そこに登場する魔女《ウィッチ》たちの演技のせいで、ウィッカンの視聴者の多くにあまり面白く受け止められなかった点で、その原因のひとつは、彼女たちがサムハイン祭をサム－ア－ヘイン祭とまちがった発音をしていたことにあった。

二〇世紀、二一世紀を通じてハロウィーンがラジオ、テレビに登場して何百ものコスチュームを流行らせることで、現実の祝祭を異花受粉させていた頃、不思議なことに、映画の中でハロウィーンが描かれることはほとんどないように思われた。実際、ハロウィーンのことが映画ファンに初めてきちんと紹介されるには一九四四年の『若草の頃』と『毒薬と老嬢』の公開を待たなければならなかった。ヴィンセント・ミネリ監督による『若草の頃』はミュージカルとドラマの中間をいくような作品で――今日でも、若き日のジュディ・ガーランドの演技と「ザ・トロリー・ソング」が真っ先に思い出されるかもしれないが――そこには、子供たちがふざけ回り、焚火が焚かれといった一九〇三年のハロウィーンの理想形が、拡大されながらも、描かれていた。

それでも興味深いのはフランク・キャプラ監督の『毒薬と老嬢』のほうだ。ハロウィーンっぽいクレジットタイトルで始まるから、ハロウィーンの日の設定であることが直感されるし、そこにではコスチュームをまとった子供たちの一団に――「トリック・オア・トリート」が口にされることはないが――キャンディが渡されるところも描かれている。それでも映画が下敷きとしているブロードウェーミュージカルの設定は九月だったことを考えると、一九四四年には、その日を選んで映画製作者が一連の出来事を集中させるほどハロウィーンが広く知られていたことは確かであり、この作品が今なおハロウィーンに家族で楽しめる一作であり続けていることも間違いなさそうだ。

続く一〇年間にハロウィーンを描いて、もっともすぐれた出来映えを示した二作品はともにディズニー・スタジオで制作されている。一九五二年公開のアニメ短編映画『ドナルドの魔法使い』は仮面をつけておこなうおねだりのこの儀式がついに完全にアメリカ社会の中に溶け込んだことを示していた。

そこでは、ドナルド・ダックの甥っこダック三匹がトリック・オア・トリートのおねだりに現れるが、癇癪持ちのドナルド・ダックはいたずらを仕掛ける。そこに人のいい魔女が現れ、ドナルドは呪文をかけられてしまうことになる。とはいえ、一九四九年公開の『イカボードとトード氏』のほうが印象的で、『たのしい川べ』と『スリーピー・ホローの伝説』の翻案をひとまとめにしたこの作品では、ビング・クロスビーがナレーションを担当している。全体的にはワシントン・アーヴィングの原作にかなり近いが、よく知られているように、ディズニー版では背景としての時節がただの「秋」からハロウィーンに特定されている。また、原作ではイカボッドが招かれるのは「宴会」というか「針仕事の会」[40]だが、ディズニー版ではハロウィーン・パーティに招かれ、しかもそのパーティでは（ナレーターによれば）「ヴァン・タッセル［『スリーピー・ホローの伝説』の登場人物］がいつも招待客にハロウィーンの怖しい幽霊話をさせる」という。さらにはビング・クロスビーが歌う「ヘッドレス・ホースマン」という歌まであって、タイトルとなっている首なし騎士は「ハロウィーンの夜の恐怖」と歌われている。このディズニー作品は実に首尾よくアーヴィングの物語とハロウィーンを絡み合わせているため、原作ではハロウィーンについて一斉触れられていないことを知って驚かれる読者も少なくないと思われる。

続く五〇年の間、ハロウィーン・シネマ界はジョン・カーペンター監督とその独創的切り裂き殺人鬼《スラッシャー》映画『ハロウィン』（一九七九）の支配下に置かれた。三〇万ドル（約三〇〇〇万円）の低予算映画がその五〇倍以上もの収益をもたらすという大成功を収めた大きな要因が、賢明にも、タイトルを変更したことにあったことは間違いない。つまり制作者アーウィン・ヤブランスが当初考えていた「ベビーシッター殺人鬼」から「ハロウィン」にタイトル変更がおこなわれていたのだった。ラジオ放送のホラーと比較し、ヤブランスは以下のようにコメントしている――「私は『イナー・サンクタム』や『ライツ・アウト』といったラジオのホラードラマで育った世代だ〔中略〕だからラジオのホラードラマのような映画にしたいと言った。不気味で恐ろしいものにはしたいが、多くの部分は観客に委ねたい」(41)

それでも『ハロウィン』は、一九七〇年代に始まったあからさまな描写に歩調を合わせ、セックス絡みの暴力と殺戮〔の気配〕をしっかり観客に印象づけ、瞬く間に大ヒットとなった。批評家評も悪くなく、ロジャー・エバートは四つ星を付けて『ハロウィン』は情け容赦のないスリラーだ〔中略〕心底恐ろしい体験をしたいというのでなければ見てはいけない」(42)と述べ、通俗映画の専門家キム・ニューマンも『ハロウィン』の「得も言われぬジャック・オー・ランタンの雰囲気」を称賛しつつ、「『ハロウィン』はまず女性を扱うという」エクスプロイテーション映画のトレンドを始めた最初の映画だ」(43)と指摘した。さらに、切り裂き殺人鬼《スラッシャー》映画を専門とする学者アダム・ロコフはその著書でテレビ番組ともなった『封印殺人映画(Going to Pieces)』を概観して以下のように語った――

『ハロウィン』の重要性はいくら評価しても過大評価とはならない。今では切り裂き殺人鬼《スラッシャー》映画の鉄則ともなった多くの約束ごと、たとえば主観カメラ〔映画の内容を主人公の視点あるいは作者の視点から見せること〕、ファイナルガール、意味を持たせた日付設定などがあの映画の中で初めて登場したか、完成形となったかのどちらかだから。(44)

一九七〇年代に公開された『ハロウィン』以外の映画の中にも、ハロウィーンを思い起こさせるシーンが思いもかけないところに織り込まれている場合がある。なかでも好奇心をそそられるのはウィリアム・フリードキン監督がウィリアム・ピーター・ブラッティの原作を翻案した一九七三年の作品『エ

✦映画『ハロウィン』の日本語版プログラムの表紙。

クソシスト』の場合で、そこにもトリック・オア・トリーターが笑いながら、カメラの前を駆けていく(が、何の説明もなされない)シーンがある。それでも、ハロウィーンを利用することがどれほど大きな効果を生み出すかが証明され、それに倣う映画が現れ始めるのは『ハロウィン』以降のことだ。ハロウィーン映画の中でも(続編の中でも)もっとも奇妙な一作『ハロウィンIII——Season of the Witches』(一九八二)には仮面の殺人者マイケル・マイヤーズは登場せず、そこではダン・オハーリー演じるコナル・コクランなるミステリアスなアイルランド人マスク製造者による殺戮が繰り返される。このコクランは(明かされていくように)実は古代ケルト人のひとりで、一〇月三一日にアメリカの子供たちをサムハイン祭の生け贄にしようと目論んでいた(映画の最後では、コクランの目論みは成功しているかのように思われる)。『ハロウィンIII』は今、サムハイン祭に注目した最初のホラー映画であるということだけで特筆ものなのかもしれない。

一九八二年には、興行的にはるかに成功し、しかもハロウィーンを見事に利用している別の一作も公開されている——スティーブン・スピルバーグ監督の『E.T.』[原題は"E.T. The Extra Terrestrial"]だ。映画の中の出来事の多くがハロウィーンに生じていて、スピルバーグ監督は見事にハロウィーンを利用することで作品に不可思議さを与えた。『E.T.』は映画史上もっとも愛された作品のひとつとなっただけでなく、すでに存在していたキャンディをハロウィーンの新たなお気に入りにすることにもなった。映画の中でエリオット少年が小さなエイリアンをおびき寄せるのに使ったピーナッツバターの入った小さなキャンディ、リーシズピーシズだ。

スティーヴン・キングの作品にはハロウィーンについての言及は少ないが、一九八五年の映画『死霊の牙』（キング自身が自らの小説『人狼の四季』を脚本化している）には数少ない言及のひとつが見い出される。この作品には小説と大きく異なる点がひとつあって、（小説の中では）大晦日に狼男によって犯された殺人が、ハロウィーンの日に生じている。どうやらハリウッドというところは、とりわけハロウィーン人気の世界的な高まりを計算に入れつつ、ハロウィーンに乗じる機をうかがっているように思われる。一方のキングのほうは、ハロウィーンを利用することはほとんどなく、利用したとしても、短編の『呪われた村〈ジェルサレムズ・ロット〉』や長編『ダーク・タワー』シリーズ（の最終巻）でわずかに言及する程度だ。

それでも一九九三年にはハロウィーンもついに、多くのファンから究極のハロウィーン映画と見なされる作品に出会うことになった——ティム・バートンによる原案・原作で、ストップモーション（コマ撮り）・アニメーション技法で作られた『ナイトメアー・ビフォア・クリスマス』だ。ジョン・カーペンター監督による『ハロウィン』が——この作品より一六年早くに——その不吉な側面を追い求めるゴーサインをハロウィーンに出したものだったとすれば、『ナイトメアー』のほうはその不思議な側面を一〇月三一日にもう一度もたらすものだった。バートンはディズニー（スタジオ）でアニメーターとして働いていた頃、この作品の着想を詩の形でまとめていたが、一九九〇年、彼が監督した二本の作品『バットマン』と『シザーハンズ』がヒットすると、スタジオ側も長編映画への出資に同意した。キャラクターもすでにデザインしていたバートンは自身のアニメーションに生命を吹き込むにはストップモーション・アニメーションの技法がもっとも適していると考え、アニメーターのヘンリー・セリックを監督に起用した。バートンはさらに作曲家ダニー・エルフマンとともに挿入歌と大筋を練りあげ、キャロライン・トンプソンに脚本を委ねた。『ナイトメアー』は、ハロウィーンタウンのパンプキンキングである上品な紳士ジャック・スケリントンがある日クリスマスに遭遇し、毎年のハロウィーンをクリスマスイメージのハロウィーンに作り変えようとする物語だ。ロサンジェルス郊外のバーバンクという静かな郊外地域で育ったバートンには祝祭日、なかでもハロウィーンに生涯変わらない思い入れがあるようだ――

何もないつまらないところで育ったら、たとえば祭日のような、儀式めいたものならどんな形のものでも、場所への思いを与えてくれる(中略)(祝祭日が)接地してくれるというか、季節体験の方法になってくれる、なにしろカリフォルニアには季節がないからね。それでも、少なくともスーパーマーケットに行って通路を歩いていれば、ハロウィーンのディスプレイやら秋の葉っぱやらが目に入ってくるわけだ(中略)私にはハロウィーンが一年で一番楽しい夜だった。ルールは消え失せ、何にだってなれるんだ。空想がすべて。怖いといったところで、面白怖いだけ。誰かを死ぬほど怖がらせようなんて誰も思っちゃいない、怖がらせることで皆を楽しませようとしているだけ。それがハロウィーンってものだし、それが『ナイトメアー』でもあるんだ。(45)

実際、穏やかな色調とデザインのおかげで『ナイトメアー・ビフォア・クリスマス』は魅力的で、ハロウィーンと恐怖の図像群を――面白おかしくではあるが――完璧にまとめあげた作品となっている。この映画はキャラクターグッズ業界に一大ブームを巻き起こし、コレクターたちは動くフィギュアから限定版のセラミック製再現シーンまでありとあらゆるものを買いあさった。実際、『ナイトメアー』の関連商品化は当初の需要が調達可能な材料の総計を上回るという数少ない例であり続けている。合衆国で最初に劇場公開されたとき、興行的にそれほどの大成功を収めたわけではなかったが、日本はじめ諸外国で公開されたり、二〇〇六年のデジタル3D化の公開も含めて、アメリカで再公開されたり、さらには挿入歌をいっしょに歌うことが促される「シングアロング」版がリリースされたりで、以来、人気が高まっている。この作品はまた、批評家の評価も高く、ロジャー・エバートは「目と想像力のためのごちそう」[46]と、ここでも積極的に加勢し、タイム誌の批評家リチャード・コーリスは——ハロウィーンが世界中の他の文化にも浸透しつつあるとすれば、さりげなく皮肉をこめているかもしれないが——『ナイトメアー』は文化的帝国主義の寓話として、つまりあるエンターテイメントの価値を別の社会に押し付けるむなしさを描いたものとして見ることもできると評した。[47]

さらに『ナイトメアー・ビフォア・クリスマス』は興味深い方向で副産物を生み出した。二〇〇一年、ディズニーランドがホーンテッドマンションを改装し、「ホーンテッドマンション・ホリデー」と銘打って、ハロウィーンからクリスマスにかけてのシーズンのために『ナイトメアー』のキャラクターを登場させたのである。モデルチェンジしたライドには、ジャック・スケリントンやサリー、幽霊犬ゼロなど、映画に登場するキャラクターが描かれ、サウンドトラックも一新された。「ホーンテッドマンション・ホリデー」は好評を博し、毎年恒例のアトラクションとなり、「ホーンテッドマンション・ホリデー」の関連商品が園内で販売されるようにもなった。

二〇〇九年、劇場公開をしないというワーナーブラザーズ社の決定を受け、ある作品がいきなり

DVDで発売され、ホラーファン、ハロウィーン・ファン両方から好評を博した――マイケル・ドーティー監督の『ブライアン・シンガーのトリック・オア・トリート』だ。一九七〇年代風のオムニバス形式の作品で、ハロウィーンの夜の小さな町を舞台に四つの物語が交錯していく。そこにはトリック・オア・トリートは言うまでもなく、仮装パーティや都市伝説、ジャック・オー・ランタン作り、庭のデコレーションなど、現代ハロウィーン（の祝祭）の主要要素が数多く取り込まれている。批評家による評価も高く、たとえばバラエティ誌のジョー・レイドンは「ハロウィーンの多年草」(48)となり得る作品であるとした。合衆国ではR指定［映画のレイティングシステムによる年齢制限］を受け――『ナイトメアー・ビフォア・クリスマス』と比較すれば暗く、血なまぐさいとはいえ――『ブライアン・シンガーのトリック・オア・トリート』はハロウィーンの芸術性と物語性を捉えた作品であるとしてファンの間では好評だった。ホラー映画のあるサイトでは「それぞれがハロウィーンを舞台にした個別の物語ではなく、何がハロウィーンをここまで愛おしく、ここまで危険で、ここまで滅茶苦茶面白いものにしたかを伝える一話完結の作品のようだ（中略）ハロウィーンの当代の名作」(49)とまで絶賛されている。

ハロウィーンのアート

この祝祭にまつわる視覚的比喩へのハロウィーン・ファンの反応ぶりを思うと、絵画や最近のグラフィックノベル［主として大人を対象とした長編劇画］の分野にハロウィーンがほとんど現れていないことは驚くべきことである。一九世紀の版画が本や雑誌に現れることは珍しくないが、ファインアートの世界［絵画、彫刻、工芸など］にハロウィーンが現れることは滅多にない。もっともよく知られているものと言えば、ダニエル・マクリースの一八三三年の作品「スナップ‐アップル・ナイト」と、典型的アメリカを描いたノーマン・ロックウェルの数作品くらいで、ロックウェルの作品の中には、シーツをかぶった少女がジャック・オー・ランタンをかざし、ビジネススーツを着た男性が大げさに驚いているところを描いた一作（サタデー・イブニング・ポスト誌の表紙に使われた一九二〇年の作品）もある。最近のポップアート世代の間では、ハロウィーンは人気を集め、毎年ハロウィーン・アートの展覧会がシカゴで開催されたり、「halloweenartexhibit.com」といったウェブサイトにオンライン・ギャラリーが開設されたりしている。カリフォルニア北部にあるペタルーマという小さな町では、「ハロウィーンとブドウ」のハロウィーン美術展なるものが一九九六年以来催されている。審査会形式のこの展覧会では、絵画から人形、

✦ダニエル・マクリースによる「スナップ‐アップル・ナイト」、1833年、カンバスに油彩。

シュールなクレイ・アートのフィギュアまで、オリジナルアートをコレクターが購入する機会も提供される。年に一日だけ開かれるこの美術展には何百人ものコレクターが各地から集まり、唯一無二の作品に何千ドルというお金を落としていく。このような人々はヴィンテージもののハロウィーングッズを大量に所有するコレクターである場合も多く、彼らはノスタルジアとコレクター仲間との付き合いを財産と見なしている。「ハロウィーンを愛する人たちには同志愛というものが存在します――あの人たちにはそれがあります」[50]と語るのは、ラカス・スタジオのハロウィーン・アーティスト、スコット・スミスだ。

グラフィックノベルにハロウィーンが描かれるのは、あまり知られていないシリーズものか、あまり知られていない出版社からのものにほぼ限られている。とはいえ、唯一大きな例外が存在している――もともとは一九九六年から九七年にかけて全一三巻のシリーズコミックとして刊行された『バットマン――ロング・ハロウィーン』だ。残念ながら、タイトルとは裏腹に、ハロウィーンがそれほど扱われているわけではなく、「ホリデイ」という名のミステリアスな殺人鬼を中心に物語は展開していく。スーパーヒーローが登場する他の作品を見ても、ハロウィーンにあまり触れられていないのは、すでにパワフルであるヒーローとコスチュームが日常的に結びついているジャンルにあっては、仮装することで力を得られる祝祭の居場所などないということを物語っているのかもしれない。

ハロウィーンに結びついたものとなると、二〇〇五年から二〇〇七年にかけてトーキョーポップから出版された全三巻の『アイ・ラヴ・ハロウィーン(I Luv Halloween)』で、二〇〇八年にはアルティメット・エディション版として一冊にまとめられた。物語はキース・ギッフェン、絵はベンジャミン・ロー

✦現代のハロウーン・アートフィギュア、「リトル・オールド・ウイッチ」、ラカス・スタジオのスコット・スミス作。

マンによるこの英語マンガシリーズは思春期前のトリック・オア・トリーターの冒険を描き、作品の中で少年たちはゾンビ、エイリアン、殺人鬼のベビーシッター姿でトリック・オア・トリートを試み

✦現代のハロウィーン・ヤードデコレーション。

る。この作品は不敬にもハロウィーンを馬鹿にし、パブリッシャーズ・ウィークリー誌には「クエンティン・タランティーノとティム・バートンがハロウィーン強奪物語を合作したかのように読めるブラックコメディ」と評された。[51] トーキョーポップとメンフォンド・エレクトロニック・アーツはまた、『アイ・ラヴ・ハロウィーン』を下敷きに、オンラインの短編アニメ・シリーズも制作している。

アートの一部世界にあっては、ハロウィーンは低調だとしても、フォークアートの世界では事情が異なる。「フォークアート」という言葉を定義づけるのは容易ではないが、典型的には、プロフェッショナルでもなく、訓練を受けたわけでもない製作者によって作られた作品を指している。それはまた、すでにある知識なり技術なりに従いつつも、既存の作品をそっくり再現することは許されない世界で作られる工芸品とは区別されるのが普通だ。さらには――インターネット上にはイーベイやetsy.comのようなコレクティブ・サイトや、ごく個人的なウェブサイトが立ち上げられ――フォークアートの作家にも世界的な展示場、売り場が提供されるようにはなったが、多くの場合、フォークアートは地域的に限定されたものである。伝統を感じさせるヴィンテージもののハロウィーン・フォークアートというのは、多くは安い材料でハロウィーンのシーズンだけもてばいいという立場から作られてきたため、極めて数が少なく、紛れもないフォークアートとはジャック・サンティーノの言う「アッサンブラージュ」〔立体作品の寄せ集め〕の形をとるものかもしれない。詰まるところ、庭のディスプレイがそれである。そこでは案山子（収穫に関わるフィギュア）、ジャック・オー・ランタンはじめ、収穫の季節を象徴する干し草の梱、インディアンコーン、さらにはあれこれの紙製デコレーション、ハンギングスケルトンなどがひとつのグループとして、計算され尽してデコレーションされている。パメラ・アプカリアン＝ラッセルのキャッスル・ハロウィーン・ミュージアムにはフォークアートだけが集められたセクションがあり、そこにはベサニー・ロウ、デビー・チボーといったアーティストによる作品や、サザン・フェイズ・ジャグ（不気味な顔をかたどったセラミック製大型ジャグ）といった一風変わった表現媒体が集められている。

モンスターマッシュとスリラー――ハロウィーン・ミュージック

ハロウィーンには、クリスマスキャロルのような定評ある祝い唄はなさそうだが、ハロウィーンは音楽に伴われてその歴史を歩んできた。遠い過去において、ソウリングには歌が歌われることも多く、楽器の演奏者が一緒についてまわることもあった。一九一〇年のメモに以下のような記述がある――

中年男性が三人、コンサーティーナ［手風琴の一種］を持って、たった今ソウリングに現れた。始めはよかったが、エールと強いビールのことを詠った最後の詩節はひどいものだった。それもこれもエールとビールのせいだと彼らは言った。(52)

同じメモによれば、メロディは「まちがいなく宗教改革以前のもので、その頃の教会音楽風だった」(53)とされている。一八八六年のチェスターからのある寄稿文では、ソウリングの際の歌が「ヘンデルが自分の作品だと申し立てている行進曲の一部」(54)とほぼ同じであるとされ、ソウリングの際の歌をヘンデルが盗用したと言わんばかりのくだりも見い出せる。ソウリングの際に歌を歌ったのは、ほとんどの場合、大人ではなく子供たちだった。ハロウィーンにシェトランド地方の家々を訪れた仮装の少年たち、グルラックスもバイオリン弾きを伴って現れることがあり、訪れた先の娘と踊っている間、バイオリン弾きに演奏を続けさせた。マン島の住民たちはハロウィーンには伝統的バラッド「ホプチューネイ」を詠った。音楽はアイルランド、スコットランドのハロウィーンの祝祭の中心であり、通常、踊ることで祝祭に幕が降りた。一九世紀のアイルランドでのあるハロウィーン・パーティについての記述によれば、音楽の演奏がその夜のクライマックスだったことが明らかだ──

今夜の最高のお楽しみ、ハロウィーン・ジグがついに始まった。それはダンス音楽リールで、誰もがダンスに参加した。エクスタシーそのものの大騒ぎだった。足を踏み鳴らす音、指を弾く音、楽しげな笑い声がラリー・オハラの熱狂的な楽器演奏と混じり合い、そこに気も狂わんばかりの鋭い音が重なった。偉大なる演奏家、片目のムルタその人がバイオリンを弾いていた。(55)

どういうわけか、音楽はアメリカのハロウィーンの祝祭には輸出されず、一九世紀の合衆国におけるパーティに関連して歌やダンスのことが記されたものは──歌もダンスも主として子供を対象にしていたと思われるが──ほとんど存在しない。二〇世紀初頭にポピュラーミュージック界から、時節に合わせて「ジャック・オー・ランタン・ラグ」、「ハロウィーン・フラリック」が発売されたが、いずれも音楽的な質よりは、楽譜に描かれた魅力的な図柄によって記憶にとどめられているにすぎない。

一九二〇年代から三〇年代にかけてのハロウィーン・パーティのガイドブックには、既存のメロディにのせて歌うための歌詞がしばしば掲載された。たとえば「ハロウィーンの日に」は「ヤンキー・ドゥードゥル・ダンディ」のメロディにのせるためのもので、以下のようなコーラスも加えられていた――

ああ、やれやれ、走ったね、私たち！
ああ、やれやれ、おばあちゃん、
知らなかった、のろまなくせに、あの子たち、
手だけはあんなに器用に使えるなんて。[56]

二〇世紀も後半になると、ホラーやSFをテーマにしたポピュラーソングが主だったハロウィーン音楽となり、一九六二年までは「ウィッチ・ドクター」、「アイ・プット・ア・スペル・オン・ユー」、「パープル・ピープル・イーター」などが人気を得ていた。しかし一九六二年、売れない役者が歌った一曲がビルボード誌でナンバーワンの座に輝いたばかりか、事実上ハロウィーンの公式賛歌《アンサム》となった――ボビー・「ボリス」・ピケット・アンド・ザ・クリプト・キッカー・ファイブの「モンスターマッシュ」だ。一九六〇年代初めの「モンスター・カルチャー」と、「マッシュポテト」熱（ディー・ディー・シャープの一九六二年のヒット曲「マッシュポテト・タイム」に始まったダンスブーム）に、ちょうど半分ずつ刺激されて作られたこの曲では――ピケットによるボリス・カーロフの声真似で――狂気の科学者の物語（ある科学者がモンスターを生み出したことが評判の新ステップを踏むモンスター群団の誕生へと続いていく物語）が語られていく。

この歌は一九六二年一〇月に二週にわたってビルボード誌で第一位の座を維持し、ハロウィーンのお気に入りとして定番化した。この曲はまた、マンハイム・スティームローラーからザ・スマッシング・パンプキンズに至るまで、多くのアーティストにカバーされたが、一九六五年には音楽番組「シンディグ」でカーロフ自身も歌っている。

その「モンスターマッシュ」が一九八三年、一四分におよぶミュージックビデオを味方につけたある一曲によって、王位をほぼ追われることになった――マイケル・ジャクソンの「スリラー」の登場である。ジョン・ランディスが制作監督を務め、マイケル・ジャクソンがゾンビに変身してゾンビの一団と踊るシーンが見せ場となっているビデオは、それまでに制作されたミュージックビデオの中でももっとも影響力を持つものと見なされ、実際、当時創生期にあったミュージックビデオはこのビデオによって初めてショートフィルムへの道を提示された。「スリラー」は歌のほうも――ホラー映画に寄せる頌歌《オード》として――ビデオ同様、ハロウィーンの新たなお気に入りとして広く世に知られるようになった。「スリラー」における音楽とモンスターという抗しがたい組み合わせは、まさにハロウィーンに打ってつけのものであり、「スリラー」は音楽としてハロウィーン・パーティ用ミックステープの王座の位置を獲得したばかりでなく、コスチュームとしても人気を集め、ジャクソンが着用した特徴のある赤いジャケットは数限りなく複製された。今でも、ハロウィーン・パレードには、あのビデオの振付けを再現するダンスグループが毎年いくつか登場する。ウクライナの大都市キエフにあっても――そこはカボチャがジャック・オー・ランタンづくりではなく、求婚者を拒む伝統と結びつけられる土地柄だが――ユーチューブなどのウェブサイトに終わったばかりのハロウィーン・イベントがアップロードされると、たちまちのうちに「スリラー」ファンの群れが大通りであのダンスを踊ってハロウィーンを祝うようになっている。[57]

さらに新しいところでは、『ナイトメアー・ビフォア・クリスマス』の音楽がハロウィーン音楽のコレクションに大きく貢献している。ティム・バートンのこの映画の中で使われ、最初にヒットしたのはダニー・エルフマンが作曲した「ハロウィーン・タウンへようこそ」で、ハロウィーンタウンの不気味な住人たちが自分たちの祝祭日をどのように見ているかが歌われている。この曲はまた、マリリン・マンソンのカバーヴァージョンでも知られるようになった。

ハロウィーン文化

マンソンは、ゴスロッカーとしての仮面をつけて、ハロウィーンはゴススタイルやゴスミュージックに影響を与えたかどうかという究極の疑問を投げかける。この逆ではなく、他にどのような方法があってハロウィーンが大衆文化に流れ込んだというのだろう？　ハロウィーンの専門家レスリー・プラット・バナタインはハロウィーンによるカウンターカルチャーの動きへの最近の異花受粉ぶりを「アメリカのハロウィーン化」[58]と呼び、過去一〇年の超常現象研究への関心の高まりから、ゴスミュージック、ゴスファッション、さらには全国規模のゾンビへの傾倒に至るまで、すべてはある意味ハロウィーンから——この逆ではなく——派生していると示唆する。

ホラー映画を研究する学者は、保守体制下にあってはホラーが蔓延すると指摘する——一九五〇年代のミュータント大作の興隆、レーガン政権下のスラッシャー映画の興隆を考えてみてほしい。では、二一世紀の最初の一〇年の間、つまりジョージ・W・ブッシュ政権の時代にハロウィーン人気が爆発的に高まったのはどうだろう？　偶然の一致だろうか？　政界には不協和音が響き、経済は不安定なままといった状況に包まれた現代のアメリカ社会にあって、ハロウィーンはいよいよあからさまに恐ろしさを増し、さらに暴力的でさらにリアルになったホーンテッドアトラクションが設営され、その影響を世界中に、そして一年中及ぼすようになっている。二〇一一年には、ハロウィーンでない祝祭にもホーンテッドアトラクションが登場した。たとえばカリフォルニア州ブレアに現れた「シニスター・ポアント」では、クリスマスにはクリスマスに、バレンタインデーにはバレンタインデーに合わせたホーンテッドアトラクションが用意されている。さらには、テーマに関係のないホーンテッドアトラクションというトレンドも生じている。このようなアトラクションの開催期間が——消費者のニーズに合わせて——どんどん長くなっていることについての議論の中で、（ホーンテッドアトラクションの事業主が集まる）あるホーンター協会の会長は、ホーンテッドアトラクションを「サブカルチャー・ムーブメント」と称したが、この言葉はそのままハロウィーン全体についても当てはまるようだ。[59]

ハロウィーンのグローバル化をスタートさせたのは商魂逞しい小売り業界だったのだろうが、それでも南アフリカ、ロシア、香港をはじめとする多くの地域でハロウィーンを受け入れたのはやはりハロウィーンを芸術表現の一形式として見なすサブカルチャーだった。どんちゃん騒ぎ、スポーツイベント、メイクアップアーティスト養成学校、コスプレーヤー、オーガニック農法実践者、ソーシャルネットワーク——こうしたもの、人たちすべてがハロウィーン文化の世界的普及に一役買った。また、この祝祭の視覚的テーマである不気味に笑うジャック・オー・ランタンや髑髏《どくろ》も吸収されたあとは、モールのデコレーションから地域限定のグリーティングカードまであらゆるものの中で新たな役割を担ってきた。

ハロウィーンは政治的非難、宗教的非難に曝されたり、経済の停滞、さらには本物の恐怖であるテ

✦ポストカード、1912年。

ロや（新しい世代、新しいムーブメントに受け入れられつつも）禁じようとする試みを経験したりしながら、何世紀にもわたって耐えてきた。何度も蘇っては修正を加えられて新たな方法で祝われ、今では世界の大部分の地域で楽しまれている。この祝典では、ぎょっとさせるようなアイディアとイメージをいたずらっぽく利用するところに、国家も時代も超越する魅力があるようだが、そうすることこそが人間には——たとえ冬が近づいてきていても——死と闇を嘲《あざけ》り変容させたいという普遍的な欲求があることを物語っている。

訳者あとがき

日本でもすっかり定着した印象のあるハロウィーン、本書を手にとられた方も、仮装したり、トリック・オア・トリーターになったり、あるいは職場やお店を、もしかしたらご自分のお部屋をデコレーションなさったりして、ハロウィーンを楽しんでいらっしゃるのでしょうか。

「何が現在のアメリカでのハロウィーンの姿を形作っているのだろう」――これが本書の著者リサ・モートン女史の出発点です。そして女史はヨーロッパの歴史、新大陸の歴史を通して探り始めます。そこでは、宗教を含めてさまざまな社会事情が関わっていたことがわかります。さらにはアメリカ大陸に到着してからも、大きく言えば、政治・経済を含めてさまざまな社会事情のもとでハロウィーンが姿を調整しつつ（されつつ？）今日に至っていることがわかります。

途中、女史は世界各地に広まった、あるいは広まり始めたハロウィーンの姿も追います。日本のハロウィーンが、コスプレ人気や「祭」などの観点から、少し記述されているように、それぞれのお国事情を映し出した祝いかた、楽しみかたが紹介されています。なかでもメキシコの死者の祭については別章をたてて興味深いレポートがなされています。ハロウィーンとの（考察上の）接点も含めて、もしかすると、このお祭りにも興味を見い出される方もいらっしゃるかもしれません。

それでも、リサ・モートン女史は歴史的考察、各国のハロウィーン事情のレポートにとどまりませんでした。文化の中にハロウィーンの姿を探訪します。最後の章の多くをこの探索に費やすことで、著者は、巷にあふれる雑多なハロウィーン情報との間に一線を画することに成功したと思います。結果として、（詩文も含み）文学、映画、音楽、映像、絵画、工芸の世界にまで踏み込んだ考察、レポートがなされているからです。映画ファンには衝撃のシーンが、読書好きには文字を追いつつ思い浮かべたイマジネーションの世界が、音楽ファンには耳になじみのフレーズやよく目にしたミュージックビデオが蘇るかもしれません（そして改めて観賞されたり、読み直されたり、聴き直しされたり……といった具合に、今年のハロウィーンの楽しみが増えるかもしれません）。

翻訳作業をおこないながら、オハイオ州で経験したハロウィーンを思い出していました。小さな田舎町の大通りが（信じられないほどの数の）仮装の人たちで溢れていました。初めて目の当たりにしたパレードに「これが本場の？」と、圧倒される思いでした。あの年、二〇〇四年の月のきれいな夜、白衣のドクター姿と天使の姿がやたら多く見かけられたことに、何か理由があったのでしょうか。今なお忘れることのできない光景です。

翻訳作業にあたって、たくさんの方々のお世話になりました。この場をお借りして心からお礼を申しあげます。

大久保庸子

謝辞

まずこの本の出版を(最高に素敵なe-メールで)打診してくださったリークションのエディター、ベン・ヘイズに感謝します。リークションの制作スタッフと私の代理人、ロバート・フレックにも感謝します。

そして以下のいつもお世話になっている方々——パメラ・アプカリアン-ラッセル、レスリー・バナタイン、デヴィッド・ベルトリーノ、リッチ・ハンフ、ジャック・サンティーノ、スチュアート・シュナイダー、セントラル・ロサンジェルス公立図書館のスタッフ、イリアッド書店のスタッフ、ダーク・デリカシーズのスタッフ——にも、さらにスティーヴン・キングの情報をくださったロッキー・ウッド、オーストラリアの祝祭についてのメモをくださったロッキーとグレッグ・チャップマン、ガイ・フォークスについてリサーチしてくださったマリリンとデーミアン・バレンタインにも感謝します。そしてカット・カーロ、ピート・デュダー、セメタリー・ダンス・パブリカーションズのブライアン・フリーマン、ラカス・スタジオのクレイグ・ナイトン、カレン・ロマンコ、クリストファー・スラツキー、スコット・スミスはじめ、写真をお願いする電話に応じてくださったり、著作権利用を許可してくださったりした方々にもお礼申しあげます。

最後になりましたが、Archive.org.に関する助言、すべてに関する貴重なサポートをしてくださったリッキー・グローブ、本当にありがとうございました。

写真謝辞

著者および出版社は、図版のために原画および(あるいは)被写体の複製許可を与えてくださったことに対して、以下の方々にお礼申しあげます。

メリーランド州フォレスト・ヒルのセメタリー・ダンス・パブリカーションズ、(写真p.239)、ピート・デュラー(写真pp. 006, 262)、クレイグ・ナイトン(写真p.155)、カリフォルニア州ブレナパークのナッツ(複製許可p.136)、スコット・スミス(個人所蔵p.259)、ラカス・スタジオ(掲載許可スコット・スミスp.261)、トーヤ・アネット・B(写真p.164)。

145.
44——Rockoff, *Going to Pieces*, p. 55.
45——Mark Salisbury, ed. *Burton on Burton* (London, 2006), revd edn, p. 124.
46——Roger Ebert, 'Tim Burtorfs The Nightmare Before Christmas', 22 October 1993についてはhttp://rogerebert.suntimes,comで2012年3月21日に最終アクセス。
47——Richard Corliss, 'A Sweet and Scary Treat', Time, 11 October 1993についてはwww.time.comで2012年3月21日に最終アクセス。
48——Joe Leydon, 'Trick 'r Treat'. *Variety*, 12 October 2009についてはwww.variety.comで2012年3月21日に最終アクセス。
49——Buzz, 'Review: Trick 'r Treat', Camp Blood, 6 October 2009ついてはhttp://campblood.orgで2012年3月21日に最終アクセス。
50——Lesley Pratt Bannatyne, *Halloween Nation: Behind the Scenes of Americat Fright Night* (Gretna, LA, 2011), p. 136.
51——'I Luv Halloween Review', *Publisher's Weekly*, 24 October 2005についてはhttp://books,google.comで2012年3月21日に最終アクセス。
52——A. R. Wright, British *Calendar Customs: England, vol. III: Fixed Festivals:June-December, Inclusive*, ed. T. E. Lones (London, 1940), p. 123.
53——Edward Barber and P. H. Ditchfield, *Memorials of Old Cheshire* (London, 1910), pp. 231.
54——Robert Holland, *A Glossary of Words used in the County of Chester* (London, 1886), pp. 506-9.
55——Sharp, 'Halloween: A Threefold Chronicle', p. 848.
56——Lenore K. Dolan, *The Best Halloween Book* (Chicago, IL, 1931), p. 147.
57——'Thriller, Halloween 2011, Kiev, Ukraine', YouTube (2011)についてはwww.youtube.comで2012年3月21日に最終アクセス。
58——Bannatyne, *Halloween Nation*, p. 12.
59——'Haunted Houses Now Open Beyond October', PRNewswire, 27 October 2011についてはwww.prnewswire.comで2012年3月21日に最終アクセス。

14——Meta G. Adams, 'Halloween, or Chrissie's Fate', *Scribnerir Monthly Magazine*, vol. III (November 1871), p. 26.
15——William Sharp, 'Halloween: A Threefold Chronicle', *Harper's New Monthly Magazine*, LXXIII (1886), p. 852.
16——Martha Russell Orne, *Hallowe'en: How to Celebrate It* (New York, 1898), pp. 8-9.
17——Stanley Schell, *Werner's Readings and Recitations No. 31: Hallowe'en Festivities* (New York, 1903), p. 11.
18——同上、p. 16.
19——同上、p. 22.
20——Clara J. Denton, *Creepy Hallowe'en Celebrations* (Dayton, OH, 1926), p. 91.
21——Elizabeth F. Guptill, 'Her Opinion', in *Halloween Fun Book* (Chicago, IL, 1936), p. 12.
22——Dorothy M. Shipman et al., *The Jolly Hallowe'en Book* (Syracuse, NY, 1937), p. 12.
23——Frances Somers. Minneapolis Hallowe'en Fun Book (Minneapolis, MN, 1937), p. 5.
24——Ruth Edna Kelley, *The Book of Hallowe'en* (Boston, MA, 1919), p. vii
25——同上、p. 171.
26——Ralph and Adelin Linton, *Halloween Through Twenty Centuries* (New York, 1950), p. 3, p. 5.
27——同上、p. 67.
28——同上、pp. 8, 49.
29——同上。
30——同上、p.104.
31——Gary Shapiro, 'Studying the Academic Side of Hallowecn' *New York Sun*, 1 November 2006については www:nysun.comで2012年3月21日に最終アクセス。
32——Stuart Schneider, *Halloween in America:A Collector's Guide with Prices* (Atglen, PA, 1995), p. 15.
33——Dan and Pauline Campanelli, *Halloween Collectables: A Price Guide* (Gas City, IN, 1995), p. 5.
34——Ray Bradbury, *The Halloween Tree* (Colorado Springs, co, 2005), p. 310.『ハロウィーンがやってきた』、伊藤典夫訳、晶文社、ベスト版(1997)。
35——同上。
36——Capt. J. E. Alexander, *Transatlantic Sketches. Comprising Visits to the Most Interesting Scenes in North and South America, and the West Indies* (Philadelphia, PA, 1833), p. 311.
37——Mary D. Brine, *Elsie's Hallowden Expedence* (New York, 1888), p. 55.
38——Richard J. Hand, "'Stay Tuned for Tricks, Treats, and Terror Halloween and Horror Radio in the Golden Age of American Live Broadcasting', in *Treat or Trick?: Halloween in a Globalising World, ed. Malcolm Foley and Hugh O'Donnell* (Newcastle upon Tyne, 2009), p. 225.
39——Coeli Carr, 'Real Witches Cry Foul at Portrayal on "True Blood"', *Reuters*, 12 August 2011についてはwww.reuters,comで2012年3月21日に最終アクセス。
40——Irving, *The Sketch-book*, vol, II, p. 237.『スケッチ・ブック』、(新潮文庫)、吉田甲子太郎訳、(1957)。
41——Adam Rockoff, *Going to Pieces: The Rise and Fall of the Slasher Film, 1978-1986* (Jefferson, NC, 2002), p. 53.
42——Roger Ebert, Roger Ebert's Movie Home Companion (New York, 1985), p. 157.
43——Kim Newman, *Nightmare Movies: A Critical Guide to Contemporary Horror Films* (New York, 1988), p.

C10——'Feast for the Dead: A Mexican town enjoys a holiday in its graveyard', *Life*, XXVII/22 (1949), p. 36.
C11——Daviid Agren, 'Janitzio awaits huge tourist influx', *Guadalajara Reporter*, 28 October 2005についてはhttp://guadalajarareporter.comで2012年3月21日に最終アクセス。
C12——Antonio Rodriguez, ed., *Posada: El artiste queretrato' a unaepoca* (Mexico City, 1978), p. 202.
C13——Mary J. Andrade, *Through the Eyes of the Soul. Day of the Dead in Mexico: Mexico City. Mixquic & Morelos* (San Jose, CA, 2003), p. 48.
C14——Peny Santanachote, 'New Yorkers Celebrate El Dia de los Muertos (Day of the Dead)', *WNYC Culture*, 29 October 2010についてはhttp://culture.wnyc.orgで2012年3月21日に最終アクセス。
C15——Mark Stevenson, 'Church Slams Halloween in Mexico', *The Seattle Times*, 31 October 2007についてはhttp://seattletimes.nwsource.comで2012年3月21日に最終アクセス。
C16——同上。
C17——'Chavez Calls for Ban on Halloween', *BBC News*, 30 October 2005についてはhttp://news.bbc,co,ukで2012年3月21日に最終アクセス。

第6章

ハロウィーンと大衆文化——バーンズからバートンまで

C1——Sir Walter Scott, ed., *Minstrelsy of the Scottish Border: Consisting of Historical and Romantic Ballads. Collected in the Southern Counties of Scotland; With a Few of Modern Date. Founded on Local Tradition* (Edinburgh, 1812), vol. II, p. 198-9.
C2——Robert Chambers, *The Book of Days: A Miscellany of Popular Antiquities in Connection with the Calendar* (London and Edinburgh, 1832), vol. II, p. 520.
C3——M. G. Lewis, 'Bothwell Bonny Jane', in *Tales of Wonder* (London, 1801), vol. I, p. 9.
C4——Lewis, *Tales of Wonder*, p. 5.
C5——Scott, *Minstrelsy of the Scottish Border*, p. 204.
C6——Sir Walter Scott, *The Monastery* (London and New York, 1896), p.114.
C7——Arthur Cleveland Coxe, *Hallowe'en, A Romaunt, with Lays, Meditative and Devotional* (Hartford, CT, 1845), p. 11.
C8——Edgar Allan Poe, 'Ulalume', in *The Poetical Works of Edgar Allan Poe* (London, 1882), p. 32.
C9——同上、p. 35.
C10——Edgar Allan Poe, *Tales of Mystery and Imagination* (London, 1903), p. 254.
C11——Nathaniel Hawthorne, 'Young Goodman Brown:, in *Mosses from an Old Manse* (New York, 1851), p. 69.
C12——Washington Irving, 'The Legend of Sleepy Hollow', in *The Sketch-book of Geoffrey Crayon, Gent.* (Philadelphia, PA, 1835), vol. II, p. 256.『スケッチ・ブック』(新潮文庫)、吉田甲子太郎(訳)、(1957)に収録。
C13——Irving, 'Rip Van Winkle', in *The Sketch-book of Geoffrey Crayon*, vol. I, p. 52.『スケッチ・ブック』(新潮文庫)、吉田甲子太郎(訳)、(1957)。

ty', *Treat or Trick?*, ed. Foley and O'Donnell, pp. 202-12.
21——'All Souls', *The Saturday Review*, LXV/1680 (1888), pp. 11-12.
22——E. C. Vansittart, 'All Souls' Day in Italy', *The Antiquary*, XXXVI (1900), p. 326.
23——Dmitry Sudakov, 'Halloween and other borrowed holidays make Russians forget their roots and traditions', *Pravda*, 31 October 2006についてはhttp://english.pravda.ruで2012年3月21日に最終アクセス。
24——'Haunted City: Moscow paints up for the scariest holiday of the year', *RT*, 29 October 2010についてはhttp://rt.comで2012年3月21日に最終アクセス。
25——同上。
26——Heather Brooke, 'Leave Your Taboos at the Gate', *The Sydney Morning Herald*, 9 December 2010についてはwww.smh.com.auで2012年3月21日に最終アクセス。
27——'McCain: Purim=Halloween?', *First Read from NBC News*, 20 March 2008についてはhttp://flrstread.msnbc.msn.comで2012年3月21日に最終アクセス。
28——Zoe Li, 'Hong Kong Halloween: Socially Acceptable Self-Indulgence', *CNNGO* (2010)についてはwww.cnngo.comで2012年3月21日に最終アクセス。
29——Wang Shanshan 'Terrifying Trend: Halloween Takes Off', *China Daily*, 30 October 2006についてはwww.chinadailycom.cnで2012年3月21日に最終アクセス。
30——Sophie Hardach, 'Halloween stirs imagination in costume-loving Japan', *Reuters*, 29 October 2007についてはwww.reuters.comで2012年3月21日に最終アクセス。
31——Melanie Peters, 'HOW Halloween Splits the Faithful', *IOL News*, 31 October 2009についてはwww.iol.co.zaで2012年3月21日に最終アクセス。

第5章

死者の日——ディアス・デ・ロス・ムエルトス

1——Mary J. Andrade, *Through the Eyes of the Soul. Day of the Dead in Mexico: Puebla, Tlaxcala. San Luis Potosi. Hidalgo* (San Jose, CA, 2002), p.107.
2——Richard F. Townsend, *The Aztecs* (New York, 2000), p. 212.
3——Elizabeth Carmichael and Chlöe Sayer, *The Skeleton at the Feast: The Day of the Dead in Mexico* (Austin, TX, 1991), p. 28.
4——同上。p. 40.
5——Carl Christian Wilhelm Sartorius, *Mexico: Landscapes and Popular Sketches* (New York, 185 9), p. 161.
6——同上。p. 163.
7——Mary J. Andrade, *Through the Eyes of the Soul. Day of the Dead in Mexico: Michoacan* (San Jose, CA, 2003), p. 34.
8——Madame Calderón de la Barca, *Life in Mexico. During a Residence of Two Years in That Country* (London, 1843), p. 371.
9——Mrs V. A. Lucier, "'Offrenda" on All Souls' Day in Mexico', *Journal of American Folk-lore*, X/36 (1897), p.106.

tion', in *Treat or Trick?: Halloween in a Globalising World*, ed. Malcolm Foley and Hugh O'Donnell (Newcastle upon Tyne, 2009), pp. 12-13.

第4章

世界的祝祭――ラ・トゥーサン(フランス)、アラーハイリゲン(ドイツ)、トゥッティ・イ・サンティ(イタリア)

1――Jonas Fryknan, 'Tradition Without History', in *Treat or Trick?: Halloween in a Globalising World*, ed. Malcolm Foley and Hugh O'Donnell (Newcastle upon Tyne, 2009), page 131.
2――'The History of Halloween'についてはwww.halloween-history.orgで2012年3月21日に最終アクセス。
3――Agneta Lilja, 'Halloween' (2004)についてはwww.sweden.seで2012年3月21日に最終アクセス。
4――John Helsloot, 'The Fun of Fear: Performing Halloween in the Netherlands', in *Treat or Trick?*, ed. Foley and O'Donnell, p. 160.
5――Editha Hörandner, 'Halloween. Ein Druidenfest oder die Liebe zur Kontinuitat', in *Halloween in der Steiermark und anderswo*, ed. Editha Hörandner (Berlin, 2005).
6――George Wharton Edwards, *Brittany and the Bretons* (New York, 1911), pp. 226-7.
7――*CIA - The World Factbook* (2012) についてはwww.cia.govで2012年3月21日に最終アクセス。
8――'A Frenchmarfs Description of Hallowe'en', *Hogg's Instructor* (Edinburgh, 851), n.s. VI, p. 223-4.
9――'Halloween: An Ungodly Import', cNN.com, 31 October 2003についてはhttp://edition.cnn.comで2012年3月21日に最終アクセス。
10――Parmy Olson, 'Halloween Declared Dead in France', Forbes.com, 31 October 2006についてはForbes.comで2012年3月21日に最終アクセス。
11――Edward Eyre Hunt, 'Ghosts', *The New Republic*, IX/115 (1917), p. 291.
12――Po Tidholm, 'Halloween', Sweden.se (2004) についてはwww.sweden.seで2012年3月21日に最終アクセス。
13――Henry Frederic Reddall, *Fact, Fancy, and Fable: A New Handbook for Ready Reference on Subjects Commonly Omitted from Cyclopaedias* (Chicago, 1892), p. 25.
14――Lothar Mikos, 'How the Pumpkins Conquered Germany: Halloween, Media and Reflexive Modernization in Germany', in *Treat or Trick?*, ed. Foley and O'Donnell, p. 128.
15――David Greene, 'Fear the Pumpkin: In Ukraine, It's the Big Kiss-off', *NPR*, 29 October 2010についてはwww.npr.orgで2012年3月21日に最終アクセス。
16――Chris, 'Our Halloween in Poland: The Positives and the Negatives', *Kielbasa Stories*, I November 2010についてはhttp://kielbasastories.blogspot.comで2012年3月21日に最終アクセス。
17――Allen Paul, 'Poland's Profound "Halloween"', *NewsObserver*, 30 October 2009についてはwww.newsobserver.comで2012年3月21日に最終アクセス。
18――Richard Ford, *Handbook for Travellers in Spain, Part I* (London, 1855), 3rd edn, p. 208.
19――Salvador Cardus, 'Halloween: Tradition as Snobbery', from *Treat or Trick?*, ed. Foley and O'Donnell, p. 111.
20――Enric Castelló, 'Halloween in a Situation Comedy: Postmodernity, Tradition and Identi-

30――Frances Somers, ed., *Minneapolis Hallowe'en Fun Book* (Minneapolis. MN, 1937), revd edn, p. 18

31――Bannatyne, *Halloween Nation*, p. 165.

32――'Universal's Halloween Horror Nights', *The Official Clive Barker Resource – Revelations* (2001)についてはwww.clivebarker.infoで2012年3月9日に最終アクセス。

33――Craig Wilson, 'Haunted Houses Get Really Scary', *USA Today*, 11 October 2006についてはwww.usatodaycomで2012年3月9日に最終アクセス。

34――同上。

35――'Hauntworld Top 13 Haunted Houses 2010'についてはwww.hauntworld.com (2010)で2012年3月9日に最終アクセス。

36――Carrie Porter, 'Haunted House Proposed for Morton Grove', *Morton Grove Patch*, 10 May 2011についてはhttp://mortongrove.patch.comで2012年3月9日に最終アクセス。

37――New Destiny Christian Center, 'Hell House'についてはwww.godestinyorgで2012年3月9日に最終アクセス。

38――Barbara Mikkelson, 'Mall-O-Ween', *Snopes.com*, 14 March 2008についてはwww.snope.comで3月9日に最終アクセス。

39――'Industry Statistics and Trends', *American Pet Products Association*についてはwww.americanpet-products.org で2012年3月9日に最終アクセス。

40――Stephanie Rosenbloom, 'Good Girls Go Bad, For a Day', *New York Times*, 19 October 2006についてはwww.nytimes,comで2012年3月9日に最終アクセス。

41――Dr Gail Saltz, 'Sexy Little Devils? Policing Kids' Costumes', *Today*, 29 October 2008についてはhttp://today!msnbc.msn.comで2012年3月9日に最終アクセス。

42――NAMI, 'NAMI lists nation's worst "Halloween Horrors"', 28 October 2002についてはhttp://www.nami.orgで2012年3月9日に最終アクセス。

43――同上。

44――John Ankerberg and John Weldon, *The Facts on Halloween: What Christians Need to Know* (Eugene, OR, 1996), pp. 7-8.

45――Douglas Stanglin, 'Vatican Warns Parents That Halloween is "Anti-Christian"' *USA Today*, 30 October 2009についてはhttp://content.usatoday.com 2012年3月9日に最終アクセス。

46――Tito Edwards, 'Vatican Condemnation of Halloween is False', *The American Catholic*, 31 October 2009についてはhttp://the-american-catholic.com で2012年3月9日に最終アクセス。

47――John Wildermuth, 'Los Altos Schools Ban Halloween/Costumes, Parties said to be "Religious Issues"', *SFGate.com*, 12 October 1995についてはhttp://articles.sfgate.com で2012年3月9日に最終アクセス。

48――Sue Shellenbarger, 'Saying Boo to Halloween', *The Wall Street Journal*, 20 October 2010についてはhttp://online.wsj.com で2012年3月9日に最終アクセス。

49――Michael Woods, 'Births Decrease on Halloween, Study Finds', TheStar.com, 30 October 2011 についてはwww.thestar.com で2012年3月9日に最終アクセス。Stephanie Newman, 'Is Halloween the New New Year's?' *Pychology Today*, 26 October 2010についてwww.psychology-today.comで2012年3月9日に最終アクセス。

50――Jack Santino, 'Flexible Halloween: Longevity, Appropriation, Multiplicity, and Contesta-

grounds (Chicago, IL, 1912), p. 133.

8——A. J. Edgell, 'All Hallowe'en Window Displays', *The Jewelers' Circular-Weekly*, LXXVI (1918), p.103.

9——A. Neely Hall, *The Boy Craftsman: Practical and Profitable Ideas for a Boy's Leisure Hours* (Boston, MA, 1905), pp. 281-2.

10——Lenore K. Dolan, *The Best Halloween Book* (Chicago, IL, 1931), p. 30.

11——'Pie Versus the Prankster', *The Rotarian*, LV/4 (1939), pp. 50-51.

12——'Halloween Pranks Keep Police on Hop', in *The Halloween Catalog Collection: 55 Catalogs from the Golden Age of Halloween*, ed. Ben Truwe (Medford, OR, 2003), p. xvii.

13——Doris Hudson Moss, 'A Victim of the Window-Soaping Brigade?', *The American Home*, XXII (1939), p. 48.

14——Kenneth Hein, 'Private Label Halloween Candy Sales Frightful', *Adweek*, 15 October 2009 原語文献名についてはwww.adweek.comで2012年3月9日に最終アクセス。

15——同上。

16——Carl B. Holmberg, 'Things That Go *Snap-Rattle-Clang-Toot-Crank* in the Night: Halloween Noisemakers', in *Halloween and Other Festivals of Death and Life*, ed. Jack Santino (Knoxville, TN, 1994), pp. 221-46.

17——William Smith, *The History and Antiquities of Morley, in the West Riding of the County of York* (London, 1876), p. 92.

18——Maria Choi, 'Trick or Treat for UNICEF 60th Anniversary', UNICEF USA (2011) についてはhttp://inside.unicefusa.orgで2012年3月9日に最終アクセス。

19——David J. Skal, *The Monster Show: A Cultural History of Horror* (New York, 2001), revd edn, p. 266.

20——Tad Tuleja, 'Trick or Treat: Pre-Texts and Contexts', in *Halloween and Other Festivals of Death and Life*, ed. Santino, p. 94.

21——'Halloween Egg Sale Ban for Youths', *BBC News*, 17 October 2004についてはhttp://news.bbc.co.ukで2012年3月9日に最終アクセス。

22——Gregory Lee, 'A Darky's Halloween', in *Halloween Fun Book* (Chicago, IL, 1936), p. 28.

23——House of Representatives, Sixty-Seventh Congress, *The Ku-Klux K/an: Hearings Before the Committee on Rules* (Washington, DC, 1921), p. 131.

24——House Committee on Un-American Activities, *Activities of the Ku Klux Klan Organizations in the United States* (Washington, DC, 1965), p. 1775.

25——Charles Frederick White, 'Hallowe'en', in *Plea of the Negro Soldier and a Hundred Other Poems* (Easthampton, MA, 1908), pp. 93-4.

26——Jack Kugelmass, 'Wishes Come True: Designing the Greenwich Village Halloween Parade', in *Halloween and Other Festivals of Death and Life*, ed. Santino, p. 197.

27——'Fact Sheet 2011', *Village Halloween Parade* (2011)についてはwww.halloween-nyc.com/press.phpで2012年3月9日に最終アクセス。

28——Lesley Pratt Bannatyne, *Halloween Nation: Behind the Scenes of America's Fright Night* (Gretna, LA, 2011), p. 60.

29——Rod Taylor, 'Trick or Drink?', *Promo Magazine*, 1 October 2003についてはhttp://promomagazine.comで2012年3月9日に最終アクセス。

24——Anne Beale, *Traits and Stories of the Welsh Peasantry* (London, 1849), p. 75.
25——'Legends Respecting Trees', *Chambers's Edinburgh Journal*, vol. I (1844), p. 189.
26——John Brand, *Observations on Popular Antiquities* (London. 18 10), p. 380.
27——William S. Walsh, *Curiosities of Popular Customs and of Rites, Ceremonies, Observances, and Miscellaneous Antiquities*, (Philadelphia, PA, 1898), p. 507.
28——W. T. Kenyon, 'Malpas: All Saints' Day, 1880', *Cheshire Sheaf*, II (1880), pp. 185-6.
29——Joseph Train, *An Historical and Statistical Account of the Isle of Man, from the Earliest Times to the Present Date; With a View of Its Ancient Laws. Peculiar Customs, and Popular Superstitions* (Douglas, Isle of Man, 1845), vol. n, p. 123.
30——Doug Sandle, 'Hop TuNaa, My Father's Gone Away - A Personal and Cultural Account of the Manx Halloween', in *Treat or Trick? Halloween in a Globalising World*, ed. Malcolm Foley and Hugh O'Donnell (Newcastle upon Tyne, 2009), p. 94.
31——C. W. Empson, 'Weather Proverbs and Sayings Not Contained in Inwards' or Swainsons' Books', *Folk-lore Record*, IV (1881), p. 128.
32——A. R. Wright, British Calendar Customs: England: vol. III: *Fixed Festivals, June-December. Inclusive*, ed. T. E. Lones (London, 1940), p. 135.
33——Robert Fergusson, *The Works of Robert Fergusson; with a Short Account of His Life, and a Concise Glossary* (Edinburgh, 1805), pp. 137-8.
34——Rev. Alfred Povah, *The Annals of the Parishes of St Olave Hart Street andA/lha/lows Staining, in the City of London* (London, 1894), p. 315 .
35——Finlo Rohrer, 'The Transatlantic Halloween Divide', *BBC News Magazine*, 29 October 2010) についてはwww.bbc.co.uk/news/magazineで2012年3月9日に最終アクセス。
36——同上。
37——Andrea Felsted and Esther Bintliff, 'Halloween Spawns Monster High Street Sales', *Financial Times*, 31 October 2009についてはwww.bbc.co.uk/news/magazineで2012年3月9日に最終アクセス。

第3章

新大陸のトリック・オア・トリート

1——'Hallowe'en at Balmoral Castle', in *A Halloween Anthology: Literary and Historical Writings Over the Centuries*, ed. Lisa Morton (Jefferson, NC, 2008), p. 42.
2——Elizabeth A. Invin, 'A Witches' Revel for Hallowe'en', *Good Housekeeping*, XLVII (1908), p. 393.
3——Iona and Peter Opie, *The Lore and Language of Schoolchildren* (New York, 2000), p. 268.
4——Martha Russell Orne, *Hallowe'en: How to Celebrate It* (New York, 1898), p. 27.
5——Emma Woodman, 'Hallowe'en:, in *The School Arts Book*, ed. Henry Turner Bailey (Worcester, MA, 1906), vol. v, p. 146.
6——Mary E. Blain, *Games for Hallowe'en* (New York, 1912), p. 9.
7——George J. Cowan, *Window Backgrounds: A Collection of Drawings and Descriptions of Store Window Back-*

p. 57.
24——Jesse Salisbury, *A Glossary of Words and Phrases used in S. E. Worcestershire* (London, 1893), p. 66.

第2章

イギリス諸島のハロウィーン——スナップアップル・ナイトと一一月前夜祭

1——James Cranstoun, ed. *The Poems of Alexander Montgomerie* (Edinburgh and London, 1887), p. 69.
2——Sir Walter Scott, *Minstrelsy of the Scottish Border* (Kelso, 1802), vol. I, pp.lxxv-viii.
3——Sir Walter Scott, *The Monastery* (London and New York, 1896), p. 28.
4——Sir Walter Scott, *Waverley; or, 'Tis Sixty Years Since* (Edinburgh, 1814), vol. I, p. 189.『ウェイバリーあるいは60年前の物語[上]』、佐藤猛郎訳、万葉舎、(2011)。
5——Robert Jamieson, *Popular Ballads and Songs, from Tradition, Manuscripts, and Scarce Editions* (Edinburgh, 1806), vol. II, pp. 187-90.
6——Thomas Hardy, *The Return of the Native* (New York, 1917), p. 15.『帰郷』、「トマス・ハーディ全集 6」に収録、深澤俊訳、大阪教育図書、(2012)。
7——David Brown, 'All-Hallow Eve Myths', *St. Nicholas: An Illustrated Magazine for Young Folks*, IX/1 (1881), p. 23.
8——Thomas Pennant, *A Tour in Scotland Part II* (London, 1772), p. 47.
9——Jack Santino, *The Hallowed Eve: Dimensions of Culture in a Calendar Festival in Northern Ireland* (Lexington, 199 8), p. 90.
10——John Harland and T. T. Wilkinson, *Lancashire Folk-lore: Illustrative of the Superstitious Beliefs and Practices, Local Customs and Usages of the People of the County Palatine* (London, 1867), p. 211.
11——Lachlan Shaw, *The History of the Province of Moray* (Elgin, 1827), p. 283.
12——William Hone, *The Every-Day Book; or, the Guide to the Year* (London, 1825), p. 1412.
13——James Napier, *Folk Lore: Or. Superstitious Beliefs in the West of Scotland Within This Century* (Paisley; 1879), pp. 179-80.
14——Robert Burns, *Poems, Chiefly in the Scottish Dialect* (Kilmarnock, 1786), pp. 101-17.
15——John Gay, *The Shepherd's Week* (London, 1721), pp. 34-5.
16——同上。
17——John Gregorson Campbell, *Witchcraft and Second Sight in the Highlands and Islands of Scotland* (Glasgow, 1902), pp. 285-6.
18——Lady Wilde, *Ancient Legends, Mystic Charms, and Superstitions of Ireland* (Boston, MA, 1888), p.1 10
19——Burns, *Poems*, p.110.
20——Napier, *Folk Lore*, p. 59.
21——William Sharp, 'Halloween: A Threefold Chronicle', *Harper's New Monthly Magazine*, LXXIII (1886), pp. 854-6.
22——Charles Kirkpatrick Sharpe, A Historical Account of the Belief in Witchcraft in Scotland (London, 1884), p. 97.
23——Hone, *The Every-Day Book*, p. 1414.

引用文献

第I章

ハロウィーン——誤解に満ちた祝祭

1——Charles Vallancey, *Collectanea de Rebus Hibernicis* (Dublin, 1786), vol. In, pp. 443-4.
2——Sir William Jones to the Second Earl Spencer, 10 September 1787, in *Letters of Sir William Jones*, ed. G. Cannon (Oxford, 1970), vol. II, pp. 768-9.
3——Ralph and Adelin Linton, *Halloween Through Twenty Centuries* (New York, 1950), p. 4.
4——Bishop Kyrill of Seattle, 'On Halloween', *Orthodox Life*, XLIII/5 (1993)についてはwww.holy-cross-hermitage.comで2012年3月7日に最終アクセス。
5——'Art. VIII - Greenland, the adjacent Seas, and the North-West Passage to the Pacific Ocean; illustrated in a Voyage to Davis's Strait during the Summer of 1817', *London Quarterly Review*, XIX (April 1818), p. 213.
6——'Hallow', *Oxford English Dictionary*, online version (2011)についてはwww.oed.comで2012年3月7日に最終アクセス。
7——Richard Polwhele, *Historical Views of Devonshire* (Exeter, 1793), vol. I, p. 29.
8——W. Hutchinson, A View of Northumberland with an Excursion to the Abbey of Mailross in Scot/and (Newcastle. 1776), vol. n, p. 18.
9——Robert Haven Schauffler, Hallowe'en (Our American Holidays) (New York, 1935), p. ix
10——同上。
11——Whitley Stokes, ed., *The Martyrology of Oengus the Culdee* (London, 1905), p. 232.
12——John Brand, *Observations on Popular Antiquities* (London, 1813), vol. I, p. 309.
13——James A. H. Murray, ed., *A New English Dictionary on Historical Principles* (Oxford, 1888), vol. I, p. 234.
14——W. Harpley; ed., *Report and Transactions of the Devonshire Association for the Advancement of Science, Literature, and Art* (Plyrnouth, 1892), vol. XXVI, p. 297.
16——John Stow, *A Survey of London* (London. 1598), p. 252.
17——Heinrich Kramer and Jacob Sprenger, *Malleus Maleficarum* (New York, 2007), p. 41.
18——Brand, *Observations on Popular Antiquities*, p. 311.
19——'Ancient Scottish Life', *Littell's Living Age*, vol. X (1846), p. 371.
20——'Should Christians Participate in Halloween?'についてはwww.christiananswers.netで2012年3月7日に最終アクセス。
21——P. H. Ditchfield, *Old English Sports: Pastimes and Customs* (London, 1891), p. 108.
22——Brand, *Observations on Popular Antiquities*, p. 313.
23——R. H. Whitelocke, ed., *Memoirs, Biographical and Historical, of Bulstrode Whitelocke* (London, 1860),

も

や

ゆ

よ

ら

り

る

れ

ろ

わ

な

に

ね

の

は

す

せ

そ

索引

あ

い

う

え

お

著者

リサ・モートン

Lisa Morton

シナリオ作家、ノンフィクション・ライター。ハロウィーン研究の世界的第一人者として広く知られ、『ハロウィーン・アンソロジー——今に残る文学・歴史的著述』(ブラム・ストーカー賞ノンフィクション部門賞受賞作)、『ハロウィーン・エンサイクロペディア』、『ハロウィーン・アンソロジー』などの著作がある。2012年にハロウィーン・ブック・フェスティヴァル大賞受賞。ロサンジェルス在住。

訳者

大久保庸子

Yoko Okubo

1950年、三重県生まれ。南山大学外国語学部卒業。翻訳家。オハイオ大学大学院(言語学)、ハワイ大学大学院(日本語・日本文学)修士課程修了。訳書に『デリンジャー物語』(青弓社)、『黒猫の本』、『子猫の本』(同朋舎出版)、『サドンリー・シングル』、『パーフェクト・マリッジ』(産業編集センター)などがある。

TRICK OR TREAT: A HISTORY OF HALLOWEEN
by Lisa Morton was first published by Reaktion Books, London, UK, 2012

ハロウィーンの文化誌《ぶんかし》

2014年8月28日　初版第1刷発行
2015年5月28日　第2刷発行

著者……………リサ・モートン
訳者……………大久保庸子《おおくぼようこ》
発行者…………成瀬雅人
発行所…………株式会社原書房
〒160-0022
東京都新宿区新宿1-25-13
電話・代表 03(3354)0685
http://www.harashobo.co.jp
振替・00150-6-151594
ブックデザイン……小沼宏之
印刷……………新灯印刷株式会社
製本……………東京美術紙工協業組合

ISBN978-4-562-05091-8
Printed in Japan